KB079578

나는 아우슈비츠의 약사입니다

옮긴이 / 김지연

KAIST 경영과학과 졸업 후 미국 듀케인대학교 커뮤니케이션학과를 졸업했다. 현재 전문 번역가로 활동하고 있다. 주요 역서로는 『발견의 시대: 신 르네상스의 새로운 기회를 찾아서』, 『영향력과 설득: 말솜씨가 없어도 사람의 마음을 얻는 법』이 있다.

나는 아우슈비츠의 약사입니다

악은 어떻게 조직화되고
보편화되는가

퍼트리샤 포즈너
김지연 옮김

북트리거

홀로코스트라는 범죄가 결코 잊혀선 안 된다는
개인적인 신념이 이 책으로 탄생하기까지
격려와 응원을 아끼지 않은 제럴드에게 이 책을 바칩니다.

CONTENTS

서문

나는 나치 사냥꾼으로 잘 알려진 시몬 비젠탈과 30년 가까이 함께 일할 수 있는 영광과 특권을 누렸다. 나치가 자행한 홀로코스트에서 일가친척 89명이 희생당하는 아픔을 겪은 그는 이 '쇼아(홀로코스트를 가리키는 히브리어_옮긴이)' 동안 입에 담기조차 힘든 나치의 야만성과 잔혹함을 직접 목격하고 체험했다. 1945년 5월 5일, 마우트하우젠 강제수용소에서 거의 산송장이나 다름없는 상태로 미군의 손에 해방된 이후에 비젠탈은 자신의 민족을 대량 학살한 전범자들을 추적하는 일에 평생을 바쳤다. 비젠탈은 안네 프랑크와 그녀의 가족을 체포한 나치 당원을 비롯해 1,100여 명에 달하는 나치 전범자를 색출했다.

"복수가 아닌 정의를 위해서"가 신조였던 비젠탈은 1977년에 설립한 시몬비젠탈센터에서 입버릇처럼 이렇게 말하곤 했다. "우리에게 필요한 것은 신나치즘을 추종하는 순교자가 아니라 유죄 선고를 받은 범죄자들입니다." 비젠탈은 정의의 수호자였다. 나치 전범자 색출이 별다른 호응을 이끌어 내지 못했던 냉전 시대에도 그는 기억을 보존하고 정의를 실현하고자 그야말로 홀로 묵묵히 고군분투했다.

"모든 재판은 아직 태어나지 않은 세대에게 놓는 증오에 대한 예방접종이자 인간이 인간에게 저지를 수 있는 잔악함에 대한 경고가 될 것입니다." 비젠탈은 1970년대와 1980년대에 미국 전역에 있는 대학교 캠퍼스를 돌면서 이렇게 호소했다.

이 정의의 수호자의 말은 백번 옳았다. 우리는 물라(이슬람 율법학자_옮긴이) 통치 체제인 이란 같은 나라에서 홀로코스트 부인론을 국가 시책으로 정하는 세상에 살고 있다. 우리는 유대 국가를 증오하는 극단주의 세력이 홀로코스트 관련 용어와 이미지를 왜곡하고 남용하는 세상에 살고 있다. 우리는 정치인, 전문가, 학자들이 집단 학살 같은 단어를, 심지어 아우슈비츠라는 단어를 개인적인 이해관계에 따라 냉소적으로 이용하는 세상에 살고 있다. 더 심각한 문제는 아우슈비츠를 70년 전에 일어난, 오늘날과는 더 이상 상관없는 과거의 일로 치부해 버리는 역사관이다.

이런 시대에 퍼트리샤 포즈너의 『나는 아우슈비츠의 약사입니다 THE PHARMACIST OF AUSCHWITZ』는 한층 더 중요한 작품이다. 이 책은 빅토르 카페시우스라는 인물의 행적을 추적한다. 카페시우스는 제2차 세계대전이 일어나기 전까지만 해도 약학대학을 졸업한 약사이자 고객들에게 호감을 사던 이게파르벤의 자회사 바이엘의 영업 사원이었으며 고향 루마니아에서 유대인들과 자연스레 어울려 지내던 평범한 사람이었다. 그랬던 그가 아우슈비츠에서 죽음의 천사라 불리는 인물 옆에 나란히 서서 고향에서 알고 지내던 사람들을, 심지어 어린 쌍둥이 자매조차 가차 없이 가스실로 보내 버린다. 또한 나치가 은닉한 치클론 B^{Zyklon B} 가스를 지키는 수문장 역할을 했을 뿐만 아니라 임산부와 어린이를 대상으로 한 잔인한 생체 실험을 보조하는 조수 역할까지 서슴지 않는다. 탐욕에 사로잡혀, 살해당한 유대인들의 시체 더미에서 발치한 금니가 가득 담긴 짐 가방을 끌고 아우슈비츠에서 도망친 장본인이기도 하다.

포즈너가 1960년대 초 서독 법정에서 열린 나치 전범자들의 집단 재판을 재구성한 것은 아우슈비츠에서의 카페시우스의 행적을 좇은 것만큼이나 중요한 의미를 지닌다. 이 집단 재판에 회부된 인물들 가운데는 카페시우스와 더불어 아우슈비츠 소장부터 의사와 약사, 카포(수감자 감독_옮긴이)까지 포함되어 있었다. 재판이 진행되는 내내, 심지어 9년 형을 선고받은 이후에도 카페시우스와 다른 피고인들은 전혀 반성하는 기미를 보이지 않았다. 당시 용기를 그러모아 증인 신분으로 독일 법정에 섰던 생존자들이 마주해야 했던 건 아직까지도 살아남은 유대인이 있다는 사실에 실망한 듯한 나치 피고인들의 경멸 어린 시선이었다. 위증죄와 더불어 죽은 유대인들을 상대로 벌인 절도죄로 기소된 카페시우스는 한결같이 자신의 범행을 부인했고 자신이 저지른 행동에 책임을 지거나 자신의 손에 살해당한 유대인들에게 사과하기를 거부했다. 그는 끝까지 스스로를 단순히 명령에 복종할 수밖에 없었던 무고한 피해자이자 애초에 징역형은 가당치도 않은 일개 하수인으로 포장했다.

1968년 1월 24일, 9년 형을 선고받고 복역한 지 2년 반쯤 되었을 때 카페시우스는 독일 연방대법원에서 사면을 받고 풀려났다. 감옥에서 출소한 이후 카페시우스는 괴핑겐의 한 클래식 연주회에 가족과 함께 나타나면서 처음으로 대중 앞에 모습을 드러냈다. 카페시우스가 음악회장으로 걸어 들어오던 순간, 그 자리에 모여 있던 관중은 일제히 일어나 열렬한 박수로 그를 환영했다. 그곳에 모여 있던 수많은 사람들에게 카페시우스는 동정과 지지를 받아 마땅한 인물이었다. 어쩌면 그 관중 속에 카페시우스를 풀어 준, 나치에 가담했던 전력이 있는 판사가 섞여 있었는지도 모를 일이다. 그들에게 카페시우스는 그저 명령에 복종할 수밖에 없었던 무고한 독일 시민 중 한 사람일 뿐이었다.

퍼트리샤 포즈너는 카페시우스를 비롯해 그와 같은 수많은 인간들이 선택한 길이 곧장 지옥으로 연결되는 지옥문이었다는 사실을 다음 세대가 알아주길 바라는 마음으로 이 책을 집필한 것이 틀림없다.

2016년 8월

랍비 에이브러햄 쿠퍼

(나치 전범 추적 기관 시몬비젠탈센터 부소장)

저자 서문

나는 1986년 봄, 남편이자 작가인 제럴드 포즈너가 주선한 자리에 함께하고자 뉴욕의 플라자호텔에 있는 폴리네시아 식당 트레이더 빅스를 찾았다. 우리는 당시 나치의 최대 집단 수용소였던 아우슈비츠에서 '죽음의 천사'로 악명 높았던 요제프 멩겔레 박사의 주도 아래 자행된 잔혹한 생체 실험을 조사하고 있었다. 멩겔레의 생체 실험에서 살아남은 생존자 두 사람을 대신해 제럴드가 주도한 프로보노 소송(Pro bono, 공익 무보수 소송_옮긴이)은 차츰 나치 도망자의 일대기로 변해 가고 있었다. 그사이 우리는 독일과 남미 일대를 여행하며 오랜 세월 문서고에 봉인되어 있던 이야기를 발굴했고, 전쟁이 끝난 후에도 멩겔레가 나치 사냥꾼들의 추적을 아슬아슬하게 피해 다닐 수 있도록 도와준 신파시즘 일당의 정체를 파헤쳤다.

트레이더 빅스에서 만난 사람은 다름 아닌 이 악명 높은 의사의 외아들 롤프 멩겔레였다. 제럴드와 나는 어두컴컴한 구석 자리에 앉아 올해로 마흔둘이 됐다는 롤프 멩겔레를 기다렸다. 영국계 유대인으로서 나는 폴란드계 유대인인 우리 외조부모님이 20세기 초에 영국으로 이주하지 않았더라면 그분들 또한 나치가 세운 죽음의 수용소에서 생을 마감했을 가능성이 컸으리라는 사실을 잘 알았다. 어쩌면 멩겔레 같은 인간이 득세했던 아우슈비츠에서 죽음을 맞았을지도 모를 일이었다. 멩겔레라는 인물의 행적을 파헤치면 파헤칠수록 모든 것이 초현실적으로 다가왔다. 나치의 선전 장관이었던 요제프 괴벨스의 수석 보좌관이자 전후에도 극단적인 반유대 언론의 편집장이 된 빌프레트 폰 오펜과 부에노스아이레스에서 만나서 나누었던 대화는 불편하고 불쾌하기 짝이 없었다. 멩겔레가 파라과이 시민권을 획득할 수 있도록 도와주었다던 후원자 하나가 '선물'이라며 보내온 나치 기념품 모음을 마주했을 때도 마찬가지였다. 하지만 롤프 멩겔레와의 만남을 앞두고서는 이 모든 일이 아주 먼 옛날 일처럼 느껴졌다.

제럴드와 나는 이 만남을 앞두고 수차례 토론을 벌였다. 자식은 아버지가 저지른 죄에 책임이 없다. 또한 나는 롤프 스스로 아버지가 아우슈비츠에서 저지른 악행을 비난했으며, 속죄하는 마음으로 자기 아버지의 개인적인 일기와 편지를 멩겔레의 전기를 집필하려는 제럴드에게 아무런 대가 없이 건넸다는 사실도 알고 있었다. 이번 뉴욕 방문에는 롤프에게 텔레비전 생방송에 나와서 아버지에 대해 이야기해 줄 수 있는지 물어보려는 목적도 있었다. (실제로 그해 여름 롤프는 제럴드와 함께 〈필 도나휴 쇼Phil Donahue Show〉에 출연했다.) 내가 지금 만나려는 이 남자가 아우슈비츠에서 소름 끼치는 범죄를 저지른 남자의 핏줄이라 어쩔 수 없이 성을 물려받았을 뿐 아무런 죄가 없다는 사실을 머리로는 알고 있었다. 그럼에도 불구하고 신경이 곤두섰고 마음이 복잡했다. 제럴드는 이미 몇 주 전에 독일에서 롤프와 첫 만남을 가진 뒤였다. 이제 내 차례였다.

롤프가 도착한 뒤에 내 걱정은 기우였음이 밝혀졌다. 롤프도 나만큼이나 긴장한 기색이 역력해 보였다. 그 공통의 긴장감이 역으로 서로의 경계를 무너뜨리는 데에 도움이 됐다. 나는 아버지의 범죄를 낱낱이 고발하는 그의 진정성에 마음이 움직였다. 그날 이후 며칠 동안 이어진 만남에서 나는 멩겔레의 잔악무도한 행위가 아들인 롤프에게 이해할 수도 없고 받아들일 수도 없는 무거운 유산으로 남았음을, 그의 자식들에게만큼은 두 번 다시 물려주고 싶지 않은 것들이 되었음을 알 수 있었다.

법의 심판을 피해 요제프 멩겔레가 도피 생활을 이어 가던 이야기를 하던 중에 우리는 1945년 5월 전쟁이 끝나고 몇달 동안 이어진 혼란에 대해서도 이야기했다. 당시 멩겔레는 여전히 유럽에 있었고 미국과 영국은 멩겔레를 잡는 데 혈안이 되어 있었다. 멩겔레가 운 좋게도 수차례나 아슬아슬하게 체포의 순간을 비껴갔다는 사실은 나중에야 밝혀졌다. 하지만 그중에서도 1945년 9월, 소비에트 붉은 군대(소련 육군_옮긴이)가 도착하기 바로 직전에 아우슈비츠를 빠져나온 멩겔레가 8개월쯤 지나 아무런 예고도 없이 불쑥 뮌헨에 사는 어느 약사와 그의 아내를 찾아갔다는 이야기가 내 뇌리에 깊숙이 박혔다. 이 신원 미상의 약사는 멩겔레가 아우슈비츠로 발령받기 이전인 1942년에 러시아 최전선에서 그와 함께 근무했다고 했다. 그러나 롤프에 따르면 이 뮌헨 출신의 약사는 멩겔레가 아우슈비츠에서 저지른 만행을 속속들이 알고 있었다. 죽음의 수용소에서 멩겔레와 함께 일했던 또 다른 약사와의 친분 덕분이었다. 그가 바로 빅토르 카페시우스다.

"카페시우스는 아우슈비츠의 약사였어요. 저희 아버지와 친구였죠." 롤프가 말했다.

롤프가 그 말을 하던 순간이 나는 아직도 어제 일처럼 생생히 기억난다. 그 말을 듣자마자 이런 생각이 들었다. '아우슈비츠에 약사가 있었다고?'

지난 몇 년 동안 때로는 단독 저자로 때로는 제럴드와 공동 저자로 여러 권의 책을 집필하면서 언젠가는 카페시우스에 대한 책을 쓰고 싶다고 생각했다. 시간이 흐를수록 이 열망은 점점 커져만 갔다. 카페시우스가 독일 최대의 제약 회사와 더불어 아우슈비츠에서 저지른 만행이 상대적으로 더 악명 높은 다른 나치들에게 묻혀 거의 알려지지 않았다는 사실이 그의 이야기를 세상에 알리고 싶다는 열망에 기름을 부었다. 수년에 걸쳐 자료를 수집하는 동안 비틀린 의학과 탐욕에 얽힌 엄청난 이야기가 서서히 모습을 드러냈다. 31년 전에 롤프 멩겔레가 했던 말 한마디가 씨앗이 되어 여기까지 왔다. 지금부터 들려줄 이야기는 이 세상에 하나뿐인, 역겹고 때로는 분노를 참을 수 없게 만드는 아우슈비츠의 약사에 관한 이야기다.

북해
덴마크
영국
네덜란드
벨기에
독일
프랑크푸르트
룩셈부르크
자르
괴핑겐
프랑스
다하우
스위스
이탈리아

스웨덴
라트비아
발트해
리투아니아
독일
소비에트
사회주의
공화국
연방
폴란드
아우슈비츠-비르케나우
체코슬로바키아
빈
리아
헝가리
루마니아
시기쇼아라
부쿠레슈티
유고슬라비아
흑해
불가리아

일러두기

1. 본문에 등장하는 도서는 『』, 잡지나 정기 간행물은 《》, 영화나 노래 등은 〈〉으로 묶어 표시했다.
2. 옮긴이의 주석은 본문 괄호 속에 넣고 '옮긴이'라고 표기했다.
3. 저자가 이탤릭체로 강조한 부분은 이탤릭체로 처리했으며, 괄호로 표시한 부분은 괄호 처리했다.
4. 인명과 지명은 국립국어원 외래어표기법을 따르되 원어 발음을 고려하여 표기했다.

Chapter

1

"약사 삼촌"

1944년 5월, 대규모 유대인 학살의 본거지였던 아우슈비츠는 만원이었다. 유럽 전역에서 유대인을 말살하려는 광기 어린 전쟁이 극에 달하면서 나치는 80만 명에 이르는 헝가리계 유대인을 아우슈비츠에 있는 가스실로 곧장 보내 버리기 시작했다. 대량 학살의 동의어가 된 아우슈비츠 수용소는 날마다 밀려드는 유대인 수감자를 수용하느라 진땀을 흘렸다. 이 혼란의 소용돌이 속에서 루마니아계 유대인 의사 마우리티우스 베르너는 아내와 아이들과 함께 아우슈비츠에 도착했다. 같은 동네 주민 80명도 함께였다. 이들은 모두 헝가리 지배하에 있던 트란실바니아 주민들이었다. 발 디딜 틈조차 없는 가축 수송 열차에 몸을 싣고 사흘을 꼬박 달려 아우슈비츠에 도착했을 때는 이제 막 동이 틀 무렵이었다.

"밖으로 나오자 쇠줄로 감아 자물쇠를 걸어 놓은 문이 열려 있었습니다. 수천 개쯤 되어 보이는 짐 가방이 무질서하게 널려 있었죠." 훗날 베르너 씨는 이렇게 회상했다.

눈부신 조명을 배경으로 도열한 SS 친위대(Schutzstaffel, 나치 친위대_옮긴이)와 사납게 짖어 대는 경비견들의 실루엣은 어딘지 모르게 초현실적이었다.

"우리가 어디에 있는지, 무슨 일이 벌어지고 있는지, 눈앞에 펼쳐진 이 황폐한 풍경은 무엇인지 이해가 되지 않았습니다. 수백 미터쯤 뻗은 한 쌍의 기찻길 사이로 보이는 높다란 두 개의 굴뚝에서는 시커먼 연기가 뿜어져 나오고 있었습니다. … 처음에는 폭탄을 맞고 폐허가 된 기차역으로 우리를 데려온 줄 알았어요. … 굴뚝에서 치솟는 거대한 연기 기둥을 보고 나선 여기가 제철소인가 단테의 지옥인가 생각했습니다."

두려움이 엄습했지만 베르너 씨는 애써 아내와 아이들을 안심시켰다. "무슨 일이 있어도 우리 다섯 식구는 함께 있을 거다. … 그 누구도 우리를 갈라놓게 놔두진 않을 거다."

바로 그때 SS 친위대 장교 한 명이 그들 앞으로 다가왔다.

"남자는 오른쪽으로, 여자는 왼쪽으로."

"그 말이 떨어지기 무섭게 저는 아내와 아이들에게서 떨어져야 했습니다." 베르너 씨가 회상했다. 일가족은 불과 몇 걸음 떨어진 채 다른 줄로 나뉘어 앞으로 걸어갔다.

"여보, 이리 와서 우리에게 키스해 줘요." 아내가 소리쳤다.

"저는 달려가서 아내와 아이들에게 입을 맞췄습니다. 눈물이 흐르고 목이 메었어요. 그때 바라본 아내의 크고 아름다운 두 눈에는 슬픔과 죽음의 공포가 가득 차 있었어요. 아이들은 아무 말 없이 엄마를 따라 걸음을 옮겼습니다. 어떤 일이 닥칠지 짐작조차 할 수 없었겠지요."

군인 한 명이 다가와 남자들이 늘어선 줄 쪽으로 베르너를 떠밀었다. "의사는 여기로." 그 말에 베르너는 적십자 트럭 가까이 모여 있던 소수의 사람들과 합류했다. 거기서 베르너는 머리끝부터 발끝까지 완벽한 모습으로 손에는 흰 장갑을 낀 채 기찻길을 따라 4킬로미터 정도 늘어선 유대인들의 행렬 앞에 서 있는 SS 친위대 장교 한 명을 보았다. 유대인들이 한 사람씩 앞으로 다가올 때마다 그는 엄지 손가락으로 무심하게 오른쪽이나 왼쪽을 가리켰다. 그 장교가 요제프 멩겔레였으며 왼쪽으로 보내진 사람들은 즉시 죽임을 당했다는 사실을 베르너는 나중에야 알게 됐다.[1]

멩겔레 뒤편으로 몇 발자국 떨어진 곳에는 땅딸막한 체구의 또 다른 장교 하나가 베르너를 등지고 서 있었다. 그는 멩겔레가 선별한 수감자들에게 지시를 내리고 있었다. 그러다 문득 그 장교가 몸을 돌렸다. 그 순간 베르너는 제 눈을 의심했다. 도저히 믿기지가 않아 몇 번이고 눈을 문질렀지만 아는 얼굴이 틀림없었다. 아우슈비츠 승강장에 서 있던 그 SS 친위대 장교는 다름 아닌 베르너의 고향에서 약국을 하던 빅토르 카페시우스였다.

카페시우스는 1930년대 독일 화학공업 분야의 거대 복합기업인

이게파르벤I. G. Farben의 자회사 바이엘에서 근무하던 사람 좋은 영업 사원이었다.[2]

"전쟁이 시작되고 나서 카페시우스는 행방이 묘연했습니다. 그런데 우리 가족이 아우슈비츠로 끌려갔던 날 그곳에서 누구를 마주쳤는지 아십니까? 바로 우리가 알던 그 카페시우스 박사였습니다."[3]

베르너는 천천히 카페시우스에게로 다가갔다. 그리고 재빨리 입을 열었다.

"저 기억하시죠?" 베르너는 카페시우스에게 아내와 열두 살 된 큰딸, 그리고 아홉 살 된 쌍둥이 딸들과 함께 지낼 수 있게 해 달라고 사정했다.

"쌍둥이?" 카페시우스가 관심을 보였다.

카페시우스와 또 다른 SS 친위대 소속 외과 의사였던 프리츠 클라인 박사가 베르너의 아내와 딸들을 다시 소환했다. 두 사람은 이들을 신입 수감자들의 기나긴 행렬을 뚫어져라 쳐다보고 있던 멩겔레에게로 데려갔다.

클라인이 멩겔레에게 쌍둥이의 존재를 알렸다.

멩겔레는 당시 생체 실험을 위해 쌍둥이를 찾느라 혈안이 되어 있었다. 그러나 최근 들어 전세가 제3제국(히틀러 치하의 독일_옮긴이)에 불리해지면서 모든 쌍둥이를 실험하는 건 사치라는 사실을 멩겔레도 잘 알고 있었다.

"일란성인가, 이란성인가?" 멩겔레가 물었다.

"이란성입니다." 클라인이 대답했다.

"다음에. 지금은 시간이 없네." 멩겔레가 손을 저어 클라인을 물리쳤다.

"자네 아내와 아이들은 원래 있던 자리로 돌려보내야 하네. 울지 말게. 그저 목욕을 하러 가는 것뿐이니 한 시간 내로 다시 볼 수 있을 걸세."[4] 카페시우스가 흐느끼는 베르너에게 말했다.

베르너는 아우슈비츠 수용소 내에 있는 강제 노역 시설 중 한 곳에 배정받았다. 그의 가족들이 도착한 지 한 시간도 채 지나지 않아 가스실에서 죽임을 당했다는 사실을 베르너가 알게 된 건 전쟁이 끝난 뒤였다.

그날 승강장에 서서 선별 작업을 하던 카페시우스를 알아본 목격자가 두 명 더 있었다. 소아과 의사였던 기젤라 뵘과 그녀의 스물네 살 된 딸 엘라였다. 두 사람도 그날 베르너 가족과 같은 기차를 타고 아우슈비츠에 도착했다. 엘라는 그 끔찍한 여정 내내 베르너의 쌍둥이 딸들을 다독였다. 승강장에 서 있던 카페시우스를 발견하고 깜짝 놀란 건 두 사람도 마찬가지였다.

기젤라 뵘 또한 카페시우스가 바이엘에서 영업 사원으로 일할 때부터 서로 알고 지낸 사이였다. 카페시우스는 그녀의 고향인 시기쇼아라에서 약국을 운영했던 적이 있는데, 그때 역시 의사였던 그녀의 남편에게 종종 연락해 판촉 활동을 하기도 했었다. 그들 부부에게 바이엘에서 제작한 홍보 영상을 보여 준 적도 있었다.[5]

엘라는 카페시우스를 사람 좋은 "약사 삼촌"으로 기억하고 있었다. 카페시우스는 판촉물로 나온 공책을 엘라에게 선물로 주곤 했다. "바이엘 공책을 자랑스러워했어요. 학교 가서 친구들에게 뽐내곤 했어요."[6] 때때로 카페시우스는 엘라네 가족과 수영장에서 여가 시간을 함께 보내기도 했다. 엘라의 기억 속에서 카페시우스는 "다정한 삼촌"이었다.

뜻밖의 장소에서 카페시우스를 다시 만났을 때 엘라는 내심 어쩌면 그가 수천 명이 넘는 사람들 가운데 엄마와 자신은 따로 빼내 주지 않을까 하는 기대를 품었다. 그러나 카페시우스는 이들 모녀에게 눈길조차 주지 않았다. "도대체 약사 삼촌이 이런 끔찍한 곳에서 뭘 하고 있는 거예요?"[7] 엘라가 물었다.

Chapter

2

나치, — 파르벤과 결탁하다

엘라의 질문에 답하기란 그리 간단치 않다. 카페시우스 같은 약사가 아우슈비츠에서 무슨 일을 했는지 이해하려면 우선 아우슈비츠 수용소가 어떻게 생체 실험과 강제 노역과 집단 말살을 통한 이익 창출 조직이 되었는지, 즉 나치와 독일에서 가장 큰 기업이었던 이게파르벤 사이에서 어떻게 치명적인 군사적-산업적-정치적 협력 관계가 태동했는지부터 알아야 한다. 특히 카페시우스라는 인물을 들여다보는 일은 단순히 아우슈비츠에 얽힌 어두운 역사를 이해하는 것 그 이상이다. 왜냐하면 카페시우스는 전쟁이 일어나기 전에 파르벤의 자회사인 바이엘에서 일했기 때문이다. 이러한 경력 덕분에 카페시우스는 아우슈비츠 수용소에서 함께 복역했던 수많은 나치 가운데서도 입지를 굳힐 수 있었다.

(염료 산업 이익공동체 주식회사라는 의미를 지닌) 이게파르벤은 1925년 12월에 설립됐다. 히틀러가 독일 수상이 되기 불과 8년 전이었다. 화학과 제약 분야를 선도하던 여섯 개 기업이 합쳐져 거대 복합기업이 탄생한 것이다. 그중에는 세계에서 가장 큰 합성염료 기업인 바이엘Bayer과 회흐스트Hoechst와 바스프BASF, 그리고 아그파Agfa도 포함되어 있었다.[1]

파르벤은 설립부터 제2차 세계대전이 발발하기까지 14년 동안 화학과 의학에서 노벨상을 네 개나 휩쓸었다. 사실상 고무와 원유를 포함한 합성원료 제조업의 최전선에서 혁신적인 특허를 독점하다시피 했다. 게다가 혁명에 가까운 매독과 말라리아 치료제를 개발하고 모르핀과 노보카인(국부 마취제 상표명_옮긴이)으로 특허를 취득했으며 진통제인 아스피린에 대한 독점권을 보유했다. 심지어 파르벤은 인공감미료인 사카린부터 강력한 독가스와 전도유망한 로켓 연료에 이르기까지 셀 수 없이 다양한 제품군에서 최첨단의 연구 성과를 냈다. 합자회사와 자회사로 이루어진 복잡다단한 기업 구조 속에서 파르벤은 단기간에 세계 최대의 화학 기업이자 전 세계에서 네 번째 가는 거대 기업으로 발돋움하며 독일 내에서는 대부분의 기업을 따돌리고 제네럴모터스General Motors, US 스틸U.S. Steel, 스탠다드오일Standard Oil 등과 어깨를 나란히 했다.[2]

히틀러는 제1차 세계대전에서 독일이 패전한 이유를 장기전에 필요한 천연자원이 부족했기 때문이라고 믿었다. 이 굳은 신념은 이미 집권 전에 독일에서 폭넓은 지지를 얻었다. 제1차 세계대전 당시 독일의 핵심 산업 기반은 사실상 마비 상태였다. 영국군이 해상을 봉쇄해 고무, 원유, 철강, 질산염의 보급로를 차단했기 때문이었다. 그 결과 화약부터 원료에 이르기까지 독일은 만성적인 물자 부족에 시달리며 전장에서도 휘청거렸다. 궁극적으로 독일의 전의를 꺾은 것은 민간에 광범위하게 퍼진 기아 사태와 원자재 부족이었다.[3]

제1차 세계대전에서 군인으로서 훈장까지 받았던 히틀러는 독일이 군사물자를 자급자족할 수 있다는 결론에 도달했다. 파르벤의 기술력은 히틀러에게 독일이 원유와 고무와 질산염을 수입하기 위해 더 이상 다른 나라에 의존하지 않으면서도 나라를 재건할 수 있는 유일무이한 기회를 제공했다. 그러나 떠오르는 극우 민족주의자 히틀러와 거대 복합기업 파르벤의 결탁은 처음부터 삐걱거렸다. 파르벤이 보유한 최고의 과학자들 대다수와 이사회의 삼분의 일이 유대인이었기 때문이다. 파르벤과 제3제국은 교미 비행 단계에서부터 분열의 조짐을 보였다. 나치 논평가들은 파르벤을 "국제금융자본의 도구"라고 폄훼했다. 파르벤을 세계 금융시장에 휘둘리는 한낱 유대인 파벌로 치부하는 나치의 시각을 드러낸 암어暗語였다. 파르벤을 두고 아이를 제물로 바치고 섬기던 가나안 신 몰록Moloch에 빗대어 이게-몰록이라고 조롱하기도 했다. 유대인이 기독교인 영아를 살해해 그 피로 제사를 지낸다는, 수백 년 동안 이어져 내려온 소문을 악의적으로 상기시키려는 의도였다. 극단적 반유대주의를 표방하는 주간지 《스튀어머Der Stürmer》는 '이시도어 G. 파버'라는 제목으로 샤일록(셰익스피어의 「베니스의 상인」에 등장하는 유대인 고리대금업자_옮긴이)과 매춘부를

합성한 캐리커처를 싣기도 했다.[4]

파르벤을 향한 나치의 극렬한 비판은 일부 제약 부서에 집중되어 있었다. 제약 부서에서는 신약 개발 과정에서 동물실험이 일상적으로 이루어졌기 때문이다. 뜻밖에도 나치의 고위 간부들은 강경한 동물 권리 운동가들이었고 히틀러는 언젠가는 독일 전역에서 도살을 금지하고야 말겠다는 야심을 품은 채식주의자였다. 나치는 심지어 사냥꾼에게서 동물을 보호하고, 영화나 서커스에서 동물을 이용하는 행위를 금지할 뿐만 아니라, 유대교 율법에 따른 도축을 금하는 법을 통과시키기도 했다. 독일은 동물 생체 해부를 법으로 금지한 최초의 국가였다. 이를 어기고 동물실험을 할 경우 강제수용소에 수감되거나 일부는 사형선고를 받기도 했다. 파르벤의 최고 의과학자 중 한 사람이었던 하인리히 회를라인은 인간의 생명을 구하는 의약품의 안정성을 검증하려면 동물실험이 필수라고 주장했다. 나치는 그러한 주장조차 파르벤이 "국제 유대인 조직"임을 입증하는 또 다른 증거일 뿐이라고 치부했다.[5]

파르벤의 경영진이자 노벨 화학상 수상자인 카를 보슈는 히틀러를 싫어했다. 보슈는 나치가 파르벤의 중추인 과학적 혁신을 인정하지 않는 정치 무뢰배나 다를 바 없다고 생각했다. 그러나 히틀러가 정권을 잡자, 보슈는 이젠 파르벤이 나치에게 믿을 수 없는 아웃사이더에서 없어서는 안 될 파트너로 바뀌어야 한다고 판단했다.[6] 그리하여 그는 파르벤의 금고를 열어 1933년 선거에서 나치의 최대 후원자가 됐다. 이 선거에서 히틀러는 거의 600만 표를 득표하며 수상의 입지를 견고히 다졌다.[7] 보슈는 또한 언론 담당 비서를 나치와 파르벤 간의 단단한 결속을 자랑할 수 있는 인물로 파견하여, 베를린에서 파르벤을 이끄는 경영진 대부분이 "자수성가한 기독교인"이라고 주장했다.[8]

한편 히틀러는 개인적으로 파르벤의 합성석유 특허에 지대한 관심을 보였다. 파르벤 임원진과의 만남에서 히틀러는 독일 자급자족 계획의 핵심에 파르벤이 있다는 깜짝 발언을 하기도 했다.[9] 1933년 후반, 보슈와 히틀러는 처음으로 연료 독립을 향한 열정을 공유하며 어마어마한 비용이 드는 비상 대책 수립에 합의했다. 그러나 이 회담은 나치가 과학계에서 유대인을 몰아내는 일에 박차를 가하고 있는 상황에 보슈가 우려를 표하면서 결렬되고 말았다. 보슈는 직설적이었다. 독일이 유대인 과학자들을 몰아낸다면 화학과 물리 양 분야에서 100년은 뒤처지는 결과를 초래할 것이라고 주장했다. 이 말에 히틀러는 격노하여 고함을 질렀다. "그렇다면 100년 동안 물리와 화학은 제쳐 두면 될 일 아니오!"

이 일로 파르벤과 나치의 사이는 틀어졌다. 그해에 나치는 수권법授權法을 통과시켜 히틀러에게 과학기술 분야, 대학 강단, 행정 부서, 정부 부처에서 유대인을 금지할 수 있는 권한을 위임했다. 보슈는 동료 이사진의 충고를 무시하고 유대인 과학자들을 옹호했다. 그 이후로 히틀러는 두 번 다시 보슈와 만나지 않았다.[10]

나치는 파르벤을 분해해서 권력과 영향력을 와해해 버릴 수도 있었다. 하지만 히틀러와 그 참모들은 파르벤의 노하우와 규모가 필요하다고 판단했다. 그러려면 파르벤을 입맛에 맞게 바꾸는 수밖에 없었다. 그리하여 나치는 1937년부터 본격적인 파르벤의 나치화 작업에 착수했다. 바이엘의 화학자인 로베르트 레이가 독일노동전선German Labor Front을 책임지는 나치 장관으로 임명됐다. 모든 유대인 관료는 해고됐다. 이사진의 삼분의 일이 회사와 일절 접촉할 수 없는 상태로 본사에서 강제로 퇴출됐다. 각종 연구소에서 활약하던 유대인 과학자들도 좌천되고 그 자리는 즉시 다른 인물로 채워졌다.[11] 파르벤 임원진에서 유대인이란 유대인은 모조리 축출됐을 무렵, 카를 보슈는 허수아비나 다름없는 명예 회장으로 밀려났다. (그로부터 3년 뒤, 보슈는 알코올중독과 우울증에 빠져 생을 마감하며, 주치의에게 히틀러가 독일을 파멸로 이끌 것이라 예언했다.)

1938년 7월, 제3제국이 이사회에 단 한 명의 유대인도 용납할 수 없다고 선언하면서 나치와 파르벤 사이에 존재했던 팽팽한 긴장 관계는 옛말이 되어 버렸다. 대다수의 임원들이 나치 당원이 되었고 일부는 심지어 나치 친위대에 가입하기도 했다. 파르벤은 인종법에서 규정한 자격 요건을 완전히 충족시키며 "독일 회사" 인증 신청을 성공적으로 제출했다.[12] 독일 회사로 인증받기 위한 지침을 얼마나 충실히 이행했는지 증명하고자 파르벤은 독일 외부에 있는 국제 지부에서 유대인 부서장 107명을 해고하기도 했다.[13] 또한 파르벤은 미국에 있는 자회사를 가장 효율적인 첩보 기관으로 탈바꿈하는 데 성공했다. 파르벤이 소유한 영화사 아그파Agfa, 안스코Ansco, 제너럴 애니라인General Aniline에서 일하는 소위 "영업 사원"들은 비밀 군사시설

사진부터 육군과 공군의 기밀 전략 문서까지 모조리 수집했다.[14]

1938년 3월, 히틀러가 오스트리아를 점령하면서 파르벤과 제3제국이 완전히 결탁했다는 증거가 처음으로 드러났다. 점령 뒤 불과 몇 주 만에 파르벤은 오스트리아의 최대 화학 기업인 스코다베르케-베츨러Skodawerke-Wetzler를 장악했다. 이 기업의 지분은 대부분 유럽 금융업의 명문가 로스차일드 가문이 소유하고 있었다. 파르벤은 유대인 고위 간부들을 축출하고 그 자리를 독일인으로 채워 넣었다. (스코다의 총괄 관리자였던 이저도어 폴락은 문자 그대로 나치돌격대에게 끌려가 살해당했다.)[15]

파르벤이 스코다를 장악한 이 사건은 훗날 히틀러의 수중에 떨어진 다른 국가들에서도 표본이 됐다. 1938년에 독일과 체코슬로바키아가 교착 상태에 있을 때, 파르벤은 체코의 최대 화학 기업 아우시거 페어아인Aussiger Verein을 급매가에 사들이겠다고 협박했다. 1939년 9월 1일, 나치의 폴란드 기습 공격이 시작될 무렵에 파르벤은 제3제국에 대한 충성도를 높여서 전리품 획득으로 인한 이익을 극대화했다. 전쟁이 시작되기 전 파르벤의 가장 큰 후원자는 독일군 공군 수장 헤르만 괴링이었다. 폴란드가 나치의 수중에 떨어졌을 때 파르벤은 폴란드의 기업과 부동산 처분에 관해 절대적인 권력을 가지고 있던 나치 친위대 수장 하인리히 힘러와 가장 친밀한 사이였다. 그 덕분에 폴란드에서 가장 영향력 있는 화학 및 염료 기업 세 곳을 누구보다 빠르게 낚아챌 수 있었다.[16]

1940년 6월에 나치는 벨기에, 덴마크, 노르웨이, 네덜란드, 룩셈

부르크를 점령했고 치열했던 6주간의 공습 끝에 프랑스까지 수중에 넣는 쾌거를 이루었다. 파르벤의 고위 임원 대다수는 제1차 세계대전이 끝나고 프랑스가 독일 기업에 어마어마한 배상금을 징수했던 쓰라린 기억을 간직하고 있었다. 게다가 프랑스의 화학 산업은 오랜 세월 독일의 가장 큰 적수이기도 했다. 프랑스 기업들은 삽시간에 독일화되었고 파르벤은 신규 지주회사를 통해 빠르게 프랑스의 화학 산업을 장악했다.[17]

독일의 승전보가 거듭될수록 파르벤의 야망은 커져만 갔다. 파르벤 이사회는 이미 점령한 국가에서뿐만 아니라 미래에 점령할 국가의 화학 산업을 분할해서 나눠 가질 계획에 골몰했다. 여기에는 중립국 스위스뿐만 아니라 당시 독일의 연합국이었던 이탈리아와 소련, 심지어 영국과 미국까지 포함되어 있었다. 그 무렵 나치의 군수물자 가운데 무려 85퍼센트를 파르벤이 조달하고 있었다.[18]

프랑스 점령으로 독일군의 기세는 정점을 찍었다. 더불어 독일은 영국을 향해 끊임없이 공습을 퍼부었으나 영국은 굴복하지 않았다. 그러자 히틀러는 참모들의 충고를 무시한 채 러시아를 침공하여 제2의 동부 전선을 구축하려 했다. 나치 사령부는 전쟁을 시작한 첫해에 이미 많은 양의 연료와 군수품을 소진했다는 사실을 알고 있었다. 심지어 타이어부터 전투화에 이르기까지 모든 군수품 제작에 필수적인 고무조차 공급이 달렸다. 또 다른 전선을 구축할 시에는 자원에 대한 수요가 기하급수적으로 늘어날 것이 뻔했다. 히틀러는 파르벤에 대규모 공장을 신축하여 합성고무 및 석유 생산량을 두 배로 늘리라고 요구했다. 파르벤은 신규 공장 부지를 구하기 위해 노르웨이 남부와 폴란드 서부에 인력을 파견했다. 두 군데 다 독일의 지배하에 있었고 연합국의 공격으로부터 안전했다.

파르벤에서 유명한 합성고무 전문가로 알려진 39세의 화학자 오토 앰브로스는 동독 슈코파우에 지어진 첫 번째 대규모 고무 공장의 건설을 관리 감독했다. 폴란드를 방문한 뒤 프랑크푸르트 본사로 돌아온 앰브로스는 이상적인 공장 부지를 찾았다고 보고했다. 바로 세 개의 강이 만나는 지점에 가까이 위치한 폴란드의 실레시아였다. 합성고무 및 석유를 생산하려면 엄청난 양의 물이 필요했다. 또한 실레시아에는 철도 노선 세 개가 운행되고 있었다. 고속도로가 멀지 않았으며 30미터 반경에 대규모 광업 단지도 있었다. 더불어 앰브로스는 나치가 바로 옆에 위치한 버려진 기병대 창고를 강제수용소로 사용하려고 준비 중에 있다는 사실을 또 다른 이점으로 내세웠다. 그 말은 곧 파르벤이 헐값에 안정적으로 수감자 노동력을 수급할 수 있다는 뜻이었다.[19]

이사회는 재빨리 이를 승인했다. 곧바로 제3제국의 승인이 떨어졌다. 파르벤은 공장이 들어설 부지와 이웃한 폴란드의 작은 마을 이름을 따서 새로운 부서의 이름을 지었다. 이렇게 이게-아우슈비츠 I. G. Auschwitz가 탄생했다.[20]

Chapter

3

이게-아우슈비츠

파르벤은 이게-아우슈비츠를 향한 원대한 계획이 있었다. 이게-아우슈비츠는 파르벤 역사상 최대 규모의 공단으로 조성될 뿐만 아니라, 기록적인 양의 합성고무 및 석유를 생산할 수 있는 거대 수소화 시설을 갖춘 곳으로 자리매김할 예정이었다. 파르벤은 이게-아우슈비츠가 자사의 거대한 이익 창출 조직이 되리라 기대했다. 어찌나 자신만만했던지 독일 정부의 재정 지원을 거절했을 정도였다. 만약 정부로부터 자금을 지원받았다면 나치는 자동적으로 파르벤의 사업상 파트너가 되었을 것이다. 그러는 대신 파르벤 이사회는 모든 위험을 감수하고 수익을 전부 독차지하는 길을 택했다.

이 야심 찬 계획을 실행하고자 파르벤은 건설 예산으로 10억 라이히스마르크(2015년 기준 미화 약 550억 달러)를 책정했다.[1] 수백만 평에 달하는 부지가 필요했다. 또한 베를린 전체 전기 사용량보다 더 많은 전기가 필요했다. 이게-아우슈비츠의 성공을 매우 중요하게 여겼던 나치 친위대 수장 하인리히 힘러는 파르벤과 나치 사이의 중개자로 믿을 만한 부하 장교 카를 볼프를 임명했다.

1941년 3월 20일, 볼프는 베를린에서 파르벤의 이사 겸 화학자이자 나치 친위대 중령인 하인리히 뷔테피슈와 회동했다. 두 사람은 공장이 들어설 부지와 인접한 아우슈비츠에 강제수용소를 건설했을 때 파르벤이 얻을 수 있는 구체적인 이점을 논의하길 원했다. 당시 수많은 숙련 노동자가 나치 군대를 따라 최전방으로 투입된 탓에 파르벤은 노동력 부족을 겪고 있었다. 이에 독일 노동자뿐 아니라 네덜란드, 벨기에, 프랑스, 폴란드 등지에서 완곡하게 "자유 노동자"라 불리는 이들을 수급하기로 했다. 실상은 헐값에 노동력을 착취하는 것이나 다름없었다. 힘러는 강제수용소 감독관에게 수감자 1만 2,000명 이상을 조달하라는 명령을 내렸다. 아우슈비츠와 같은 강제수용소는 나치 친위대의 이익 창출 조직이었다. 그러므로 파르벤이 수감자를 노동력으로 제공받게 되면 분명 힘러가 이에 대한 보상을 요구하리라는 사실을 뷔테피슈는 직감했다.

반나절에 걸친 팽팽한 협상 끝에 파르벤은 숙련 노동자 일당으로 4라이히스마르크(당시 기준 미화 약 1.6달러 / 2015년 기준 미화 약 20달러)를, 비숙련 노동자 일당으로 3라이히스마르크를, 어린이 노동자 일당으로 1.5라이히스마르크(미화 약 60센트)를 지불하기로 합의했다. 협상을 위해 나치는 수감자들의 식비와 아우슈비츠 막사에서 공장까지 실어

나르는 운송 비용을 부담하기로 합의했다. 결과적으로 수감자 노동력을 착취해 나치는 500만 달러 이상의 수익을 거두었다.[2] 협상이 타결되고 나서 서너 주가 지났을 무렵 몇몇 파르벤 이사가 힘러를 초대해 이게-아우슈비츠의 건설 현장을 구경시켜 주었다. 감명을 받은 힘러는 강제수용소 수감자들을 노동력으로 꾸준히 공급하겠다고 약속했다.[3] 파르벤의 화학자 오토 앰브로스는 다음과 같은 쪽지를 남기기도 했다. "나치와 우리의 새로운 우정은 아주 수익성이 높다."[4]

파르벤은 이 사업의 어마어마한 규모 때문에 기술적 어려움이 따르리라는 사실과 전시 상황이라는 제약 때문에 필요한 원자재를 모두 조달하기가 쉽지 않으리라는 사실을 인지하고 있었다. 아니나 다를까 본격적인 건설에 착수하자 더 많은 문제가 생겨나고 공사는 예상보다 더 많이 뒤처지기 시작했다.[5] 설상가상으로 이게-아우슈비츠는 예상치 못한 난관에 부딪혔다. 노동력으로 제공되는 수감자에 대한 나치의 잔악무도한 처우가 어떤 끔찍한 결과를 불러올지 파르벤은 전혀 예상치 못했던 것이다.

파르벤에서 나치의 이러한 만행을 낱낱이 기록한 내부 문건이 발견됐다. 이 내부 문건에는 수감자들이 "건설 현장에서 심한 구타를 당했"으며, 발길질이나 주먹질도 예사였고, 심지어 몽둥이로 맞아 목숨을 잃은 이들도 있다고 기록되어 있다. 어느 파르벤 이사는 "구타는 언제나 일을 제대로 못 하는 가장 약한 수감자에게 쏟아졌다"고 적었다.[6] 구타는 가장 약한 노동자들을 제거하는 수단이었을 뿐만 아니라 "자유 노동자뿐만 아니라 심지어 독일인의 사기까지 떨어뜨리는 효과를 낳았다."[7] 게다가 수감자들은 매일 걸어서 아우슈비츠에서 공장까지 이동했던 탓에 본격적인 노동이 시작되기도 전에 모든 에너지를 소진해 버리곤 했다. 수감자들은 발에 맞지도 않는 나막신을 신고 얇디얇은 죄수복만 달랑 걸친 채 여름에는 온몸이 타는 듯한 더위를, 겨울에는 살이 에는 듯한 추위를 견뎌야 했다. 처음에는 50킬로그램짜리 시멘트 포대 하나를 영양실조에 걸린 수감자 세 명이 힘을 합쳐 나르다가 점차 그 숫자가 네 명이 되고 다섯 명이 되는 경악스러운 광경을 현장 관리자들은 두 눈으로 고스란히 목격했다.[8] 파르벤 임원진 내부에서는 나치가 일명 "자유기업"이 번영하는 데 필요한 것이 무엇인지 전혀 이해하지 못한다는 불평이 터져 나왔다.

그러나 관료주의를 고집했던 나치는 새벽 네 시에 아침 점호를 마치고 일하러 나간 수감자 전원이 반드시 저녁 점호에 참석해야 한다는 지침을 고수했다. 이 때문에 현장에서 일과가 끝날 때마다 살아남은 수감자들이 싸늘한 주검이 되어 버린 동료 수감자의 시신을 질질 끌고 아우슈비츠로 돌아와 저녁 점호에서 "참석" 확인을 받는 기이한 장면이 펼쳐지곤 했다. 나치는 일주일에 서너 번씩 시체 더미를 트럭에 실어 화장장으로 날랐다. 이 기이한 의식 이면에는 물질적 동기가 숨겨져 있었다. 나치는 시신에서 금니를 발치하고 머리카락을 뽑아서 매트리스 속을 채우거나 해군이나 공군이 신을 양말을 만들었다.[9] 파르벤 공장에서 수감자 시신을 처리한다면 나치로서는 이 마지막 수탈 기회를 빼앗기는 셈이었다.

파르벤 임원진이 수감자들에 대한 나치의 부당한 처우에 불만을 제기한 건 인도주의적 관심 때문이 아니었다. 그들은 단지 건장한 독일인 노동자 한 명이 할 수 있는 일을 하기 위해 만성적인 영양실조에 시달리는 유대인 수감자는 세 명이나 필요하다는 사실이 못마땅할 뿐이었다. 이에 파르벤 내부에서는 지지부진한 공사 진행 상황을 타개할 대책을 놓고 격렬한 토론이 벌어졌다. 파르벤 임원진은 만약 합성고무 및 석유 공장에서 아돌프 히틀러의 군대에 원활하게 물자를 조달하지 못할 경우에 나치가 파르벤을 향해 비난의 화살을 돌릴 것을 두려워했다. 불가피한 전시 사업에 쏟아질 히틀러와 힘러의 분노를 기꺼이 감내할 만한 사람은 아무도 없었다. 결국 동부 전선에서 치열한 전투가 일 년째 계속되던 1942년 7월, 파르벤 이사진은 기업 역사상 도덕적 파산으로 길이길이 남을 만한 제안서를 승인하고야 말았다. 이게-아우슈비츠의 노동력 문제를 타개할 최선의 해결책으로, 2,000만 달러를 들여 자체 강제수용소를 건설하기로 결정한 것이다. 당시 짓고 있던 공장 부지와 인접한 아우슈비츠 수용소 바로 동쪽이 새로 들어설 수용소 부지로 선정됐다. 제3제국의 노동부 장관이었던 에르네스트 "프리츠" 자우켈은 파르벤의 이 같은 신사업 계획을 "최소 비용으로 최대한도까지 [수감자를] 착취할 수 있는" 최고의 방법이라며 바로 승인했다.

새로운 수용소의 이름은 수용소 건설을 위해 밀어 버린 폴란드 마을 모노비츠Monowitz와 독일어로 합성고무를 뜻하는 단어 *부나buna*를 합쳐서 모노비츠 부나-베르케Monowitz Buna-Werke라고 지었다. 파르벤을 필두로 광산, 철강, 화학, 경공업, 심지어 식품 가공업에 이르기까지 전방위에 걸친 독일 기업들이 너도나도 안정적인 강제 노동자 수급을 위해 아우슈비츠 수용소를 중심으로 50킬로미터 반경에 자체적으로 하위 수용소를 짓기 시작했으며, 그 수가 45곳에 이르렀다.[10]

수감자 탈출 방지용 고압 전류가 흐르는 철조망, 기관총으로 무장한 보초가 상시 대기 중인 감시탑, 순찰견, 밤새도록 수용소 여기저기를 비추는 탐조등 등 모노비츠 수용소는 얼핏 보기에 아우슈비츠 수용소와 다를 바 없어 보였다. 여기에 모노비츠는 교수대, 열악하기 그지없는 독방, 가학적인 성향으로 수감자들을 감독하는 역할을 했던 재소자 군단을 보유하고 있었다.[11] 위안부도 있었다. 여성 수감자들은 강제로 독일군의 성 노예로 동원됐다. 심지어 파르벤은 아우슈비츠 수용소 입구에 새겨진 "*노동이 그대를 자유롭게 하리라* *Arbeit Macht Frei*"라는 기만적인 문구까지 그대로 모방했다. (대부분의 수감자에게는 단테의 지옥문 비문에 새겨진 "여기에 들어오는 자, 모든 희망을 버려라"라는 문구가 더 와닿았다.)

수용소 건설에 거금을 투자한 파르벤은 나치에게 수용소 보안 책임을 일임하는 대신 숙식비 일체를 부담하기로 합의했다. 파르벤은 이 비용을 절감하기 위해 모든 수단을 총동원했다. 나무로 만든 딱딱한 일인용 간이침대를 평균 세 명의 수감자가 나눠 쓰도록 했다. 유대인 수감자들은 독일인 노동자들과 비교해 다섯 배나 많은 인원이 막사 하나를 나눠 써야 했다.[12] 마른 지푸라기로 속을 채운 침대는 온갖 감염과 질병의 온상이었다.[13] 심지어 파르벤은 수감자가 노동은 할 수 있으면서 굶어 죽지 않을 최소한의 식량이 얼마만큼인지 알아내려고 적극적인 실험을 감행했다. 모노비츠에서 주로 제공되던, 뒷맛이 고무 같은 희멀건한 수프를 가리켜 수감자들은 *부나*라 부르며 비아냥거렸다. 하루 섭취 칼로리가 1,200을 넘지 않았던 강제노동자들은 평균적으로 일주일에 4킬로그램씩 체중이 줄다가 나중에는 뼈와 가죽만 남았다.[14]

회사 내부에서 발견된 문건에 따르면, 파르벤 임원들은 수감자들이 강도 높은 노동으로 사망한다 하더라도 다음 날이면 열차를 타고 새로이 도착하는 수감자들로 손쉽게 대체할 수 있다고 생각했다. 제2차 세계대전 이후 미국에서 전범죄를 조사했던 특수 검사 벤자민 페렌츠는 훗날 이렇게 기록했다. "유대인 강제수용소 노동자들은 노예보다 못했다. 노예주에게 노예는 소중히 다루고 보존해야 할 인간 자산이었지만 나치에게 유대인은 쓸모가 다하면 불태워 버리는 소모품일 뿐이었다."[15]

파르벤이 직면했던 문제 가운데 하나는 나치가 새로이 도착하는 수감자 대부분을 곧바로 가스실로 보내 버린다는 것이었다. 하루는 나치가 수송 열차에 타고 있던 유대인 5,022명 중 4,092명을 즉살하기도 했다. 파르벤 임원진은 불평을 토로했다. 파르벤 측에서 공식적으로 불평을 제기하자 나치는 드물게 일부 열차는 이게-아우슈비츠 인근에 세워 노동에 적합한 인원을 가려내도록 허가했다. 이후 처음으로 모노비츠 인근에 세워진 열차에서 하차한 수감자 4,087명 가운데 절반이 가스실로 직행할 운명에서 비껴가 노예 노동자가 됐다. 그러나 파르벤 관리자들은 여전히 열차에 "여자와 어린이, 노인이 너무 많다"며 불평을 토로했다.[16]

이러한 예상치 못한 난관에도 불구하고 파르벤 고위 임원진은 모노비츠가 미래 사업 모델이라고 생각했다. 카를 크라우흐 회장은 1943년 7월 27일 힘러에게 편지를 보내, 신설 합성고무 공장에 관한 논의에서 나치가 "아우슈비츠에서처럼 … 우리에 대한 후원 및 지원을 지속하겠다는 것을 알게 되어 아주 기뻤다"고 쓰기도 했다.[17]

결과적으로 30만 명에 달하는 노예 노동자가 이게-아우슈비츠를 거쳐 갔다. 그중에는 당시 열다섯 살이었던 엘리 위젤과 스물다섯 살이었던 프리모 레비도 있었다. (홀로코스트에서 살아남은 두 사람은 훗날 강제수용소에서의 경험담을 집필한 책으로 유명 작가 반열에 올랐다.) 레비는 파르벤 공장을 다음과 같이 묘사했다. "쇠와 콘크리트와 진흙과 연기가 뒤엉킨 거대한 덩어리는 아름다움과는 정반대였다. … 공장이 들어선 땅에서는 풀 한 포기 자라지 않았고, 석탄과 석유에서 나온 유독한 찌꺼기가 토양에 스며들었다. 살아 있는 것이라곤 기계와 노예뿐이었고 전자가 후자보다 살아 있음에 더 가까웠다."[18]

2만 5,000명에 이르는 강제 노동자들이 말 그대로 죽을 때까지 일했으며 수용소에서 이들의 평균 수명은 고작 3개월에 불과했다.[19] 그러나 전쟁이 끝날 때쯤 이게-아우슈비츠라는 파르벤의 야심 찬 실험은 전략적 실패로 끝나고 말았다. 파르벤의 막대한 재정적 지원과 엄청난 희생자 수에도 불구하고 합성고무 및 석유 생산량은 미미했고 히틀러는 크게 실망했다. 최종 해결책에서 아우슈비츠가 살인 도구로서의 역할을 충실히 수행했다는 사실만 영원히 변치 않을 증거로 남았다.

Chapter

4

카페시우스, 아우슈비츠에 입성하다

빅토르 에르네스트 카페시우스는 여러모로 아우슈비츠에는 어울리지 않는 인물이었다. 카페시우스는 독일이나 오스트리아 출생도 아니었고 강제수용소에서 복역한 대부분의 군인이나 의사 혹은 장교들처럼 민족주의자도 아니었다. 그는 1907년 7월 2일, 중세 시대 드라큘라의 고향 근처라고만 알려진 루마니아의 트란실바니아라는 마을에서 태어났다. 부모님은 신실한 루터교도였는데, 아버지는 의사이자 보건직 공무원이었다.[1] 카페시우스는 평범한 유년 시절을 보냈다. 루마니아 시비우에 있는 루터교 학교를 다닐 때 그는 조용하고 눈에 띄지 않는 학생이었다. 시비우는 독일인 대부분이 헤르만슈타트라고 부를 정도로 독일색이 짙은 루마니아 도시였다. 카페시우스는 동기생 32명 가운데 중간 정도의 성적으로 졸업했다. 그는 1930년 6월

30일에 독일인 사이에선 클라우젠부르크라고 불리는 클루지나포카에 있는 킹 페르디난트 I 대학에서 약리학 석사 학위를 취득했다.[2] 대학을 졸업한 뒤에는 시기쇼아라 인근에서 삼촌이 운영하는 약국인 크로네 아포테케(크라운 약국)에 취직했다.[3] 카페시우스의 어머니는 언젠가 카페시우스가 약국을 물려받게 될 것이라고 귀띔했다.[4]

삼촌이 운영하는 약국에서 근무한 지 5개월 만인 1931년, 카페시우스는 루마니아군에 징집되어 부쿠레슈티에 약제 장교로 파견됐다. 그러나 얼마 지나지 않아 빈대학에서 화학을 공부하기 위해 장기 휴가를 신청하여 받아 냈다.[5] 이 시기 독일에서는 히틀러가 정권을 잡았다. 독일인 청년에게는 결코 무시할 수 없는 사건이었을 것이다. 카페시우스가 미래에 아내로 맞이할 프리데리케 바우어를 만난 곳도 빈이었다. 당시 스물넷이었던 바우어를 카페시우스는 프리치라고 불렀다. 프리치 또한 약학대 학생이었고 두 사람은 리하르트 바시츠키 교수 밑에서 박사과정생으로 동문수학했다.[6]

프리치는 카페시우스에게 매력을 느꼈다. 두 사람이 서로를 알아가기 시작했을 무렵, 프리치는 친구에게 카페시우스가 아주 마음에 든다고 말했다. 새치가 나기 시작한 갈색 머리카락부터 깊은 진갈색 눈동자까지 카페시우스의 모든 것이 마음에 들었다. 프리치의 몇몇 친구들은 카페시우스가 몸치인 것 같다고 했지만 프리치는 그가 얼마나 춤을 잘 추는지 몰라서 하는 소리라며 친구들의 평가를 일축했다.[7] 프리치와 카페시우스는 둘 다 아버지가 의사이고 신실한 루터교 집안에서 자랐다는 점에서 유대감을 느꼈다. 비록 프리치의 아버지는 유대교에서 개종한 경우였지만 말이다. 1932년, 두 사람의 관계가 깊어지자 프리치는 부모님께 카페시우스를 소개했다. 그러고 나서 그해 방학을 카페시우스를 따라 트란실바니아에서 보냈다.

카페시우스는 1933년 11월 30일, 기생충 치료에 쓰이는 약초인 명아주에 관한 논문으로 빈대학에서 약학 박사 학위를 취득했다.[8] 시기쇼아라로 돌아오자마자 카페시우스는 삼촌이 운영하는 약국의 관리자로 복귀했다. 약국은 연간 20만 라이히스마르크에 달하는 매출을 올리며 번창했다(미화로 환산하면 5만 6,000달러 정도였으며 당시 미국 국민의 연평균 소득은 1,601달러였다).[9]

루마니아에 거주하는 독일인 대다수는 그해 히틀러가 독일 수상이 됐다는 소식을 들었을 때 아연실색했다. 그러나 카페시우스는 독일에서 일어나는 대격변에 별다른 관심을 보이지 않았다. 동네 민족주의자 사교 모임에 가입하긴 했지만 정치적 열정보다는 사업적 인맥을 넓히려는 속셈이 훨씬 컸다. 여가 시간에는 뉴스에 관심을 끄고 친구들과 어울려 느긋하게 여유를 즐기는 쪽을 택했다. 일요일마다 또래의 예쁘장한 마일드 자매와 어울려 야생화가 만발한 정원에서 소풍을 즐기는 모습이 종종 목격되곤 했다. 카페시우스는 특히 소고기와 채소로 속을 채운 파프리카와 바닐라 크림 케이크 같은 전통 음식을 즐겨 먹었고 자신의 춤 실력, 특히 왈츠 실력을 뽐내길 좋아했다. 봄여름이면 카페시우스는 절친한 친구인 롤란트 알베르트를 포함해 열두 명 정도와 함께 어울려 시비우 외곽에 있는 개울가에서 수영을 하며 주말을 보냈다. 가을이면 하르기타산으로 등산을 갔다.

카페시우스는 친구들에게 빈에서 만난 미모의 독일인 약대생 프리데리케 이야기도 했다. 하지만 한동네에 사는 또래 여자들의 질투심을 유발하려는 심산이었다면 카페시우스의 작전은 대실패였다. 오히려 여자들 사이에서는 카페시우스가 털이 많다느니 "뚱뚱하다느니" 하는 험담이 나돌았다. 심지어 "카페시우스의 몸에는 집시의 피가 흐르고 있다"는 소문도 있었다. 카페시우스가 어쩌다가 노래라도 부를 때면 여자들은 그의 목소리가 너무 쩌렁쩌렁하고 귀에 거슬린다며 인상을 찌푸렸다.[10]

삼촌의 약국에서 근무하는 것은 안전하고 편안했지만 그다지 재미는 없었다. 카페시우스는 다른 직장을 알아보기 시작했다. 1934년 2월, 카페시우스는 꿈의 직장 로미게파 S. A.에 국내 영업 사원으로 이직했다.[11] 로미게파 S. A.는 이게파르벤에서 가장 명망 높은 자회사인 바이엘의 지주회사였다. 이직하기 직전인 1월에 카페시우스와 프리치는 결혼식을 올렸고 한시라도 빨리 아이를 갖고 싶어 했다. 실제로 그해가 가기 전에 프리치는 임신했다. 두 사람은 카페시우스가 삼촌의 약국에 안주하기보다는 파르벤에서 일하는 편이 미래에 더 많은 기회를 가져다줄 것이라 판단했다.

카페시우스가 합류한 독일 제약 회사는 1930년대 세계에서 가장 큰 제약 회사였다. 현대 제약 산업은 사실상 독일의 창조물이라고 해도 과언이 아니다. 이 회사의 시초는 이보다 100년 앞선 1827년 독일 다름슈타트에서 가족이 운영하던 엥겔 아포테케Engel-Apotheke라는 조그만 약국이었다. 창립자의 고손자 하인리히 엠마뉴엘 머크는 코데인과 코카인을 비롯해 수많은 의약품의 화학적 구성 요소인 순수 알칼로이드를 분리해 내는 데 성공했다. 같은 시기에 에르네스트 크리스티안 프리드리히 셰링은 베를린에서 조그만 화학약품 및 의약품 회사인 셰링 AG를 창립했다. 몇 년 뒤에는 프리드리히 바이엘이 독일 서부의 부퍼탈이라는 곳에 콜타르에서 염료를 추출하는 공장을 설립했다. 그리고 10년 만에 콜타르 염료를 낮은 가격에 대량으로 생산할 수 있는 기술로 특허를 출원했다. 콜타르 염료가 소독제로도 쓰일 수 있다는 사실을 발견한 바이엘은 이를 의약품으로 판매하기 시작했다.

초기 제약 업계에서 일어난 혁신은 거의 다 독일 과학자들 손에서 탄생했다. 독일 약학자 프리드리히 제르튀르너는 22세에 양귀비에서 유효 성분만을 추출하는 데 성공하여, 이를 그리스 신화에 등장하는 꿈의 신의 이름을 따라 *모르페우스*Morpheus라고 명명했다. 1898년에는 바이엘에서 근무하던 제르튀르너의 제자 중 하나가 모르핀 분자와 아세틸기를 이중 결합해 헤로인을 개발했다. (헤로인은 독일어로 '강력한' 또는 '효과적인'이라는 뜻을 지닌 'heroisch'라는 단어에서 이름을 땄다.) 이듬해 같은 제자가 살리실산을 분리 추출하는 데 성공했고, 활발한 내부 논의를 거쳐 바이엘의 주력 상품 *아스피린*이 탄생했다.

카페시우스는 파르벤/바이엘이 신약 개발에서 타의 추종을 불허한다는 사실을 자랑스러워했다. 근면 성실한 직원이었던 그는 트란실바니아 전역에 있는 병원과 약국 등에 성공적으로 회사 제품을 판촉하며 우호적인 평판을 쌓았다.[12]

중부 유럽에서 카페시우스와 동시대를 살았던 대부분의 사람들은 제2차 세계대전으로 인해 성공적으로 경력을 쌓을 수 있었던 기회를 차단당했다. 1939년 나치가 폴란드를 침략했을 당시 루마니아는 중립국이었다. 하지만 이듬해 1940년 11월 무자비한 파시스트인 마셜 이온 빅토르 안토네스쿠가 쿠데타에 성공하면서 나치와 동맹을 맺었다. 1941년 6월, 히틀러가 소련을 침략한 뒤로 루마니아군은 소련 현지에서 히틀러가 시키는 온갖 궂은일을 도맡아 하게 되었다.

이에 비하면 카페시우스는 운이 좋았다. 군대에서 복귀 명령이 떨어졌을 때 그는 흑해에서 멀지 않은 루마니아 동부의 체르나보다라는 도시에 있는 병원 약국으로 임시 발령을 받았다.[13] 카페시우스는 사랑하는 세 딸과 헤어져야 한다는 사실에 낙심했다. 당시 첫째 멜리타는 여섯 살, 둘째 잉그리드는 네 살, 셋째 크리스타는 한 살이었다. 1942년 1월에 대위로 진급한 카페시우스는 휴가를 승인받아 파르벤/바이엘로 복귀했는데, 병무 기록상 그 이유는 불확실하다. 카페시우스는 클라우젠부르크와 시기쇼아라를 전전하며 살다가 마침내 부쿠레슈티 부촌에 있는 브레조이아노 거리의 6층짜리 아파트 한 채를 매입하고 가족을 데려왔다. 수입이 넉넉했기에 여윳돈으로 닥터 마르코비치 거리에 있는 현대식 아파트 한 채도 매입할 수 있었다. 카페시우스는 부쿠레슈티 최고의 비즈니스 모임의 단골 인사이자 사교계에서 익숙한 얼굴이 됐다.[14]

루마니아까지 전선이 이동하진 않았지만 전쟁의 흔적은 도처에 있었다. 특히 철도 중심지에서 두드러졌다. 헤아릴 수 없이 많은 독일

군과 추축국 군대가 루마니아 철도역을 거쳐 러시아 전선으로 나아갔다. 군인들을 한가득 싣고 동쪽으로 떠난 열차가 항상 텅 빈 채로 되돌아오는 모습을 보며 카페시우스는 의아하게 생각했다. 일단 동부 전선으로 나간 군인들에게 휴가란 존재하지 않았다.

카페시우스의 조국은 국가사회주의 열풍에 사로잡혔다. 루마니아 지도층은 국가적으로나 제도적으로 파시즘을 수용하진 않았지만 히틀러의 광기 어린 반유대주의 이념에는 완전히 넘어갔다. 권력을 잡은 히틀러는 제1차 세계대전에서 패배한 이후 “국제적인 유대인 파벌”이 독일을 손아귀에 넣고 마음대로 주무르고 있다고 비난하며, 독일이 다시 한번 위대해지려면 유대인에게서 벗어나는 수밖에 없다고 역설했다. 유대인에게 모든 책임을 전가하는 이 정치적 선동은 유럽에서의 지위 격상을 소망하며 히틀러와 그의 통치 방식을 따라 하고 싶어 하는 루마니아 같은 위성국가에 잘 먹혀들었다. 예수를 살해하고도 경제적으로 비대한 영향력을 행사하는 유대인들이 눈엣가시였던 루마니아 기독교인들은 이런 선동에 더욱 취약했다.

카페시우스의 고향 트란실바니아는 유럽에서 가장 유서 깊은 유대인 공동체가 자리 잡은 곳이었다. 트란실바니아 유대인 공동체의 역사는 기원후 87년까지 거슬러 올라간다. 역사적으로 반유대주의 물결이 일 때마다 트란실바니아의 유대인 공동체 또한 박해에 시달렸다. 11세기에는 유대인과 기독교인 간에 결혼이 금지되었다. 그런가 하면 15세기와 16세기에는 유대인이 주요 도시에 거주하는 것이 금지됐다. 18세기 후반 합스부르크가는 유대인에게 가혹한 세금을 부과하고 빈민가로 몰아넣었다. 유대인이 기독교인의 아기를 데려다가 죽여서 종교 의식에 제물로 바친다는 거짓 소문이 들불처럼 번지면서 정부는 유대인 집단 학살 및 폭행을 오히려 후원하고 나섰다. 19세기 러시아가 트란실바니아를 점령했을 때도 슬라브족 특유의 반유대주의 때문에 유대인들은 차별받았다.

1789년 프랑스혁명 이후 동유럽을 휩쓴 정치·사회 자유화 이론으로 유럽의 많은 지역이 혜택을 누렸지만, 어찌 된 영문인지 트란실바니아에서는 유대인에 대한 시각이 달라질 기미조차 보이지 않았다. 1866년 개정 헌법에서는 기독교인에게만 시민권을 부여하고 시민이 아닌 유대인의 법적 권리와 재산권을 한층 더 축소했다. 1940년 마셜 안토네스쿠는 히틀러의 아리아인화 정책과 비슷한 로마인화 정책을 시작했다. 유대인 완전 추방 정책의 일환으로 모든 유대인의 자본을 압류해 로마인에게 재분배한 것이다.

카페시우스가 믿고 따르던 몇몇 스승과 친한 친구들은 유대인을 향한 이 새로운 증오를 열렬히 지지했다. 카페시우스가 "숭배했던" 과학 교사는 독일 종족을 "열등한 인간들"로부터 지키고 보존해야 한다는 국가사회주의의 견해를 적극적으로 수용했다.[15] 카페시우스의 절친한 친구 롤란트 알베르트는 1940년 안토네스쿠가 집권했을 당시 신파시스트 민병대에 합류했다.[16] 얼마 지나지 않아 그는 극단적 정서를 맹목적으로 좇아 유대인뿐만 아니라 집시와 아르메니아인도 경멸하기에 이르렀다. 알베르트는 "유감스럽게도 마을에 존재하는 너무나도 많은 다양한 바보 천치 열등 분자들이 우리 순수 혈통

을 더럽히고 있다"고 말했다.[17]

새로운 루마니아에서 친구들은 때때로 아주 사소해 보이는 문제로도 논쟁을 벌였다. 한번은 알베르트가 카페시우스와 함께 축음기가 있는 다락방에 올라가서 이렇게 물었다. "슈베르트나 베토벤 같은 클래식 있어?"

"아니. 나는 찰스턴이나 슈트라우스 왈츠가 더 듣기 좋던데." 카페시우스가 말했다.

"교양 없긴." 알베르트는 정색했다.[18] 훗날 알베르트는 어느 기자에게 이렇게 말했다. 그런 음악들은 "우리와 유대인 사이의 본질적인 차이점을 드러낸다. … 소위 미국의 길거리 음악이라고 하는 재즈가 … 깜둥이 새끼들의 음악이 … 전 세계를 서서히 독살하고 있다."[19]

카페시우스가 젊은 시절 파르벤/바이엘에서 근무했던 때에 루마니아 전역을 누비며 스승이나 친구들의 편견을 수용했는지는 알 수 없다. 다만 당시 카페시우스 같은 독일인들이 자라고 교육받고 살아가고 일했던 문화적·역사적 맥락을 보면 유대인에 대한 경멸적인 시선이 일반적으로 기대할 수 있는 최선이었다. 카페시우스는 훗날 이렇게 주장했다. "저는 결코 유대인에게 적대적이었던 적이 없습니다."[20]

진심이야 알 수 없지만 카페시우스에게는 사적인 감정보다 일이 우선이었다. 파르벤 입사 초기에 카페시우스에게는 유대인 상사 두 명이 있었지만 그들은 1939년 뉘른베르크법(나치 독일의 반유대주의 법. 독일 내 유대인의 독일 국적과 공무담임권을 박탈하는 등의 내용을 담고 있다_옮긴이)

때문에 회사를 떠나야 했다.[21] 카페시우스가 파르벤의 영업 사원으로서 응대했던 의사, 약사, 임상의, 공장주 가운데 상당수가 유대인이었다. 그중에 누구도 카페시우스에게서 반유대주의적 성향을 발견하지 못했다고 진술했다.

실제로 유대인 고객들은 카페시우스의 영업 실적에서 큰 부분을 차지했다. 오로지 돈을 벌고자 하는 카페시우스의 집념은 유대인에 대해 그가 느꼈을지도 모르는 꺼림칙함을 불식하고도 남았다. 유대인 방직업자였던 요제프 글뤼크가 지난번 주문한 염료 배달이 지연되고 있다는 불만을 프랑크푸르트에 있는 파르벤 본사에 접수했을 때, 카페시우스는 직접 현장을 방문했다. 그는 글뤼크 씨가 만족할 수 있도록 문제를 해결하고 거래 장부까지 면밀하게 검토해 줬다. 또한 가장 큰 고객인 유대인 의약품 도매상 알베르트 에렌펠트가 급박하게 재고 보충을 요청할 때마다 힘닿는 데까지 군말 없이 일을 처리했다. 특히 유대인 외과 의사 기젤라 뵘 박사와 마우리티우스 베르너 박사에게는 바이엘에서 신약이 출시될 때마다 특별히 신경 써서 알리곤 했다.[22]

카페시우스는 파르벤에서 근무한 덕분에 루마니아에서 점점 거세져 가고 있던, 유대인을 상대로 한 전쟁에서 자유로울 수 있었다. 하지만 1943년 봄, 연합국 폭격기가 마침내 루마니아 상공까지 세력을 확장하고 나치가 독일인 징병에 박차를 가하면서 상황은 급변했다. 이로써 18개월에 걸친 카페시우스의 파르벤/바이엘 영업 사원직은 끝이 났다.

1943년 8월 1일, 독일 군대로부터 소집 명령을 받았을 때 카페시우스는 그다지 놀라지 않았다.[23] 불과 몇 달 전 러시아가 제2차 세계대전의 최악의 전투로 남은 스탈린그라드전투에서 전세를 역전시키면서, 카페시우스를 비롯한 동시대인 대다수는 소련군이 루마니아와 동유럽 지역으로 쳐들어오는 것이 시간문제라고 생각하고 있었다. 카페시우스의 동창이자 군대 동기인 카를 하인츠 슐레리는 당시 독일군에 징집당한 루마니아인 대다수가 불만을 토로했다고 회상했다.[24] 그러나 루마니아 군대를 낮게 평가했던 카페시우스는 이들과 달리 독일 군대에서 복역하는 것을 "훨씬 영광스럽게" 생각했다.[25]

프리치는 아니었다. 다른 평범한 아내들처럼 프리치도 남편이 최전선에서 멀리 떨어져 예비군 신분으로 머물러 있는 것을 감사히 여겼다. 그러나 카페시우스가 독일군으로 편입되면서 프리치는 남편이 실제 전투에 참전하게 될까 봐 두려웠다. 만에 하나 카페시우스가 전사라도 하는 날엔 그녀 역시 하고많은 전쟁 미망인이 되어 당시 여덟 살, 여섯 살, 세 살이었던 어린 세 딸을 홀로 키우게 될까 봐 두려웠다.[26] 그러한 두려움에 프리치는 세 딸을 데리고 부쿠레슈티를 떠나 시기쇼아라로 돌아가 카페시우스의 사촌들과 함께 살았다.[27]

카페시우스는 전쟁에 참전하게 될까 봐 걱정하지 않았다. 대신에 6개월간의 바펜-SS(나치 무장 친위대) 훈련 과정에 입소하기 위해 18세기로 거슬러 올라가 아리아인 선조의 혈통을 증명하는 데 집중했다. 이 과정에서 카페시우스는 나치가 종교 역시 혈통으로 간주한다는 사실을 잘 알기에 프리치가 반半유대인이라는 사실은 언급하지 않았

다.[28]

카페시우스는 훗날 이렇게 회고했다. "친위대 전용 양복점이 폭탄을 맞아서, 경찰 전용 양복점으로 넘어간 우리 제복을 찾으려면 6주 정도를 기다려야 했다. 민간인 복장으로 극장과 카바레를 쏘다니며 보낸 6주간의 훈련 기간은 아주 즐거웠다. 우리는 정원이 딸린 젠트럴호텔에 묵었다."[29]

훈련이 끝나고 대위로 임관된 카페시우스는 왼쪽 겨드랑이에 검은색 잉크로 혈액형을 새겼다. 이 혈액형 문신은 나치 친위대임을 증명하는 영원히 지워지지 않을 표식이기도 했다.[30] 신임 나치 친위대는 제복이 도착하고 나서 "제각기 다른 곳에 흩어져 배치를 받았다"고 카페시우스는 말했다.[31] 카페시우스를 포함해 루마니아계 독일인 열두 명은 폴란드의 수도 바르샤바에 있는 SS 중앙의료원으로 파견됐다.[32] 이후 베를린 외곽에 있는 작센하우젠 수용소와 뮌헨 외곽에 있는 다하우 수용소 내부의 SS 의약품 조제실에서 약사로 짧게 복역했다. 작센하우젠 수용소와 다하우 수용소는 원래 정치범을 수용할 목적으로 지어진 곳이었으나 전쟁이 이어질수록 점차 유대인 수감자 비율이 늘었다. 두 곳 모두 환경이 열악하기는 매한가지였으나 적어도 대량 학살 시설은 없었다. 모든 수용소의 의약품 조제실은 파르벤이 운영하고 있었기 때문에 바이엘 영업 사원이었던 카페시우스는 자연스레 약사로 발탁됐다.

카페시우스는 힘러와 나치 고위 관부들이 자신 같은 유고슬라비아, 불가리아 등 중부 유럽이나 동부 유럽 출신 독일인을 "2급 독일인"으로 분류한다는 사실을 알고 있었다. "우리는 제3제국 출신인 진짜 독일인에게 열등감을 가지고 있었다"고 카페시우스의 친구 롤란트 알베르트는 말했다.[33] 당시 카페시우스가 몰랐던 것은 SS 엘리트 사이에 퍼져 있던 그러한 견해는 곧 그들 사이에서 가장 꺼리는 자리, 즉 강제수용소로 2급 독일인들을 배치하는 관행과 이어져 있다는 사실이었다.[34]

카페시우스가 외과 의사인 엔노 롤링 대령의 마음에 든 것은 다하우 수용소에서였다. 수용소에서 7년간 의사로 일하면서 모르핀에 중독된 이력이 있던 롤링은 카페시우스를 처음 만났을 당시에 나치의 의료 및 수용소 보건 부문 수장이었다. 다시 말해 롤링이 모든 수용소에서 일하는 친위대 소속 외과 의사들을 전부 관리하는 책임자였다.

롤링은 엽기적인 것에 집착했다. 강제수용소에서 문신이 있는 인간의 피부 수백 장을 수집해 오도록 명령했다. 명령을 받은 이들은 문신이 있는 수감자의 심장에 페놀을 주입해 살해하고, 조심스레 피부를 벗겨 말린 다음 "전쟁 물자-긴급"이라는 문구를 붙여 롤링에게 발송했다. 롤링은 그중 일부를 베를린에 있는 카이저빌헬름연구소에 견본으로 보내기도 했다. 카이저빌헬름연구소는 "인종위생학"과 당시 떠오르던 학문인 우생학으로 유명한 제3제국 굴지의 연구소였다. 롤링은 그중 최고의 견본으로 지갑이나 시가 케이스를 만들어 동료 장교들에게 선물하는 엽기적인 행각을 벌였다.[35] 심지어 부헨발트 수용소에서 근무하는 SS 의사들에게 인간의 머리를 축소하는 방법을 연구하라는 소름 끼치는 명령을 내리기도 했다. 롤링의 지시를 받은 의사들은 남태평양 식인 부족과 중앙아메리카 원주민들의 관습에 관한 책을 탐독했지만 정작 돌파구는 호주 원주민들의 인간 사냥 기법에 관한 기록에서 나왔다. 부헨발트 수용소에서 머리를 축소하는 실험을 위해 수감자 30명이 죽임을 당했고 딱 세 사람의 머리만 사과 크기로 축소하는 데 성공했다(부헨발트 수용소 소장은 그중 하나를 종이를 눌러 두는 문진으로 사용했다).[36]

1943년 11월, 롤링은 카페시우스에게 아우슈비츠로의 전근을 통보했다. 카페시우스는 독일인이 운영하는 강제수용소 수백 개 가운데 규모로나 잔혹한 평판으로나 아우슈비츠 수용소가 단연 최고임을 알고 있었다. 다하우 수용소와 작센하우젠 수용소에서 근무할 당시 카페시우스는 크라쿠프에서 서쪽으로 50킬로미터쯤 떨어진 곳에 아우슈비츠라는 이름 아래 운영되는 악명 높은 수용소가 존재한다는 사실을 처음으로 알게 됐다. 아우슈비츠는 1940년 4월 포로수용소에서 시작됐다. 폴란드어로는 오시비엥침, 독일어로는 아우슈비츠라 불리던 작은 마을의 가장자리에 위치한 허물어져 가는 병영을 포로수용소로 개조한 것이었다. 일 년쯤 지나자 수감자는 1만 명으로 늘어나 있었는데 끌려온 이들 대다수가 폴란드 반체제 인사들이었다.[37] 이게파르벤이 동쪽으로 6.5킬로미터쯤 떨어진 곳에 모노비츠 수용소를 짓기로 결정한 것도 바로 그 무렵이었다. 파르벤에 노동력을 공급하기를 원했던 SS는 노동자 수용 인원을 3만 5,000명으로 세 배 이상 늘리며, 기존에 있던 정치범 수용소를 확장하라고 명령했다.

그러나 아우슈비츠가 악명을 떨치게 된 결정적인 계기는 그 뒤에 일어난 두 개의 독립적인 사건 때문이었다. 1941년 9월, 나치는 소련을 침공해 초반에 대승을 거두었다. 불과 서너 달 만에 제3제국은 150만 명에 달하는 러시아인을 전쟁 포로로 잡아들였고, 이들을 수용할 장소가 필요해졌다.[38] 그리하여 SS 수장 하인리히 힘러는 독일인 사이에서 비르케나우라고 불리던 아우슈비츠에서 1.6킬로미터쯤 떨어진 인근 마을에 두 번째 수용소를 건설하도록 지시했다. 주요 철도 노선의 반대편에 위치한 비르케나우 수용소는 전쟁 포로를 20만 명까지 수용할 수 있었으며, 이들 가운데 대다수는 당시 인근에서 위성 수용소 건설에 박차를 가하고 있던 파르벤, 크루프Krupp, 지멘스Siemens 등 독일 기업들을 위해 노예 노동력으로 투입될 예정이었다. 하지만 비르케나우만을 유일무이한 대규모 전쟁 포로 수용소로 운영하려던 계획은 오래가지 못했다. 1942년 1월, 나치는 유럽에서 유대인을 절멸하려는 계획인 '최종 해결책'을 공식적으로 승인했다. 나치는 즉시 트레블링카, 마이다네크, 헤움노, 소비보르 등 폴란드 각지에서 대량 학살 시설을 갖춘 절멸 수용소 건설에 착수했다. 그러나 나치가 점령한 여러 국가에 흩어져 살고 있는 유대인 수백만 명을 빠르게 학살하기에는 턱없이 부족했다. 결국 비르케나우 수용소를 개조하여 최신식 가스실을 도입하기에 이르렀다.

카페시우스는 아우슈비츠가 포로수용소이자 강제 노동자 수용소이자 죽음의 수용소로서 복합적인 기능을 수행한다는 점에서 이곳이 다른 수용소와는 다르다는 사실을 알고 있었다. 게다가 아우슈비츠는 SS 의사와 독일 제약 회사가 신약 개발 과정에서 수감자들을 대상으로 최대 규모의 경악스러운 생체 실험을 자행한 곳이기도 했다. 카페시우스가 전근 명령을 받았을 당시에 원래의 아우슈비츠 수용소는 아우슈비츠 I이라 불리며 대개 행정 업무를 전담하고 있었고, 비르케나우 수용소가 아우슈비츠 수용소 II, 모노비츠 수용소가 아우슈비츠 수용소 III으로 통용되고 있었다.

롤링에 따르면 1941년 이래로 아우슈비츠에서 약사로 근무했던 아돌프 크뢰머는 급히 유능한 조수를 구했다고 한다. 1933년에 SS에 합류한 크뢰머는 영예로운 초기 입당 번호의 소유자였다. 크뢰머는 우월한 혈통을 지니고 있었으나 맡은 임무를 다른 사람의 도움 없이 수행할 능력은 지니고 있지 않았던 것이 분명하다. 롤링은 카페시우스에게 크뢰머가 우울증을 앓고 있다는 사실을 굳이 귀띔해 주지 않았다.

카페시우스는 SS 의사 하인츠 틸로가 "세상의 똥구멍"이라고 부르던 아우슈비츠로 가고 싶지 않았다.[39] 다하우에서 사귄 의사 친구 헤르만 요제프 베커 대위를 통해 롤링을 회유하려고 시도했다. 공군 의료 부문 책임자였던 베커는 독일 공군을 위해 더 나은 비행 장비를 개발하기 위해 수감자들을 대상으로 잔인하기 짝이 없는 저압 고도 실험을 자행하고 있었다. 그는 존경받는 나치 당원으로서 베를린에서 상당한 영향력을 행사하고 있었다. 카페시우스는 다하우에 남고 싶다고 말했다. 카페시우스는 "여기가 좋다"고 했는데 그 이유는 "잘 운영되고 있기 때문"이라고 이야기했다.[40] 그러나 베커는 별다

른 도움이 되지 못했다.[41]

카페시우스는 첫 눈보라가 수용소를 뒤덮은 12월에 아우슈비츠에 도착했다. 이 루마니아 출신의 약사에게 다하우와 작센하우젠에서의 경험은 맛보기였을 뿐, 진짜는 이제부터였다.

Chapter

5

아우슈비츠에 오신 것을 환영합니다

카페시우스는 34세의 SS 대위이자 아우슈비츠에서 근무하는 스무 명의 의사를 관리하는 총책임자였던 에두아르트 비르츠 박사에게 전입신고를 했다. 그 스무 명의 의사가 수용소 내에서 근무하는 SS 대원들의 진료부터 수감자들의 생명 유지와 생체 실험 관리 감독까지 모든 것을 담당하고 있었다. 카페시우스는 다하우에 있는 동료들로부터 비르츠가 지금까지 만났던 다른 의사들과는 다르다는 이야기를 전해 들었다. 열렬한 나치 당원인 비르츠는 동부 전선에서 벌어지는 전투에 참전했다. 그러다 1942년 경미한 심장마비를 겪은 뒤로는 함부르크 외곽에 있는 노이엔가메 수용소에서 주임 정신과 의사로 근무했다. 그로부터 세 달 뒤 비르츠는 아우슈비츠 주임 의무관으로 발령을 받았다.

카페시우스는 비르츠가 대규모 불임 시술 및 자궁경부암 연구에 사로잡혀 있다는 사실을 익히 들어 알고 있었다. 하지만 비르츠가 여성 수감자 수백 명의 난소를 방사선으로 파괴하거나 잔인한 외과 시술로 제거하는 실험을 감행했으며, 이로 인한 피실험자 사망률이 80퍼센트에 이른다는 사실은 아직 알지 못했다. 1943년 함부르크에서 유명한 부인과 의사였던 비르츠의 남동생 헬무트가 이 생체 실험에 참여하러 아우슈비츠를 방문했다. 그러나 현장을 목격한 헬무트는 엄청난 역겨움을 느끼고 형과 크게 말다툼을 한 뒤 뒤도 돌아보지 않고 아우슈비츠를 떠났다.

비르츠는 갖은 노력에도 끈질기게 살아남아 SS 경비대뿐만 아니라 아사 직전의 수감자 수천 명을 죽음으로 내몬 발진티푸스 박멸에도 지대한 관심을 가지고 있었다. 그는 비위생적인 막사 환경에서 수감자들 사이에 발진티푸스를 쉽게 옮기는 머릿니와 각종 해충을 박멸하기 위한 계획을 공격적으로 시행했다. 비르츠가 그토록 발진티푸스에서 구하려고 애썼던 수감자 대다수가 가스실에서 생을 마감한다는 사실이 그에게는 전혀 모순적으로 느껴지지 않았던 게 분명하다.

카페시우스는 비르츠가 괴짜라는 사실을 익히 들어 알고 있었다. 비르츠는 적십자 깃발을 보란 듯이 내걸고 드라이브 나가길 즐겼다. 가끔씩 강제수용소 환경이 어떤지 물어 오는 국제 구호단체를 조롱하는 그만의 방식이었다. 노이엔가메 수용소에서 정식 훈련 과정을 건너뛴 채 주임 정신과 의사로 두 달간 짧게 복역했을 때는 아우슈비츠에 있는 SS 대원들에게 결혼 상담과 스트레스 상담을 무료로 제공하기도 했다.

카페시우스가 아우슈비츠로 전입하기 6개월 전에 비르츠는 아우슈비츠의 역사와 그곳에서 복무했던 의사들에 대한 후대의 평가를 완전히 바꿔 놓을 결정을 내렸다. 1943년 초까지는 아우슈비츠 소장 (훗날 살인죄로 유죄판결을 받은) 루돌프 회스가 임명한 SS 대원들이 승강장에 서서 기차에서 내리는 유대인들을 죽일지 살릴지를 결정했다. 노인, 어린이, 임신부를 포함한 신입 수감자 대부분은 자동으로 노동 부적합 판정을 받고 왼쪽으로 분류됐다. 왼쪽은 곧 가스실에서의 죽음을 의미했다. (결과적으로 아우슈비츠로 추방당한 150만 명 가운데 110만 명은 도착 즉시 죽임을 당했다.) 그러나 수용소 내부에서도 노동자들이 영양실조, 구타, 질병, 처형 등으로 빠르게 죽어 갔기 때문에 이들을 대체할 새로운 노동자에 대한 수요는 언제나 존재했다.

승강장에서 목숨을 건진 사람들의 팔뚝에는 고유 식별 번호가 새겨졌다. (이러한 관행이 있었던 수용소는 아우슈비츠가 유일했다.) 모노비츠로 배정된 인원 말고도 강제 노동자들은 목수, 전기공, 이발사로 일하거나 부엌에서 일하기도 했다. 때때로 수용소 외부에서 무장 경비원의 감시 아래 채석장, 터널 공사, 도로 제설 작업, 공습 피해 복구 현장에 투입되기도 했다. 여성 수감자들은 대부분 새로 들어온 수감자들의 개인 소지품에서 값어치 나가는 물건을 골라내 독일로 배송할 수 있도록 준비하는 일을 했다. 일부 여성은 성 노예가 되어야 했다. 전문 의료 인력은 죽음을 피하는 대신 SS 의사, 약사, 치과 의사의 조수로 투입되어 가장 끔찍한 일들을 수행해야 했다. 치과 의사였던 수감자는 시체의 입속에서 금니를 뽑는 일을 해야 했다. 살아남은 수감자 가운데 가장 건장한 남자들은 존더코만도Sonderkommando라 불리던 특수 직무반으로 배정되어 가스실에서 시체를 꺼내는 등의 끔찍한 업무를 떠맡았다.

비르츠는 승강장에서 새로이 도착하는 수감자들의 선별 작업을 직접 통제하길 원했다. 오직 의사에게만 생사의 기로를 결정할 권한이 있다고 생각했기 때문이다. 그는 아우슈비츠가 나치의 과학을 발전시킬 수 있는 전례 없는 기회이므로 의사들이 직접 실험 대상을 선정할 수 있어야 한다고 주장했다. 그해 봄, 동부 전선에서 세운 공으로 훈장을 받은 32세의 요제프 멩겔레가 아우슈비츠에 합류하면서 비르츠의 견해에 힘을 실어 줬다. 멩겔레는 나치 우생학 연구의 권위자였던 오트마어 폰 페르슈어의 제자였다. 의대생 시절 멩겔레는 프랑크프루트대학 유전생물학 및 인종위생학 연구소에서 페르슈어의 애제자로 있었다.

멩겔레는 폰 페르슈어와 함께 진행한 연구로, 인간 유전자를 선별하고 조작하고 개량해서 "정화"할 수 있다는 나치의 신흥 과학철학의 중심에 서게 됐다.[1] 폰 페르슈어는 쌍둥이 연구에 대부분의 시간과 노력을 바쳤다. 당시 폰 페르슈어는 베를린에 있는 카이저빌헬름 소속 인류학·유전학·우생학 연구소 소장이었다. 멩겔레가 아우슈비츠로 발령을 받는 데 영향력을 행사하고 생체 실험을 할 수 있는 연구비를 보장해 준 사람도 폰 페르슈어였다. 아우슈비츠 수감자 가운데 멩겔레의 조수로 일했던 의사 엘라 링겐스는 훗날 이렇게 진술했다. "오트마어 폰 페르슈어의 주도로 진행된 인종 과학 연구의 치명적인 결과가 드러났고, 국가사회주의 주도하에 자행된 실험에 한계는 없었다."[2]

아우슈비츠에 도착한 멩겔레는 시간을 낭비하지 않았다. 연구를 하려면 쌍둥이가 필요했다. 그것도 아주 많이 필요했다. 하지만 멩겔레는 꾀죄죄한 얼굴로 녹초가 된 채 무질서하게 밀려드는 수천 명의 수감자들 사이에서 쌍둥이를 발견하는 일을 따로 훈련받지 않은 SS 대원들에게 맡겨 둘 순 없다고 비르츠에게 말했다. 비르츠는 멩겔레의 말을 듣고 선별 작업에서 의학적인 감독이 중요하다는 생각을 굳혔다.

비르츠를 포함해 아우슈비츠에서 근무하는 모든 의사가 밤낮없이 승강장 선별 작업에 투입됐다. 의사 두 명이 새로 도착하는 기차를 맞이했다. 모두가 이 새로운 의무를 반기진 않았다. 예를 들어 한스 쾨니히와 베르너 뢰데는 술로 괴로움을 달랬다. 나중에 카페시우스가 증언하길 가학적 성향으로 악명 높은 프리츠 클라인도 "대부분 술에 취한 상태"였다고 한다. 한스 뮌히 같은 경우에는 선별 작업을 거부했다가 강등을 당하고 모노비츠 수용소에서 혈액 샘플을 처리하는 작업으로 전출됐다. 요한 폴 크레머는 7개월간 아우슈비츠에서 복역하면서 매일 일기를 썼다. 그는 일기에 아우슈비츠 수용소의 실상에 비하면 "단테의 지옥은 희극이나 다름없다"며 "너도나도 선별 작업에 참여하겠다고 나섰는데 [그 이유는] 추가로 보급품(보드카

5분의 1병, 담배 5개비, 소시지와 빵 100그램)을 받을 수 있기 때문이었다."라고 썼다.[3]

대부분의 의사들이 추가로 인센티브가 필요한 처지는 아니었다. 그렇기에 일부 의사들에게 선별 작업은 그저 의무일 뿐이었다. 그러나 몇몇은 이 "특별한 행위"를 아주 즐겼다. 물론 선별 작업을 위해 추가 근무를 자청하던 멩겔레만큼은 아니었지만 말이다. 수많은 신입 수감자가 기차에서 내리자마자 처음으로 마주한 나치 당원이 바로 멩겔레였다. 머리부터 발끝까지 제복을 완벽하게 차려입고 가끔씩 휘파람으로 아리아를 불며 반짝이는 승마용 채찍으로 수감자 한 명 한 명에게 오른쪽으로 갈지 왼쪽으로 갈지 방향을 지시하는 이 SS 장교의 모습은 수많은 생존자들의 머릿속에 잊을 수 없는 기억으로 남아 있었다.[4]

결국에는 약 5,000명의 쌍둥이가 수감자들 사이에서 멩겔레의 *동물원*이라 불리던 캠프 F의 14번 막사를 거쳐 갔다. 그중에는 어린아이들도 대다수 포함되어 있었다. 그곳에서 멩겔레는 제2차 세계대전을 통틀어 가장 끔찍한 실험들을 자행했다. 다른 SS 의사들도 마찬가지였지만 멩겔레에게도 인간 "기니피그"가 그야말로 무한정 공급되는 셈이었다. 멩겔레는 전쟁으로 죽은 독일인의 머릿수를 한시라도 빨리 충당하고자 우수한 아리아인 모체가 쌍둥이를 낳을 수 있도록 이 기회를 적극 활용해 쌍둥이 출생의 비밀을 밝힐 생각이었다. "열등한 인종"을 개조하는 일, 즉 집시와 유대인의 생김새를 독일인처럼 바꾸는 연구 또한 그의 관심사였다. 멩겔레는 근거의 빈약함이나 연구 절차에서의 잔인함 따위는 안중에도 없이 호기심을 자극하는 의학 이론이라면 닥치는 대로 파고들었다.

한번은 멩겔레가 베라 크리겔이라는 수감자를 그의 실험실 중 하나로 불러들였다. 베라는 인간의 눈알로 빼곡히 장식된 실험실 벽을 보고 경악을 금치 못했다. 그녀는 훗날 이렇게 회상했다. "박제 나비처럼 눈알이 핀으로 벽에 고정돼 있었어요. 저는 제가 이미 죽어서 지옥에 와 있구나 싶었어요." 멩겔레는 그렇게 수집한 눈알을 베를린에 있는 그의 스승 폰 페르슈어에게 보냈다. 멩겔레의 도움으로 폰 페르슈어는 눈 색깔이 인종을 구분 짓는 유용한 생물학적 지표가 될 수 있는지에 관한 논문을 마무리할 수 있었다.

카페시우스는 아우슈비츠에 도착한 첫날만 해도 전쟁이 일어나기 전에 자신이 근무했던 회사가 그토록 많은 생체 실험을 후원하고 있다는 사실을 꿈에도 몰랐다. 아우슈비츠 가스실에서 시안화수소 기반의 살충제 치클론 B를 사용하여 파르벤 또한 이익을 챙겼다는 사실도 몰랐다. 아우슈비츠라는 이름이 세간에 알려지기도 전인 몇십 년 전에 파르벤은 이미 치클론 B 특허권의 지배 지분을 사들였다. 바이엘이 주요 판매 및 유통사였다.[5] 원래 치클론 B는 아우슈비츠에서 수감자 막사와 옷을 훈증 소독하는 데 쓰였다. 그러나 카페시우스가 아우슈비츠로 전입해 오기 18개월 전, 나치 고위 장교들과 제3제국 장관들이 베를린 외곽 반제에 모여 치클론 B에 한층 더 중요하고 치명적인 역할을 부여하기로 결정한 것으로 추정된다. 반제에서 이들은 "유대인 문제에 대한 최종 해결책"을 강구했다. 나치는 유럽계 유대인 추방 및 강제 이주 계획을 전면 포기했다. SS 수장 힘러는 아우슈비츠 소장을 베를린으로 소환해 유대인을 절멸하라는 총통의 명령을 전달했다.[6] 반제 회의 직후 히틀러는 유럽에 있는 모든 유대인의 운명을 결정지을 연설을 남겼다. 히틀러의 연설 가운데 최악의 연설 중 하나로 기록된 이 연설에서 그는 광기에 사로잡혀 이렇게 약속했다. "앞으로 최소 1,000년간 유대인은 씨가 마를 것입니다!"[7]

이 무렵 주로 폴란드, 우크라이나, 러시아 등지에서 100만 명이 넘는 유대인이 나치의 이동 학살 부대인 아인자츠그루펜에 죽임을 당했다. 1941년 9월, 바르샤바 북서쪽에 위치한 헤움노 수용소에서는 특별히 개조한 대형 트럭에 일산화탄소를 주입해 유대인들을 학살했다. 트레블링카, 벨제크 등 폴란드의 다른 도시에 위치한 초기 절멸 수용소에서도 나치는 대부분 밀폐된 공간에 디젤엔진을 통해 일산화탄소를 주입하는 방식으로 유대인을 대량 학살했다. 그러나 아우슈비츠에서는 대량 학살 기술이 더욱 발전했다. 수많은 실험을 거쳐 회스와 그 부하들은 최종적으로 치클론 B를 선택했다. 이 청회색을 띠는 값싼 규조토 과립은 공기에 노출되면 치명적인 독가스로 변했다. 1942년 3월에 최초로 이 치클론 B를 이용한 아우슈비츠 가스실이 정상 가동되기 시작했다. 히틀러가 유럽 대륙에서 유대인의 씨를 말리겠다고 선언한 지 불과 한 달 뒤였다.

치클론 B의 제조 특허는 독일의 해충 방제 회사 데게슈Degesch가 소유하고 있었다. 데게슈의 지분을 42.5퍼센트 보유하고 있던 파르벤이 이사회를 통제했다.[8] 데게슈는 치클론 B에 첨가되는, 눈을 따끔거리게 만드는 약물에 대한 특허도 별도로 소유하고 있었다. 이 약물은 무색무취의 가스가 독가스임을 알려 주는 경고제 역할을 했다.

살균 소독 담당 장교였던 쿠르트 게르슈타인은 데게슈가 치클론 B에서 이 경고제를 제거하고 SS에 납품해야 한다고 주장했다. 특허를 잃을 것을 우려한 데게슈 임원진이 이를 거부하자, 게르슈타인은 치클론 B가 대량 살상용으로 어떻게 사용될 수 있는지 소름 끼치도록 자세하게 공유했다. 게르슈타인은 데게슈 측에 대량 살상 시 마지막 순간에 일어날 대규모 혼란 사태를 방지하려면 경고제를 제거하는 것이 불가피하다고 주장했다. 나치가 수백만 명이 넘는 인간을 살상하는 데에 자사 살충제를 사용하길 원한다는 사실에 경악하는 대신 데게슈 임원진은 경고제를 제거하고 치클론 B 생산량을 역대 최대치로 끌어올렸다. (SS에게서 첫 대량 주문이 들어왔을 때쯤 일산화탄소로 어설프게 유대인 800명을 죽이려다 끔찍한 참상을 목격하고 괴로워하던 게르슈타인은, 어느 독일인 주교에게 고해성사를 해서 이제 곧 동부 유럽에 불어닥칠 나치의 유대인 대량 살상 계획에 대해 상세히 털어놓았다. SS 고위 간부가 최종 해결책의 존재를 시인한 건 이때가 처음이었다. 게르슈타인의 고해성사 내용은 외교 행낭에 봉인된 채 바티칸으로 전달되었으며, 전쟁이 끝날 때까지 기밀로 남아 있었다.)[9]

SS가 치클론 B를 대량으로 주문한 덕분에 1942년부터 데게슈의 수익은 급증했다. 아우슈비츠에서만 단독으로 이 살충제를 23톤이나 주문했다. 1943년에는 치클론 B가 데게슈의 기업 이익에서 차지하는 비율이 70퍼센트에 달했다.

카페시우스는 아우슈비츠에 부임한 첫날엔 치클론 B가 정확히 어디에 쓰이는지 듣지 못했다. 비르츠는 피상적으로 전반적인 수용소 소개만 해 주었다. 카페시우스가 앞으로 아우슈비츠에서 정확히 어떤 역할을 해야 하는지 설명해 준 사람은 조제실에 근무하던 아돌프 크뢰머였다. 이 조제실은 전쟁이 끝날 때까지 카페시우스가 집이라고 부르게 될 공간이었다.

새로운 상관이 단지 경미한 우울증을 겪고 있는 게 아니라는 판단을 카페시우스가 내리기까지는 그리 오랜 시간이 걸리지 않았다. 사실상 크뢰머는 신경쇠약에 걸리기 직전이었다. 비르츠나 멩겔레를 비롯해 아우슈비츠에서 활개를 친 의사들도 있었지만, 끝을 모르는 잔인함을 견디지 못한 의사들도 소수지만 존재했다. 크뢰머도 명백한 후자 중에 한 명이었다. 수감자이면서 약사였던 얀 시코르스키는 카페시우스에게 크뢰머가 "이 전쟁은 더 이상 이길 수 없는 전쟁이야."라고 말했다고 고백했다.[10] 크뢰머가 수감자에게 그런 무모한 발언을 할 만큼 어리석을 리 없다고 생각한 카페시우스는 크뢰머를 찾아가 사실 여부를 따져 물었다.

"그래, 내가 그런 말을 했네." 크뢰머는 순순히 시인했다.

하지만 얼마 지나지 않아 카페시우스는 크뢰머가 조제실에서 근무하는 수감자들에게 아무런 거리낌 없이 이 같은 발언을 하고 다닌다는 사실을 알게 됐다. 크뢰머는 카페시우스에게 이렇게 경고했다. "자네도 아마 눈알이 튀어나올 정도로 놀라게 될 거야. 여긴 소돔과 고모라야. 지옥도 여기에 비하면 아무것도 아닐걸."[11]

카페시우스가 아우슈비츠에서 근무한 지 2개월이 채 되지 않았을 무렵에 체포된 크뢰머는 약식재판에 넘겨져 "패배주의를 퍼뜨린다"는 죄목으로 처형됐다. 전후 진술에서 카페시우스는 이 격동의 사건들을 무미건조하게 묘사했다. "저는 롤링의 명령으로 아우슈비츠에 발령받았습니다. 그곳 조제실 담당 약사 크뢰머 박사가 아프다고 했고요. … 저는 아우슈비츠 주둔군 담당의 비르츠 박사에게 전입신고를 했습니다. 크뢰머 박사는 SS 조제실에서 절 반겨 줬죠. 얼마 뒤 그는 병실에 입원했고 1944년 2월 18일 숨을 거뒀습니다. 저는 그의 후임자로 임명됐습니다." (2010년 아우슈비츠 근처에 위치한 한 개인 주택을 수리하는 과정에서 수용소 내부 문서 원본이 무더기로 발견됐다. 그중에는 크뢰머 박사의 사망진단서도 있었다. 고위 장교를 처형한 사실이 알려지길 원치 않았던 SS는 사망진단서에 크뢰머 박사의 사인을 "심장마비"라고 기록했다.)[12]

카페시우스는 아우슈비츠의 주임 약사로 승진한 것을 자랑스러워했다. 전후에 그는 아우슈비츠에서 목격한 "끔찍한 일들"을 이렇게 묘사했다. "우울하고 구역질이 난다. 툭 건드리면 구토가 나올 것 같은 기분이 들 것이다. 처음에는. 그러다가 차츰 익숙해지게 된다."[13] 카페시우스는 동료들에게 일말의 망설임이나 불편함도 내비치지 않았다. 카페시우스에게서는 그의 전임자들을 좀먹게 한 반성의 기미나 양심의 가책을 전혀 찾아볼 수 없었다. 이런 모습에 동료들은 감탄했다. 카페시우스는 나치 최대의 강제수용소에서 복역하는 동안 누릴 수 있는 이익이란 이익은 살뜰히 챙겼다.

Chapter

6

조제실

카페시우스의 숙소는 장교 거주 구역 근처에 있는 나무 막사였다. 초반에 친분을 쌓았던 요제프 멩겔레와 프리츠 클라인을 비롯해 아우슈비츠에서 근무하는 의사 대부분이 같은 건물에 거주했다. 카페시우스가 근무하는 조제실은 SS 병원 단지 내에 위치한 9번 구역에 있었다. 아우슈비츠 내에 최초의 의무실이 들어선 것은 1940년의 일이었다. 이후 수감자 병동, SS 전용 상담실 및 외래 진료실, 치과, 조제실이 차례로 추가됐다. 수감자들 사이에서 "화장장 대기실"로 불리던 이 의무실은 처음에는 커다란 방 하나로 시작됐다.[1] 그러다 확장을 거듭해 카페시우스가 부임할 무렵에는 건물이 네 채로 늘어났으며 그중 하나는 생체 실험 전용으로 쓰였다.[2]

전쟁이 끝난 후 카페시우스는 이렇게 회고했다. "SS 조제실은 아우슈비츠 수용소 중심과 떨어진 곳에 위치한 벽돌 건물 내부에 있었습니다. 이 2층짜리 건물에는 다락방이 있었습니다. 조제실은 1층에 있었는데, 그 안에는 비르케나우에서 도착한 의약품과 장비를 분류하는 방이 하나 있었습니다. 가끔씩 의료 기구도 들어왔죠. 명목상으로 이 물품들은 수감자들만을 위한 것이었습니다. 분류는 원래 제가 해야 할 일이었지만 실제로는 [얀] 시코르스키라는 폴란드인 수감자 약사가 했습니다."[3] 시코르스키는 장기 수감자로 1941년 6월에 아우슈비츠에 입소했다.[4]

카페시우스는 널따란 1층 사무실에서 근무했다. 사무실은 검소했다. 철제 탁자 세 개, 의자 몇 개, 캐비닛 몇 개, 뒤쪽 벽면에 쌓인 보관용 상자가 전부였다. 카페시우스는 조제실 담당 경리와 사무실을 함께 썼다. 옆 사무실은 수감자 약사 보조들이 썼다. 뒤쪽에 있는 또 다른 사무실에서는 SS 담당 의사 및 치과 의사들이 근무했다. 2층에 있는 작은 의무실에는 SS 전용 병상 여섯 개가 놓여 있었다. 꼭대기 층인 경사진 다락방에는 새로 입소하는 수감자들에게서 빼앗은 의약품과 개인 소지품이 보관되어 있었다.[5]

카페시우스는 이렇게 회고했다. "[약사로서] 제 업무는 베를린에 있는 중앙의료원, 그러니까 바펜-SS 중앙 본부에서 SS 대원들과 수감자들에게 필요한 의약품을 주문하는 일이었습니다. 아우슈비츠 수용소를 비롯해 비르케나우와 모노비츠 등 모든 부속 수용소에서 필요한 의약품을 주문하는 것 또한 저의 업무였죠."[6]

카페시우스는 주문한 의약품을 지하실에 보관했다. 지하실에는 적십자에서 해충 박멸용으로 보낸 DDT 살충제 수천 통도 보관되어 있었다. 그런가 하면 독립적인 샤워 시설, 탈의실뿐만 아니라 SS 의료진만 이용할 수 있는 이발소도 있었다.

"SS 조제실에는 제 밑에서 근무하던 수감자가 열두 명가량 있었습니다. 경리를 제외하곤 모두가 전문 약사였죠."

카페시우스의 수석 보조였던 시코르스키는 나머지 수감자 약사들을 감독했다. 시코르스키는 훗날 이렇게 회고했다. "저는 일종의 수감자 감독이었습니다. 카포(수감자 감독)의 지휘권은 아주 작았습니다. 때때로 그들은 저를 그렇게 불렀습니다. 카포라고."

사무실에는 유럽 전역에서 온 수감자들이 근무했다. 이를 가리켜 독일 작가 베른트 나우만은 "하나의 운명으로 묶인 채 아우슈비츠라는 죽음의 무대에 오른 각양각색의 사람들"이라고 표현했다.[7]

시코르스키는 다음과 같이 회고했다. "저 말고도 스트라우흐라는 실레시아 출신 독일계 유대인도 있었습니다. 스트라우흐는 전쟁이 발발하기 전에 크뢰머 박사와 동창이었습니다. 베를리너라는 나이 든 경리도 있었죠. 또 성만 알고 이름은 모르지만 헝가리에서 온 피로스카 씨와 에바 씨도 있었습니다. 그리고 트란실바니아에서 온 젊고 잘생긴 약사 그로스도 있었습니다. 그는 유대인이자 그리스인이었는데 이름이 에런이었죠. 알트만이라는 덩치가 크고 뚱뚱한 또 다른 헝가리인도 있었습니다. 아마도 그전에 와인 판매상이었던 것 같습니다. 프로코프와 요제프 고르츠코프스키라는 폴란드인 약사가 두 명 더 있었는데 둘 다 크라쿠프 출신이었습니다. 그리고 스지위작과 스위데르스키라는 약사도 두 명 더 있었습니다. 또 술리코프스키라는 어리고 키 작은 보조도 한 명 있었습니다. 제 남동생의 동료라서 알게 되었습니다.

사람들은 폴란드어, 러시아어, 헝가리어를 사용했지만 독일어와 이디시어를 쓰기도 했고, 아우슈비츠에서 '라게슈프라하lagerszpracha'라 불리던 수감자들만의 특별한 언어도 사용했습니다. … 우리 상관이었던 카페시우스는 우리가 라게슈프라하로 이야기할 때 듣지 않는 척했죠."[8] 수감자들은 앞에서는 카페시우스를 *상관*이라고 불렀지만 뒤에서는 177센티미터에 90킬로그램에 육박하는 그를 *몹셀*(Mopsel, 돼지상 또는 뚱뚱보라는 뜻)이라고 불렀다.[9]

나치의 관료주의 체계 탓에 시코르스키는 카페시우스에게 직속으로 보고하지 않고 옆 사무실에서 근무하는 SS 약사 장교 서너 명을 거쳐야 했다. 쿠르트 유라제크 하사, 게르하르트 게르버 중위, 볼레스와프 프라이마크가 그들이었다.

아우슈비츠를 포함해 널리 퍼져 있는 모든 부속 수용소까지 카페시우스가 근무했던 조제실 소관이었다. 모노비츠에 별도의 약국이 있긴 했지만 달마다 카페시우스에게 필요한 의약품을 주문했다. 의약품이 모자라면 크라쿠프 유제핀스카 거리에 있는 약국에서 임시로 조달했다.

카페시우스는 SS를 위한 의약품을 충당하는 일을 최우선으로 삼았다. 이와 더불어 승강장에서 목숨을 구제받고 아우슈비츠라는 기이한 세계에서 강제 노역이나 생체 실험에 투입된 수감자들의 목숨을 SS가 원하는 동안은 부지할 수 있도록 적절한 치료를 해 주어야 했다. 하지만 전시 상황이다 보니 원활한 의약품 공급에 한계가 있었고, 수감자들에게 돌아갈 의약품은 더더욱 부족해졌다. 독일인 수감자 간호사였던 루트비히 뵐은 카페시우스가 아픈 수감자들에게 줄 의약품을 고의적으로 *하나도* 남겨 두지 않았다고 고발했다. 이런 식으로 "카페시우스는 양심상 수천 명을 살해했다."[10]

수감자들에게 약을 주지 않은 것이 가학적인 전략이었든지 아니면 단지 SS를 최우선 순위로 삼은 결과였든지 간에 가스실로 직행하지 않은 수감자 대다수가 치료 가능한 질병으로 사망한 것은 반박할 수 없는 사실이었다. 그들의 생명을 연장해 줄 수도 있었을 의약품은 결코 카페시우스의 조제실 밖으로 나오지 않았다.

주임 약사로 승진한 직후 카페시우스는 조제실 재고 현황을 완벽히 조사하기로 결정했는데 그 이유는 "권한을 넘겨받을 때 정리가 되어 있지 않았기 때문"이었다.[11] 재고 조사 결과 필수 의약품이 크게 부족한 것으로 드러났다.

"그전까지 의약품과 의료 기구는 항상 '캐나다'로부터 도난당한 상태였죠." 시코르스키가 진술했다. '캐나다'는 수용소에 입소하는 유대인들에게서 갈취한 모든 개인 소지품을 보관하는, 비르케나우에 있는 커다란 창고를 일컫는 은어였다. 폴란드인 수감자들은 '캐나다'를 막연히 아주 먼 곳에 있는 풍요로운 나라라고 생각했다. "조제실에는 그중에서 가장 최악의 물품만 들어왔습니다. 그래서 카페시우스 박사는 사령관 사무실로 찾아가 신입 수감자들의 가방을 직접 뒤져서 필요한 물품을 수거해도 된다는 공식적인 허락을 받아 냈습니다."[12]

카페시우스는 일주일에 서너 번씩 운전기사와 수감자 조수 두 명을 대동하고 비르케나우 승강장으로 나갔다. 카페시우스는 직접 목격한 장면을 다음과 같이 진술했다. "절멸 장치는 순조롭게 가동됐습니다. 수송 차량을 마련하고 운영하는 일 또한 신중하게 준비됐습니다. 수송 차량이 도착할 때마다 수용소 사령관들은 전보와 무선 통신으로 통보를 받았죠. 그러면 사령관들은 임시 수용소, 정치부, SS 담당 의사, 트럭 운전 부대, 경비대, 업무 배치소에 지시를 내렸습니다. 수송 차량 '처리'에 관여한 각각의 부서에는 하차 지점에서 '특수 작전' 수행자 명단이 적힌 특별 임무 명부가 존재했습니다."[13]

신입 수감자 수천 명이 기차에서 내릴 때쯤 카페시우스는 승강장에 도착했다. 기차를 탈 때 일인당 소지품 50킬로그램까지 반입이 허용됐기에 수감자들은 대부분 귀중품이 든 보따리를 들고 있었다. 모든 개인 소지품이 선로 가장자리를 따라 산더미처럼 쌓여 있었다. 카페시우스가 할 일은 그중에서 의사나 치과 의사나 약사가 쓰는 의료 기구와 의약품을 찾아내는 것이었다. 특히 공급이 턱없이 부족한 상처 치료용 황산 분말과 요오드가 주요 수색 대상이었다. 보통 SS 보안 경찰 한 명이 카페시우스의 지시에 따라 수색 작업을 실시했다. 신입 수감자 대다수가 곧장 가스실로 직행했기 때문에 이들 소지품에서 착복한 물품에 대해서는 따로 재고 목록을 작성하지 않았다.[14]

때때로 카페시우스는 "약국에 쌓아 둘" 만큼 충분한 의약품을 획득했다고 말했다.[15] 카페시우스는 선로에서 수집한 모든 물품을 조제실로 가져왔다. "거기서 우리는 유대인 수송 차량에서 내린 의사와 약사들의 가방을 미리 분류하고 보관했죠. … 저는 코드 번호나 불법 상표가 붙은 내용물은 전부 다 아연 통에 쏟아부었습니다. 원래 가방에 남아 있던 나머지 물건과 특별히 약효가 뛰어나거나 제선에서 약효를 정확히 알 수 없는 의약품은 지하실에 있는 커다란 흰색 함에 따로 넣어 뒀고요. 이 함에는 자물쇠가 두 개나 걸려 있었습니다."[16] 카페시우스가 신입 수감자들의 가방에서 챙겨 조제실에 보관한 것은 의약품만이 아니었다. 이렇게 조제실에 보관된 물품 가운데는 일부 SS 의사들이 수감자를 살해하는 데 사용한 페놀산도 포함되어 있었다. 훗날 시코르스키는 카페시우스가 모든 청구서에 서명을 했기 때문에 베를린으로 들어간 *주사용 페*놀 주문은 사실상 모두 그의 소관이었다고 진술했다.[17] 수감자 간호사였던 루트비히 뵐은 대략 수감자 20만 명의 심장에 페놀이 주입되어 사망한 것으로 추정했다. 페놀 주사를 맞고 죽으면 사체가 손상되지 않기 때문에 의사들은 그러한 장기를 적출하여 장기 표본을 얻기를 원했다. 페놀 주사는 대개 의사였던 요제프 클레어 원사가 직접 주입했다. (전쟁이 끝난 후 클레어는 "듣던 중에 가장 터무니없는 중상모략"이라고 팔짝 뛰었는데, 자신이 페놀 주사로 살해한 수감자는 250명에서 300명가량에 불과하며 이 또한 "당연히 명령에 복종"한 것이라 주장했다.)[18]

카페시우스의 통제 아래 놓여 있던 이 조제실에는 심지어 더욱 치명적인 물품도 있었다. 하루는 베를린에서 상자 하나가 도착했다.

시코르스키가 상자를 열자 그 안에는 날카로운 갈퀴가 달린 동그란 병따개가 잔뜩 들어 있었다.[19] 시코르스키는 얼마 지나지 않아 그 병따개가 치클론 B가 들어 있는 깡통을 딸 때 유독한 과립 입자가 새어 나오는 위험을 최소화할 수 있도록 만들어진 도구라는 사실을 알게 됐다.

병따개가 도착하고 나서 오래지 않아 SS 장교 한 무리가 베를린에서 온 봉인된 갈색 상자를 들고 조제실에 나타났다. 상자마다 500그램짜리 치클론 B 깡통이 가득했다. 그때쯤엔 아우슈비츠에서 치클론 B가 어떻게 쓰이는지 명확히 알고 있던 카페시우스가 시코르스키에게 "치클론 B와 관련된 일에는 관여하고 싶지 않다"고 말했다.[20] 카페시우스가 꺼렸던 이유는 독극물이나 그 치명적인 사용법에 반대해서가 아니라 단지 그런 위험 물질을 관리하는 책임을 떠맡고 싶지 않아서였다. 카페시우스는 모든 수용소의 의약품 수요를 관리하는 일만으로도 벅찼다. 그는 치클론 B를 중앙 행정부에 반납하길 원했지만 그건 불가능했다. 결국 이 독성 살충제가 담긴 상자 수십 개는 조제실 바로 건너편 자물쇠가 달린 벙커(초반에 이 벙커는 아우슈비츠의 화장장으로 쓰였다) 안에 있는 노란색 선반에 안착했다.[21] 카페시우스가 증언하길 이 벙커 안에는 "휘발유, 콜타르, 석탄산, 염화칼슘, 고리버들 병에 든 각종 액체"도 보관되어 있었다고 한다.[22]

이 벙커에 출입할 수 있는 열쇠는 카페시우스 소관이었다. 카페시우스는 벙커 열쇠를 포함해 조제실 안에 있는 다른 모든 방 열쇠를 자신의 책상 서랍 안에 보관했다. 서랍 역시 열쇠로 잠겨 있었다. SS

대원 가운데 누구라도 이 방들에 출입하길 원한다면 원칙상 카페시우스에게 서명을 하고 열쇠를 받아야 했다.[23]

카페시우스는 훗날 치클론 B와 관련한 혐의를 일체 부인했지만 몇몇 목격자들의 증언은 이를 반증한다. 1940년대 초반에 강제수용소에 수감된 브라디스와프 페이키엘 박사는 “그 수용소 약사는 독가스 담당이었습니다.”라고 증언했다.[24] 수감자 간호사였던 루트비히 뵐 또한 카페시우스가 치클론 B의 “보관, 배급, 살포”를 담당했다고 증언했다.[25] 수감자 약사 스지위작은 조제실 지하실에서 치클론 B 깡통을 직접 봤다고 말했다. SS 장교인 쿠르트 유라제크와 타데우시 도프르잔스키는 독극물을 꺼내 가스실로 가져가라는 지시를 카페시우스에게 받았다고 스지위작에게 말하기도 했다.[26]

심지어 카페시우스가 가장 신뢰하는 조수 중 한 명이었던 유대인 수감자 약사 프리츠 페터 스트라우흐의 증언에 따르면, 카페시우스가 보관하고 있던 치클론 B에는 경고제도 첨가되어 있지 않았고 경고 문구도 찾아볼 수 없었다고 한다. 데게슈가 인간을 살상할 목적으로만 특별히 제조한 수량이었다.[27]

그러나 카페시우스의 역할은 단순히 독극물이 보관된 창고의 열쇠를 보관하는 데 그치지 않았다. 카페시우스가 직접 치명적인 살충제를 가스실로 운반하는 장면을 봤다는 또 다른 목격자들의 증언은 그가 직접적으로 대량 살상에 가담했다는 사실을 뒷받침한다. 유대인 정치범 수감자였던 즈지슬라프 미콜라이스키는 카페시우스가 SS 치과 의사였던 프랑크 박사, 샤츠 박사와 함께 구급차에 치클론 B 상

자를 싣고 방독면을 챙겨 비르케나우 가스실로 향하는 모습을 직접 봤다고 증언했다.[28]

또 다른 목격자 두 명이 미콜라이스키의 이 같은 증언을 뒷받침해 준다. 그중 한 명은 얄궂게도 카페시우스의 어린 시절 친구인 롤란트 알베르트였다. 알베르트 또한 아우슈비츠로 발령을 받아 SS 경비대 담당 중위로 근무하고 있었다. 그는 어느 날 적십자 마크가 붙은 트럭이 가스실 근처에 서 있는 것을 목격했다.

"카페시우스와 요제프 클레어 SS 원사가 트럭에서 내렸습니다. 클레어는 초록색 깡통 네 개를 들고 있었죠. 좁은 잔디밭을 가로질러 가스실로 간 두 사람은 지붕으로 올라가 방독면을 썼습니다. 이윽고 클레어가 지붕에 난 작은 문을 위로 들어 올려 열었습니다. 그러고 나서 가만히 카페시우스의 명령을 기다렸습니다. 오직 SS 의사만 살상 명령을 내릴 수 있었기 때문이죠. 카페시우스의 명령이 떨어지자 클레어는 깡통을 따고 보라색 작은 과립 분자 형태의 내용물을 흔들어 작은 문 안으로 부었습니다. 치클론 B였습니다."[29]

존더코만도였던 도프 파이지코비츠 또한 카페시우스가 적십자 트럭을 타고 화장장에 도착한 장면을 목격했다. 카페시우스가 가스실로 다가가자 SS 장교 카를 프리츠 슈타인베르크가 손에 든 방독면을 달랑거리며 물었다.

"깡통은 어딨나? 치클론은?"

"하나만 가져왔습니다." 카페시우스가 대답했다.

그러자 슈타인베르크가 당장 하나 더 가져오라며 소리를 지르기 시작했다.

"가스실에는 아직 독살당하지 않은 사람들이 있었습니다." 파이지코비츠가 회고했다.

한 차례 독살이 늦어지면 신중하게 짜인 그날의 학살 일정이 모두 헛수고가 되고 말 게 분명했다. 카페시우스는 운전기사에게 서둘러 조제실로 가서 치클론 깡통을 하나 더 가져오라고 명령했다. 두 번째 치클론 깡통이 도착하자 슈타인베르크는 카페시우스의 명령이 떨어지길 기다렸다가 과립 분말을 가스실 안으로 투입했다.

가스실은 화장장마다 설치되어 있었다. 제1화장장과 제2화장장에서는 파이프를 통해 밀폐된 공간으로 치클론을 흘려보내는 반면에 제3화장장과 제4화장장에서는 SS 대원이 사다리를 타고 올라가 지붕에 난 작은 문을 통해 직접 치클론을 투하해야 했다. 전쟁이 끝난 후 "화장장에서 카페시우스를 얼마나 자주 목격했느냐"는 질문에 파이지코비츠는 일말의 망설임도 없이 대답했다. "수도 없이요."[30]

비록 카페시우스는 가스실이나 화장장에서 그 어떤 역할도 하지 않았다고 잡아뗐지만, 전쟁이 끝난 후에 그가 남긴 글을 보면 그 일에 깊숙이 관여한 사람만이 알 수 있는 지식을 무감각하게 기술하고 있음을 알 수 있다.

"기술적으로 화장장은 하루에 시체 4,756구를 소각할 수 있도록 설계됐다. 하지만 이는 화장장 보수 및 청소에 들어가는 시간까지 계산된 이론적인 수치일 뿐이다. 실제로는 하루에 제2화장장과 제3화장장에서 소각된 시체가 5,000구에 달했고 제4화장장과 제5화장장에서 소각된 시체는 3,000구에 달했다. 벙커 옆에 있는 화장터의 소각 용량은 무한정이었다. 1944년 여름에 헝가리계 유대인이 추방될 당시, SS가 제2벙커의 운영권을 다시 넘겨받았다. 이 기간 동안 하루에 2만 4,000명을 죽이고 소각했다. 시체에서 나온 재는 비료로 사용하거나 늪지를 매립하는 데 사용됐다. 아니면 그냥 인근 하천에 버리기도 했다. 대부분은 바로 옆에 흐르던 소와강에 버려졌다."[31]

빌헬름 프로코프는 전쟁이 끝난 후 그의 상관이 더 적은 양의 독가스로 유대인들을 죽일 수 있는 방법에 대해 이야기하는 것을 엿들은 적이 있다고 진술했다.[32] 하루는 카페시우스가 요제프 클레어와 쿠르트 유라제크 장교를 대동하고 치클론 B가 보관된 벙커로 들어갔다. 클레어는 좋게 말하면 나치의 소독부장이었다. 상당한 위험을 무릅쓰고 프로코프는 살짝 열린 문 바로 바깥에 서 있었다. 카페시우스가 클레어에게 "아주 많은 양의 [치클론 B] 깡통"을 받을 준비를 하라고 명령했다. 그러고는 그날 있을 "대규모 작전" 때문에 아주 많은 양이 필요하다고 덧붙였다. 치클론 B의 재고는 모자라는 일이 없도록 언제나 면밀하게 추적 관리되고 있었다. SS는 한 통에 5라이히스마르크(미화 2달러 상당)나 나가는 이 독극물의 재고를 늘리고 비용은 줄이기를 원했다. 그리하여 대량 학살 시 주입하는 독가스의 양을 줄이는 실험을 시작했다. SS는 2,000명이 넘는 수감자를 죽일 때 필요한 적정 치사량인 20통 대신에 15통을 주입했다. 그렇게 되면 마지막까지 고통에 몸부림치다 죽어 가는 시간이 20분 정도 길어진다는 사실은 아무도 개의치 않았다.

어느 날 카페시우스는 멩겔레 밑에서 일하는 루마니아 수감자 의사 미클로스 니슬리를 우연히 만나, 나치가 치클론 B의 용량을 지나치게 줄였다는 이야기를 전해 듣는다.[33]

카페시우스는 나중에 이렇게 회고했다. "가스실 학살 담당이었던 클레어가 니슬리의 방으로 들이닥쳤습니다. 그러더니 매우 흥분한 목소리로 십 대 여자애 하나가 가스실에 쌓인 시체 더미 아래서 산 채로 발견됐으며 움직이기도 한다는 소식을 전했습니다. 그 말을 듣자마자 니슬리가 진료 가방을 챙겨 가스실로 달려갔죠. 여전히 시체로 반쯤 덮여 있는 가스실 한쪽 벽 아래에 그 소녀가 있었습니다. 나머지 시체들과 마찬가지로 발가벗고 있었지만 마지막 숨을 내쉬는 천사처럼 너무나도 아름다운 모습으로 소녀는 그곳에 누워 있었어요."[34]

그 뒤로 몇 분에 걸쳐 극적으로 전개된 상황을 니슬리는 이렇게 회고했다. "우리는 시체 더미에서 소녀를 끌어냈습니다. 저는 가벼운 소녀의 몸을 안아 들고 [그] 가스실 옆에 있는 가스실 담당 대원들의 탈의실로 갔죠. 벤치 하나에 소녀를 눕혔습니다. 소녀는 열다섯 살쯤 돼 보였습니다. 저는 숨을 헐떡이는 소녀에게 주사 세 대를 연달아 놓았습니다. 그 방에 함께 있던 사람들이 두꺼운 외투를 벗어 소녀의 가녀린 몸을 덮어 줬죠. 누군가 따듯한 차나 수프를 가지러 부엌으로 달려갔습니다. 모든 사람이 소녀가 자기 자식이라도 되는 것처럼 도와주고 싶어 했습니다."[35]

나치는 니슬리가 이 소녀를 치료해 줬다는 사실을 알고, 소녀가 다른 사람에게 "경험한 모든 일을, 어디서 무슨 일이 있었고 무엇을 목격했는지에 대한 소문을" 말한다면 순식간에 퍼져 나갈 것이라고 두려워했다.[36] 나치는 위험 부담이 너무 크다는 결론을 내렸다. 니슬리는 이렇게 회고했다. "그들은 소녀를 대기실로 데려갔습니다. 아니, 옮겼다는 표현이 더 정확할 것 같군요. 거기서 소녀는 뒤통수에 총을 맞고 죽었습니다."[37]

아우슈비츠가 나날이 쇠락해져서 치클론 B 공급이 부족해졌을 때, 루돌프 회스 소장은 어린이를 더 이상 가스실로 보내지 말고 "몸에 가솔린을 분사해 가스실에서 나온 시체를 태울 때 [산 채로] 함께 태우라"고 명령했다고 한 목격자가 증언했다.[38] 이게파르벤이 운영하는 모노비츠 수용소는 모든 시체를 태울 수 있도록 메탄올 생산량을 늘려야 했다.[39]

프로코프는 다음과 같이 회고했다. "저는 화장장 공간이 부족해 가스실에서 나온 시체를 구덩이나 장작더미 위에서 태워야 할 정도로 대규모 학살이 벌어졌다는 사실을 나중에야 전해 들었습니다. 야외에서 너무 많은 시체를 태우다 보니 그 특유의 달짝지근하고 불쾌한 냄새가 수용소 전체를 가득 메웠죠. 나치는 이 냄새를 중화할 방법을 찾으려고 애를 썼습니다. 약사인 유라제크가 이 문제를 해결하는 일을 떠맡았습니다. 아마도 카페시우스의 명령이 아니었을까 생각합니다. 유라제크는 제게 (방충제로 쓰이는) 나프탈렌의 용도를 물어봤습니다. 저는 나프탈렌이 실내와 실외에서 불쾌한 냄새를 중화하는 데 쓰일 수 있다고 설명해 줬죠."[40]

카페시우스는 시체를 태울 때 나는 "냄새를 중화하기" 같은 임무를 수행하면서도 감정의 동요 따윈 전혀 내비치지 않았다. 카페시우스에게는 그저 기술적 과제일 뿐 그 이상도 그 이하도 아니었다. 프로코프는 그의 상관이 죽음의 냄새를 더 효과적으로 감출 수 있는 방법에 대해 논의하면서도 눈 하나 깜짝하지 않았다는 사실이 전혀 놀랍지 않았다. "카페시우스에게 수감자는 그저 절멸 대상인 하찮은 존재에 불과했습니다."[41]

Chapter

7

"악마를 보았다"

1944년 초, 하루는 SS 의사 베르너 뢰데가 사무실로 카페시우스를 찾아왔다. 브루노 베버 박사와 병동에서 끌어낸 앙상한 몰골의 수용자 네 명도 함께였다. 뢰데는 요즘 맡은 임무에 대해 카페시우스에게 설명했다. 독일 정보국이 한 영국 요원을 쓰러뜨려 납치하려고 하는데, 이때 커피나 차에 몰래 약물을 탈 방법을 찾으라는 임무를 자신에게 맡겼다는 것이다. 뢰데는 모르핀과 단시간에 최면 효과가 있는 바르비투르(진정제, 최면제로 쓰이는 약물_옮긴이) 계열의 에비판이 필요하다고 했다. 그는 두 약물이 급격히 혈압을 떨어뜨리기 때문에 치명적일 수 있다는 사실을 알고 있었다. 실제로 아우슈비츠에서 근무하는 또 다른 의사 헤르타 오버하우저는 그녀의 연구실에서 주기적으로 에비판 주사를 투여해 어린이들을 살해한 뒤, 장기를 적출하거나 사지를 절단해 베를린에 있는 유전자 검사 센터로 보내고 있었다. (나중에 라벤스브뤼크 수용소로 근무지를 옮긴 오버하우저는 수감자들에게 유리 조각, 못, 스크루드라이버 등으로 전투에서 입는 열상과 비슷한 상처를 입히는 일을 전문적으로 수행했다. 그녀가 전쟁이 끝난 후에 고작 7년 형을 선고받았으며, 출소하고 난 뒤에도 독일에서 버젓이 개인 병원을 개업해 의료 행위를 이어 나갔다는 사실은 충격적이다.)

뢰데는 영국 요원을 살해하게 될 위험은 없는지 알고 싶어 했다. 카페시우스는 모르핀과 에비판을 내줬다. 나중에 뢰데는 그날 데리고 갔던 수감자 네 명이 결국 약물 과다 투여로 사망했다고 보고했다. "그들은 고통 없이 죽음을 맞이했습니다."[1]

카페시우스는 SS 파일에서 그들이 "심장마비"로 사망했다는 기록을 보고도 전혀 동요하지 않았다.[2] 자신은 그저 치명적인 약물을 제공한 약사일 뿐, 그들을 실제로 살해한 건 의사이기 때문에 조금도 양심의 가책을 느끼지 않는 듯했다. 카페시우스는 약물이 예전에 바이엘 영업 사원으로 일할 때는 상상조차 할 수 없던 방식으로 아우슈비츠에서 사용된다는 사실을 이미 알고 있었다. 그는 수용소 내에서 일어나는 생체 실험은 "어디서도 그러한 연구를 실제로 수행할 기회가 없다는 점에서 아주 중요하며 아무 문제가 없다"는 SS 의사 친구들의 견해를 그대로 수용했다.[3]

카페시우스의 이 같은 냉담한 면모는 아우슈비츠에 도착한 첫날에 그를 보았던 목격자들의 증언과 대조를 이룬다. 카페시우스와 절친한 사이인 롤란트 알베르트는 그를 가리켜 "사람을 좋아하고 친절하며 … 다정다감함 그 자체"라고 말했다.[4] 카페시우스 밑에서 수감자 조수로 일했던 얀 시코르스키는 이렇게 회상했다. "카페시우스는 수감자들 사이에서 평판이 좋았습니다. 그는 감정적이지 않았어요."[5] 하지만 아우슈비츠에서 근무한 지 불과 몇 개월 만에 카페시우스에 대한 긍정적인 평판은 자취를 감추었다. 훗날 스스로도 인정했듯이 카페시우스는 "아우슈비츠에 적응했다." 나아가 지적인 타협을 통해 아우슈비츠에서 하는 일을 정당화했다.

카페시우스가 도덕적으로 타락했음을 보여 주는 가장 극적인 증거는 그가 신입 수감자 가운데 누구를 살리고 누구를 죽일지 선별하는 작업에 참여했다는 사실이다. 1944년 늦은 봄, 비르츠 박사는 카페시우스를 사무실로 호출해서 승강장 선별 작업을 보조하는 것 또한 그의 업무 중 하나라고 말했다. 헝가리와 트란실바니아에서 유대인이 대거 추방되면서 아우슈비츠는 역대 가장 바쁜 시기를 맞이하게 될 참이었다. 카페시우스는 약리학 학위만으로도 전문 의료인으로 간주됐다. 실제로 비르츠는 카페시우스의 조수였던 SS 약사 게르하르트 게르버와 SS 치과 의사였던 프랑크 박사와 샤츠 박사도 승강장 선별 작업에 투입했다.[6] 심지어 전문 의료인이 아닌 SS 장교라도 비르츠의 명령에 따라 선별 작업에 투입될 때가 있었다.

카페시우스는 체코슬로바키아의 테레지엔슈타트 게토에서 3월에 수송된 유대인 5,007명의 선별 작업을 수행했다. 그중에 14명만 살아남았다.[7] 열쇠 수선공으로 비르케나우 수용소에 배정받은 체코계 유대인 에리히 쿨카는 수용소로 들어온 수많은 기차를 목격했던 터라, 훗날 재판에서 테레지엔슈타트의 유대인들 선별 작업에 참여한

SS 장교 가운데 한 명으로 단박에 카페시우스를 지목할 수 있었다.[8] 이미 치클론 B의 관리 감독을 거부한 전적이 있는 카페시우스는 새로 부과된 임무 때문에 아우슈비츠의 대량 학살에 더 큰 책임을 지게 된 것이 달갑지 않았다. 애초에 선별 작업에 참여하기를 꺼렸던 이유는 도덕적 양심 때문이 아니라 단순히 책임이 늘어나는 것을 원치 않았기 때문이었다. 하지만 당시 비르츠는 누구에게도 예외를 허락해 줄 마음이 없었음이 분명하다. 승강장 선별 작업 지침이 떨어진 지 2주가 채 지나지 않아서 카페시우스는 신입 수감자들의 소지품을 수집하러 승강장에 가는 대신에 멩겔레 박사와 클라인 박사 옆에 자리를 잡고 승강장을 지키게 됐다.[9]

그해 봄에 헝가리와 루마니아에서 실려 온 유대인들로 가득한 수송 차량이 속속들이 도착하면서 아우슈비츠 앞 승강장에서는 뜻밖의 일이 벌어졌다. 신입 수감자 가운데 많은 사람이 승강장에 서 있는 카페시우스를 알아보고 깜짝 놀란 것이다. 전쟁이 발발하기 전에 카페시우스가 루마니아에 있는 파르벤/바이엘에서 영업 사원으로 일했기 때문이다. 전쟁이 끝나고 카페시우스가 뻔뻔하게도 자신은 승강장 선별 작업에는 일절 관여하지 않았다고 부인했다는 점에서 이들 목격자의 증언은 더욱더 주목할 만하다.[10]

루마니아 의사 마우리티우스 베르너와 기젤라 뵘도 카페시우스를 알아본 목격자 가운데 한 명이었다. 당시 베르너는 아내와 세 딸과 함께였고 뵘 역시 카페시우스를 "약사 삼촌"이라 부르며 따랐던 딸아이 엘라와 함께였다. 클라우젠부르크 출신의 유대인 약사 폴 파요르는 1944년 봄 어느 일요일에 아우슈비츠에 도착했다.[11] "[줄을 서서 대기하다가] 제 차례가 됐을 때 사람들에게 오른쪽 왼쪽을 가리키며 방향을 지시하는 한 장교를 봤습니다. … 그 장교가 바로 빅토르 카페시우스였죠. 저는 1940년 이전부터 카페시우스와 알고 지냈습니다. 당시 바이엘에서 책임 영업 사원으로 근무했던 카페시우스는 저희를 자주 방문했습니다. 제 약국으로도 서너 번 찾아왔는데 언제나 사람이 좋았던 것으로 기억해요. 그의 운전기사가 바이엘 제품을 진열하는 동안 카페시우스는 저와 담소를 나누었습니다. 가끔씩 '저렇게 늘어놓지 않아도 되도록 바이엘 포장지를 좀 두고 갈게요.'라며 친절을 베풀기도 했죠. 그래서 저는 승강장에 서 있던 그 나치 장교가 제가 알던 카페시우스와 동일 인물이라는 사실을 믿을 수 없었습니다."

카페시우스는 잠깐 폴을 쳐다보다가 말을 걸었다. "자네 혹시 약사 아닌가?"

"네, 맞아요. 약사입니다." 폴이 대답했다.

"혹시 오라데아에서 약국을 운영하지 않았나?"

"맞습니다."

카페시우스는 폴에게 오른쪽으로 가라고 손짓했다. 당시만 해도 폴은 카페시우스의 그 찰나의 손짓으로 자신이 목숨을 부지했다는 사실을 전혀 알지 못했다.[12]

카페시우스도 물론 처음에는 승강장에 서서 사람들의 생과 사를 결정하는 일을 피하고 싶었을지 모른다. 하지만 찰나의 순간에 한 인간의 생과 사를 결정하는 일은 갈수록 묘한 쾌감을 선사했다. 아우슈비츠에서 신입 수감자는 대부분 도착 즉시 죽을 운명이었다. 그러니 가끔씩일지라도 신 놀음을 할 수 있는, 누군가의 목숨을 구제할 수 있는 능력은 그야말로 실질적인 힘이었다. 비록 수감자 입장에선 당장 가스실행만 피했을 뿐 끔찍하기는 매한가지인 파리 목숨 신세였지만 말이다.

아드리안네 크라우츠는 카페시우스가 수감자들 목숨을 놓고 변덕을 부리는 장면을 눈앞에서 목격했다. 크라우츠는 1944년 6월에 부모님, 여동생과 함께 아우슈비츠에 도착했다. 의사였던 그녀의 부모님 역시 바이엘에서 일했던 카페시우스와 친분이 있었다.

"승강장에서 선별 작업을 하는 그 장교를 보고 엄마가 '저기 저 사람, 클라우젠브루크의 카페시우스 박사인 것 같구나.'라고 말씀하셨어요.

그 사람도 저희 엄마를 알아봤는지 손을 흔들었어요. 그러고 나선 엄마와 여동생에게 왼쪽으로 가라고 손짓했어요. 가스실행이었죠. 하지만 저에겐 오른쪽을 가리켰고 저는 살아남았어요. 나중에 선별 작업 당시 저희 아빠와 함께 있었던 친구분을 만났어요. 그분이 말씀하시길, 그때 아빠가 카페시우스에게 인사를 건네면서 아내랑 열한 살 난 딸아이가 어딨는지 물으셨대요. 그러자 카페시우스가 이렇게 대답했다고 해요. '당신도 곧 당신 아내와 딸아이가 있는 곳으로 보내 드리리다. 좋은 곳이니까.'"[13]

때때로 카페시우스는 뚜렷한 기준보다는 그저 단순한 변덕으로 가족들의 운명을 갈라놓는 것처럼 보였다. 그해 6월 한밤중에 헝가리계 유대인 5,000명과 함께 아우슈비츠에 도착했던 사라 네벨도 그 변덕에 당했다. 네벨은 전쟁이 일어나기 전 (1935년부터 1938년까지) 부쿠레슈티에서 카페시우스를 알고 지냈다. "우리는 같은 건물에 살았어요. 전 1층에 살았고 카페시우스 박사는 2층에 살았어요. 그는 바이엘 영업 사원이었죠. 가끔씩 카페시우스와 그의 아내와도 이야기를 나누곤 했어요."[14] 1939년 제2차 세계대전이 발발하기 직전에 네벨은 카페시우스 부부와 트란실바니아에 있는 그들의 집에서 커피를 마시기도 했다. "저는 카페시우스 박사를 보자마자 알아봤어요. 반가웠습니다. 제 차례가 됐을 때 그는 '나이는?'이라고 딱 한마디 묻더니 저를 바로 오른쪽으로 보냈죠."

카페시우스는 네벨의 아버지와 나머지 형제자매들은 모두 왼쪽으로 보냈다. 오른쪽과 왼쪽이 각각 무엇을 의미하는지 전혀 알지 못했던 네벨은 그저 가족과 떨어지고 싶지 않을 뿐이었다. 네벨은 다시 카페시우스에게로 다가가 가족과 함께 있게 해 달라고 사정했다. 그러나 다른 SS 장교가 그녀를 막아섰다.

"저분은 카페시우스 박사님 아니신가요?" 네벨이 자신을 막아선 SS 장교에게 물었다.

"그러자 그 장교가 놀란 눈으로 저를 쳐다보며 말했어요. '맞다, 카페시우스 약사님이시다. 어떻게 아는 사이지?'"

네벨은 같은 루마니아 출신이라고 말했다. 하지만 SS 장교는 그녀를 수감자 무리 가운데로 다시 밀어 넣었다.[15]

때때로 카페시우스는 부부 중에 누구를 살릴지 결정해야 하는 때도 있었다. 클라우젠부르크 출신인 러요시 슐링거 박사는 1939년부터 카페시우스와 알고 지낸 사이였다. 바이엘 영업 사원 시절에 카페시우스가 슐링거 박사를 찾아온 적도 있었고, 사교 모임에서도 종종 마주치곤 했다. 슐링거는 클라우젠부르크에서 맨 마지막에 추방된 유대인 무리에 섞여 있었다. "저를 포함해서 의사가 열두 명 있었는데, 저희와 함께 게토 병원도 그대로 옮겨 왔습니다."[16]

6월에 아우슈비츠에 도착했을 때 그들은 앞서 도착한 기차의 승객들이 완전히 내리기를 기다리느라 승강장에 정차한 채 밀폐된 가축 운반차에서 서너 시간을 기다려야 했다. 오전 네 시가 되어서야 기차 문이 열렸다.

"우리는 앞다투어 기차에서 내렸습니다. 그야말로 아비규환이 따로 없었습니다. 200명에서 300명에 달하는 환자들을 모두 데려왔기 때문이었습니다. 그중에는 중증 환자도 많아서 혼자서 일어설 수조차 없는 이들도 있었죠. … 환자들은 땅바닥에 누워 있거나 앉아 있었습니다. 여자들은 울고 아이들은 비명을 질렀습니다. 정말 끔찍했습니다."[17]

바로 그때 슐링거는 카페시우스를 발견했다.

"반가운 마음에 그에게로 달려가 인사했습니다. '여기가 어딥니까?'라고 물었죠."

"중부 독일이요."

이미 슬라브어 표지판을 봤던 터라 슐링거는 카페시우스의 말을 믿지 않았다.

"우리는 이제 어떻게 되는 겁니까?"

"다 괜찮을 거요." 카페시우스가 슐링거를 안심시켰다.

슐링거는 카페시우스에게 아내의 상태가 좋지 않다고 말했다.

"상태가 좋지 않다고? 그럼 이쪽에 서야겠군." 카페시우스가 중증 환자들이 모여 있는 곳을 손가락으로 가리켰다. 슐링거의 십 대 딸이 엄마를 데리고 카페시우스가 가리킨 곳으로 갔다.

"그 뒤로 제 아내와 열일곱 살 된 제 딸아이를 두 번 다시 보지 못했습니다." 슐링거가 말했다.[18]

1944년 봄에 아우슈비츠로 실려 온 유대인 가운데 클라우젠부르크에서 방직 공장을 운영하던 요제프 글뤼크보다 카페시우스와 잘 알고 지낸 사람은 거의 없었다. 글뤼크는 6월 11일에 유대인 2,800명과 함께 아우슈비츠에 도착했다. 그는 예전에 공장에서 쓰는 염료 배달이 늦어진다는 불만을 파르벤 본사에 접수했던 방직업자였다. 카페시우스가 문제를 해결하려고 글뤼크를 직접 방문한 적이 있으며, 그 뒤로도 두 사람은 고객 만족도 점검 차원에서 연락을 주고받았다. 최근 2년 동안은 서로 교류가 없다가 아우슈비츠 승강장에서 재회하게 된 것이다.

글뤼크의 아내와 두 돌 된 쌍둥이, 어머니, 형수와 조카 둘도 함께였다. 우연히도 전쟁이 발발하기 전 카페시우스의 가장 큰 고객이었던 알베르트 에렌펠트와 빌헬름 슐도 글뤼크와 같은 기차를 타고 아우슈비츠에 도착했다.[19] 세 사람은 함께 붙어 다녔다.

"우리는 한 SS 장교 앞에 한 줄로 늘어서서 차례로 앞으로 나아갔습니다. 장교의 손짓에 따라 사람들은 오른쪽과 왼쪽으로 나뉘었습니다. 놀랍게도 그 장교는 제가 아는 얼굴이었습니다! 카페시우스 옆을 지나갈 때 제 옆에는 슐과 에렌펠트도 있었어요. 우리 셋 다 곧바로 승강장에 서 있는 카페시우스를 알아보았습니다. 처음에 우리는 그를 만난 게 행운이라고 생각했습니다."[20]

승강장에는 다른 SS 장교들도 있었지만 글뤼크는 "카페시우스가 단독으로 누구를 오른쪽으로 보내고 누구를 왼쪽으로 보낼지 결정하는 모습"을 목격했다.

당시 54세였던 슐이 카페시우스 앞에 가장 먼저 서게 됐다. 카페시우스의 반응으로 보아 그 또한 세 사람을 알아본 게 확실했지만 별다른 티는 내지 않았다. 슐의 차례가 되기 전까지 카페시우스는 그저 무심하게 손가락으로 오른쪽 왼쪽을 가리킬 뿐 신입 수감자 가운데 아무에게도 말 한마디 걸지 않았다. 하지만 전쟁 전에 자신의 고객이었던 세 사람에게는 먼저 말을 걸어 왔다.

"일하고 싶소?" 카페시우스가 독일어로 슐에게 물었다.

"더 이상 못 합니다. 너무 늙었어요." 슐이 대답했다.

그러자 카페시우스가 왼쪽을 가리켰다.

다음 차례는 에렌펠트였다.

이번에는 헝가리어로 카페시우스가 물었다. "당신도 왔군. 일하고 싶소?"

"그렇습니다." 에렌펠트가 대답했다.

카페시우스가 오른쪽을 가리켰다.

다음 차례는 글뤼크였다.

이번에도 역시 헝가리어로 카페시우스가 물었다. "일하고 싶소?"

"그렇습니다."

나중에 글뤼크가 회상했다. "카페시우스는 아무 말도 하지 않고 제게 오른쪽을 가리켰습니다."[21]

글뤼크와 에렌펠트는 130명가량의 남자들과 합류했다. (그날 루마니아에서 수송된 유대인 2,800명 가운데 고작 350명만이 목숨을 건졌다.)

남자들을 대상으로 한 선별 작업이 끝난 뒤 여자들을 대상으로 한 선별 작업이 이어졌다. 카페시우스의 지시에 따라 글뤼크의 아내와 형수는 오른쪽으로 분류됐지만 글뤼크는 두 번 다시 그들을 볼 수 없었다. 글뤼크의 쌍둥이 아이들은 곧바로 가스실로 보내졌다.

"우리가 어디로 가는지 그때는 전혀 몰랐어요." 글뤼크가 말했다.

카페시우스에게서 항상 "인간적인 대우"를 받고 있다고 느꼈던 수감자 약사 조수 얀 시코르스키는 승강장 선별 작업에서 그가 보여준 냉혹함에 깜짝 놀랐다. 시코르스키는 단순히 카페시우스에게 "지킬과 하이드 같은 면"이 있다고 생각했다.[22] 카포와 대등한 처우를 받고 있던 시코르스키는 훗날 카페시우스에 대해 유일하게 좋은 말을 한 수감자였다. 그러나 승강장에서 카페시우스의 손짓 하나에 생사를 오간 사람들 눈에 그는 그저 하이드일 뿐이었다.

카페시우스가 아드리안네 크라우츠를 제외한 그녀의 일가족 모두를 가스실로 보내 버리고 난 뒤에 크라우츠는 살아남은 수백 명의 다른 여자들과 함께 샤워실로 향했다. “우리는 머리카락을 밀렸어요. … 여전히 발가벗은 채로 줄을 서 있는데 카페시우스 박사가 걸어 들어왔습니다. 저는 프라우슈타르크 부인과 나란히 서 있었어요. 프라우슈타르크 부인 역시 고향에서 카페시우스 박사와 알고 지내던 사이였죠. 그 부인이 카페시우스에게 ‘박사님, 이제 우리는 어떻게 되나요?’라고 물었나, 아무튼 정확히 기억은 나지 않지만 그런 비슷한 질문을 했던 것 같습니다. 그러자 카페시우스가 프라우슈타르크 부인을 밀쳐 미끄러운 바닥으로 넘어뜨렸습니다. 그게 제가 봤던 카페시우스 박사의 마지막 모습이었죠.”[23]

엘라 뵘은 카페시우스가 자신이 수감된 구역을 방문하는 바람에 “약사 삼촌”을 다시 만났다.[24] 뵘은 짚 같은 것들로 임신한 소녀의 배를 가려 주려 했다. “카페시우스가 저를 옆으로 밀치며 들고 있던 막대기로 임신부의 배를 가리고 있던 짚을 치웠어요. 그 뒤로 그 소녀를 다시는 보지 못했습니다.”[25]

방직업자 요제프 글뤼크는 그 후로도 카페시우스를 “여러 번” 목격했다. 주로 그는 “선별 작업”을 하는 멩겔레 박사와 함께 있었다. 한번은 카페시우스와 멩겔레와 다른 SS 장교 두 명이 11번 구역에 나타났다. 열여섯 살에서 열여덟 살 사이의 십 대 유대인 청소년들이 수감된 구역이었다.

“앞으로 어떤 일이 닥칠지 직감한 아이들이 뿔뿔이 흩어졌습니다.” 글뤼크가 회상했다. “그러자 수용소 책임자가 개를 풀어서 흩어진 아이들을 한곳으로 몰아넣었습니다. 유대인 명절에 일어난 일이었습니다. 이틀 뒤에 여러 대의 밴이 소년들을 태우고 가스실로 데려갔습니다. 그들은 소리 내어 웃으면서 이런 짓을 저질렀습니다. 엄마를 찾으며 울부짖는 아이들의 소리가 그들에게는 아마도 커다란 즐거움인 것 같았습니다."

글뤼크의 열여섯 살 난 조카도 붙잡혔다. SS에게 끌려가기 전에 조카는 가까스로 팔에 상처를 내고 그 상처에서 흐른 피로 막사 뒤편 벽에다가 글씨를 남겼다. "안드레아스 라파포트-16세를 일기로 생을 마감하다."[26]

글뤼크는 8월 6일에 SS가 "집시 가족 수용소"를 정리한다면서 집시 여자, 어린이, 노인 3,000명을 가스실로 보내는 장면 또한 목격했다. 글뤼크에 따르면 이때 선별 작업을 담당한 사람도 멩겔레와 카페시우스였다.[27] 그해 가을 글뤼크가 여성 수용소 배수관을 수리하고 있을 때, 멩겔레와 카페시우스가 또다시 선별 작업을 하려고 나타났다. "그날 여자 수감자 85명이 가스실로 보내졌습니다. 제 아내도[포함돼 있었습니다]."[28]

1944년 5월 가족과 함께 아우슈비츠에 끌려온 루마니아계 유대인 마그다 서보는 수감자들 눈에 비쳤던 카페시우스의 모습을 가장 잘 요약해서 전해 준다. 유대인들의 대열에 서서 한 무리의 SS 장교들 옆을 지나치던 서보의 귀에 헝가리어가 들어왔다. 그녀는 나중에서야 그 목소리의 주인공이 누구인지 알았다. 서보는 전쟁이 끝난 후 이렇게 회고했다. "카페시우스 박사의 얼굴은 한번 보면 쉬이 잊히지 않았습니다. 전형적인 독일인과는 거리가 멀었으니까요."[29]

서보는 C단지 27구역에 배정받았다. 그곳의 병들거나 쇠약해진 수감자들은 걸핏하면 가스실로 불려 나갔다. 그 선별 작업을 담당한 SS 장교가 바로 멩겔레와 카페시우스였다. "항상 똑같았어요." 서보는 부엌에서 잡일을 하게 됐고 다른 수감자 서너 명과 함께 "역겨운 맛이 나는 … 수용소 특제 수프"를 만드는 일을 맡았다. 물처럼 묽은 이 수프에 들어가는 재료라곤 감자 몇 개와 밀가루 약간 그리고 "마가린 조금"이 전부였다. 하루는 어느 수감자의 몸에서 여분의 마가린이 발견됐다. 카페시우스가 조사에 착수했다. 그는 모든 수감자에게 막사 밖에서 돌을 줍게 한 다음 "운동"이랍시고 그 돌을 몸에 지닌 채로 지쳐 쓰러질 때까지 뜀박질을 시켰다.[30]

카페시우스가 수감자들에게 고함을 질렀다. "나는 트란실바니아에서 온 카페시우스다. 나에게서 악마를 보게 될 것이다."[31]

Chapter

8

"바이엘표 —— 독약"

SS 의사들이 스스로를 전문직 엘리트 집단으로 여겼기 때문에 카페시우스 같은 일개 약사는 상대적으로 존중받지 못했던 듯하다. 일례로 카페시우스는 아우슈비츠에서 벌어지던 광적인 생체 실험에서 중요한 역할을 부여받지 못했다. 하지만 카페시우스에게는 결코 과소평가할 수 없는 특별한 경력이 있었다. 바로 파르벤/바이엘에서 오랫동안 근무했던 이력이었다. 아우슈비츠에서 기업들은 절정에 다다른 악마성을 드러냈다. 그곳에서 근무했던 모든 의사가 기업의 막대한 후원을 받으며 수많은 생체 실험을 자행했다. 그렇게 아우슈비츠는 파르벤과 바이엘의 최종 임상 시험 장소가 됐다.

오랫동안 바이엘에서 근무하다가 SS 장교가 된 헬무트 베터 박사는 아우슈비츠에서 수감자를 활용해 입증되지 않은 의약품을 시험하는 일을 관리 감독했다. 일부 파르벤 임원들은 화학 분야가 아닌 떠오르는 현대 의약품 분야에 회사의 미래가 달려 있다고 예측했다. SS 소속 의사 발데마르 호벤은 전쟁이 끝난 후 이렇게 증언했다. "강제수용소에서 자행된 생체 실험은 오직 이게파르벤의 이익을 위해서였다. 이게파르벤은 신약 제제의 효과를 검증하고자 수단과 방법을 가리지 않았다. 사실상 수용소에서 일어난 생체 실험의 주도권은 SS가 아니라 이게파르벤이 쥐고 있었다."[1]

물론 생체 실험을 한다고 해서 SS가 신입 수감자를 파르벤 측에 아무런 조건 없이 넘겨주진 않았다. 파르벤은 SS에 임금을 지불하고 모노비츠에서 일할 노예 노동력을 공급받은 것과 마찬가지로 비용을 지불하고 생체 실험에 쓸 인간 기니피그를 제공받았다. 일례로 바이엘은 "수면제 신약" 임상 시험에 참여할 여자 수감자 150명의 가격을 놓고 아우슈비츠 소장과 흥정을 벌였다. SS는 수감자 한 명당 200라이히스마르크(미화 약 80달러)를 요구했다. 바이엘은 너무 비싸다고 불평하며 170라이히스마르크를 제시했고 SS는 이를 받아들였다.

"최대한 건강 상태가 좋은 여자 수감자 150명을 준비해 주십시오." 구매를 승인하며 한 바이엘 임원이 남긴 쪽지에는 이렇게 쓰여 있었다.

바이엘은 여자 수감자들을 넘겨받은 뒤 SS에게 다음과 같이 통보했다. "수척하지만 진행하기에는 무리가 없을 것 같습니다. 실험 진행 상황은 추후에 통보해 드리겠습니다."

몇 주 뒤 한 바이엘 임원이 SS 측에 보낸 실험 결과에 관한 짤막

한 보고문은 아우슈비츠에서 자행된 대부분의 생체 실험의 결과와 놀라울 정도로 흡사하다.

"실험 완료. 피실험자 전원 사망. 곧 신규 주문 발주 예정."

파르벤에서 발견된 또 다른 실험 관련 문서에서는 발진티푸스 치료제로 개발 중이었던 검증되지 않은 신약 제제 3582번의 실패에 관한 경악스러운 내용이 상세히 담겨 있었다. SS 의사들은 한 번에 인간 기니피그 50명을 발진티푸스에 일부러 감염시킨 다음, 실험적 "치료"를 실시했다. 입술 포진부터 설사, 구토, 탈진에 이르기까지 다양한 부작용이 나타났다. 1943년 두 달간에 걸쳐 세 단계로 이루어진 잔혹한 실험 끝에 "치료"를 받은 피실험자 가운데 약 55퍼센트가 사망했다. 아무런 치료를 받지 않은 집단의 생존률과 거의 동일했다. 파르벤은 원점으로 돌아가 성분을 재배합해서 다시 신약을 제조했다. 한편 실험 과정에서 발진티푸스에 감염됐다가 살아남은 피실험자들은 다른 수감자들을 감염시킬 수도 있다는 우려 때문에 실험이 끝난 후 가스실로 보내졌다.

여성 수감자들로 이루어진 또 다른 피실험군은 "미확인 호르몬 제제 실험"이라고만 기술된 실험에 투입됐다가 목숨을 잃었다. 20번 구역 수감자 전원은 집단으로 결핵에 감염됐다가 바이엘에서 제조한 아무런 표시가 없는 주사를 맞았지만 치료에는 실패했다.[2]

또 다른 실험에서 베터 박사는 항생제를 시험하고자 여성 수감자 200명의 폐에 연쇄상구균을 주입했다. 피실험자 전원은 폐부종으로 서서히 고통스럽게 죽어 갔다. 베터는 이 실패한 신약 실험 결과를

베어마흐트 의과 대학에서 발표했다.[3]

아우슈비츠에서 명실상부 가장 활발하게 생체 실험을 주도했던 멩겔레 또한 파르벤에서 제조한 검증되지 않은 약물 B-1012, B-1034, 3382를 사용했다(1034는 메틸렌블루로, 실험 중인 발진티푸스 치료제였다).[4] 파르벤 소속 화학자이자 치클론 B 제조사인 데게슈 회장이었던 빌헬름 만은 1943년에 다음과 같은 글을 남기기도 했다. "첫 번째 수표를 동봉합니다. 양측에서 합의했듯이 멩겔레 박사의 실험은 계속되어야 합니다."[5]

다른 의사들은 대부분 병자나 기저 질환자를 대상으로 연구를 진행했던 반면에 멩겔레는 건강한 사람들을 대상으로 항문, 피하주사, 정맥주사, 알약 등 다양한 형태의 수많은 약을 투여했다. 멩겔레가 쓴 실험 일지가 전쟁이 끝난 후 소실되는 바람에 실제로 그가 파르벤 약물로 어떤 실험을 했는지는 정확히 알려져 있지 않다. 온갖 추측만이 무성할 뿐이다.

일각에서는 파르벤이 1930년대에 발견한 신경을 마비시키는 무색무취의 강력한 독가스 사린 가스와 타분 가스에 접근할 수 있는 권한을 멩겔레가 가지고 있었다고 추정하고 있다. 특히 타분 가스는 단 한 방울만으로도 치명적이었기 때문에 두려움의 대상이었다. 제3제국의 화학전 담당 부서는 사린 가스와 타분 가스를 손쉽게 대량 살포할 수 있도록 개발하라며 파르벤을 몰아붙였다. 히틀러는 스탈린그라드전투 당시와 연합국이 노르망디에 상륙했을 당시 이 독가스를 실제로 살포할지를 두고 심각하게 고민했었다. 당시 파르벤 소속 화학전 전문가인 오토 앰브로스가 연합국과 러시아 또한 독가스를 가지고 있었기 때문에 본토에 보복을 할 수 있다는 잘못된 의견을 내는 바람에 히틀러는 결국 두 번의 전쟁 모두 독가스를 사용하지 않기로 결정했다.[6] 멩겔레가 아우슈비츠에서 부도덕한 의술을 펼친 이유가 무엇이든, 그의 생체 실험에 참여한 수감자 대부분이 파르벤에서 제조한 약물 때문에 사망에 이르렀다는 것만은 부인할 수 없는 사실이다.

전쟁이 끝난 후 카페시우스는 뻔뻔한 거짓 주장을 펼치며 멩겔레의 생체 실험을 두둔했다. "결국 이 모든 연구의 배후에는 미국이 있었습니다. … 쌍둥이 연구와 유전학 연구도 미국이 주도했으니까요. … 게다가 미국은 북극과 남극에서 같은 연구를 하는 데에 수많은 돈을 투자했습니다. 그만큼 중요한 문제였습니다. 아무런 문제 없이 그런 연구를 수행할 수 있는 장소는 지구상에 남극과 북극뿐이었으니까요."[7]

아우슈비츠에서 카페시우스는 때때로 다른 의사들에게 생체 실험에 사용될 약물을 내주는 약사나 지지자 그 이상의 역할을 수행했다. SS 내부 문건을 보면, 카페시우스가 검증되지 않은 마취제를 인간에게 주입하는 실험에 직접 보조로 참여했다는 사실을 알 수 있다.[8] 게슈타포(나치 비밀경찰_옮긴이)가 전 이게파르벤 소속 정신과 의사 브루노 베버를 아우슈비츠 위생국 국장으로 임명해서 약물로 강제 세뇌가 가능한지를 연구하도록 한 적이 있었는데, 이때 베버는 카페시우스에게 도움을 요청했다. 두 사람은 주로 모르핀과 신경안정제를 이용해 실험적인 화합물을 제조했다.[9] 또한 자연에서 추출한 환각 물질인 메스칼린을 이용하기도 했다. 메스칼린은 다하우 수용소에서도 비슷한 실험에 사용된 환각제였다.[10]

1941년 오데사에서 추방당해 아우슈비츠로 이송됐을 때 조 폴란스카는 고작 열세 살이었다. 수용소에서 지낸 3년 동안 폴란스카는 카페시우스를 너무도 자주 봤다. 다른 의사들의 입회 아래 카페시우스는 폴란스카에게 옷을 벗고 철제 침대에 누우라고 한 다음 손발을 묶었다. 그런 뒤 몸에 정맥주사를 놓기도 했고, 바이엘이라고 적힌 라벨만 붙은 정체 모를 병에 든 알약을 먹이기도 했다.

"그들은 단 한 번도 알약을 삼키라고 말하지 않았어요. 대신 목구멍으로 억지로 밀어 넣었어요." 폴란스카가 회고했다. "저는 그게 무슨 알약인지 묻지 않았습니다."[11] 전쟁이 끝난 후 폴란스카는 난소 발달 부진으로 불임이 됐다. 폴란스카는 카페시우스가 자신에게 했던 실험이 무분별한 강제 불임화 시술이었거나 그녀가 "바이엘표 독약"이라고 불렀던 초기 피임약 실험이었겠거니 추측할 뿐이었다.

Chapter

9

"알 수 없는 냄새"

아우슈비츠 같은 끔찍한 장소에서 근무하면서도 SS 대원들이 평범한 일상을 흉내 내려 무던히도 애를 썼다는 사실은 많은 이를 경악케 한다. 아우슈비츠 수용소 안으로 가족을 데려와 함께 거주하는 SS 대원들도 있었다. 루돌프 회스 아우슈비츠 소장은 그의 아내와 다섯 자녀들과 함께 새하얀 말뚝 울타리로 둘러싸인 벽토를 바른 주택에 살았다. 정원은 붉은빛을 띠는 덤불로 이루어진 생울타리와 하늘색 화분에 심긴 베고니아로 풍성했다. 전쟁이 끝난 후 회스는 그곳에서 가족과 보낸 평화롭고 단란했던 시간을 다음과 같이 회고했다. "아내와 아이들이 바랐던 모든 소망이 이루어졌습니다. 아이들은 자유분방한 삶을 마음껏 누렸습니다. 아내가 가꾼 정원은 꽃 천국이었죠. … 아이들은 특히 정원 일을 해 주던 사람들[수감자들]을 좋아했습니다. 온 가족이 텃밭 가꾸기와 온갖 종류의 동물 키우기에 푹 빠졌습니다. 일요일마다 아이들과 함께 들판을 쏘다니고 마구간을 돌아다녔습니다. 개 사육장도 잊을 수 없습니다. 특히 우리가 키우던 말 두 마리와 망아지 한 마리는 엄청난 사랑을 받았습니다. 아이들은 항상 정원에 동물을 두고 키웠죠. 그곳은 수감자들이 데려온 동물들로 항상 넘쳐 났습니다. 거북이, 담비, 고양이, 도마뱀 같은 것들이 있었습니다. 언제나 새롭고 흥미로운 동물들을 볼 수 있었죠. 여름이면 정원에 있는 수영장이나 소와[강]에서 물장구를 쳤고요. 하지만 무엇보다도 아이들은 아빠랑 함께 목욕하는 시간을 가장 좋아했습니다. 비록 아빠는 이 모든 순수한 즐거움을 누릴 시간이 별로 없었지만요."[1] ("전 바로 옆에서 그런 잔악무도한 일이 벌어지고 있는지 꿈에도 몰랐어요." 2015년 회스의 딸 잉게비르기트 한나 회스는 《스턴Stern》과의 인터뷰에서 이렇게 고백했다. 온 가족이 아우슈비츠로 이사 갔을 때 그녀는 여섯 살이었다. "저는 그곳에 왜 울타리가 쳐져 있고 감시탑이 있는지 단 한 번도 묻지 않았어요. 아홉 살, 열 살 먹은 아이들의 마음속은 항상 다른 생각들로 가득 차 있으니까요."2)

아우슈비츠에는 독일 유치원과 초등학교, 축구 경기장, 마트, 사진관, 영화관, 도서관, SS 전용 수영장, 수감자들로 이루어진 교향악단도 있었다. 대부분의 SS 대원들이 운동 동호회에 하나씩은 가입했다. 크리스마스 파티도 있었다. "유곽"이라 불리던, 성 노예로 이루어진 위안소도 있었다. SS 대원과 일부 카포들이 자주 드나들었다. 겉으로라도 *평범한 일상*을 꾸미고자 아우슈비츠 내부에는 심지어 교통 법규와 교통신호도 존재했다. 과속을 하거나 교통신호를 위반한 사람은 SS 교통 위반 즉결재판소에서 재판을 받았다.[3] (SS 개인 기록을 보면 멩겔레가 초반에 교통 법규를 위반했던 사실이 못마땅한 어조로 기록되어 있다.[4])

회스뿐만 아니라 다른 장교들도 아우슈비츠 내에서 가족과 함께 살거나 아니면 가족을 종종 데려오곤 했다. 베르너 뢰데 박사 역시 알자스에 있는 수용소로 근무지를 옮기기 전까지 딸아이를 아우슈비츠에서 키웠다. 호르스트 피셔 박사, 빌리 프랑크 치과 의사, 에르네스트 숄츠 중령 등 아내와 아이들을 데려와 아우슈비츠 내에서 함께 살았던 사람은 한둘이 아니었다. 롤란트 알베르트 중령의 아내 거트루드 역시 아우슈비츠에서 초등학교 선생님으로 근무하며 다른 장교들의 아이들을 가르쳤다. 그곳에서 아들도 낳았다. "저희는 텃밭을 가꾸었습니다." 훗날 알베르트는 회고했다. "양봉을 하고, 꽃을 심고, 사냥도 가고, 낚시도 갔죠. 오후면 커피 모임이 있었고, 생일 파티도 있었고, 회스 소장님도 참석하시는 크리스마스 파티도 열렸습니다. … 크리스마스 파티에서 아이들은 크리스마스 시를 낭송하곤 했어요."[5] (알베르트는 쉬는 날이면 전쟁 전에 가졌던 직업을 살려서 학교에서 종교학을 가르치기도 했다.)

멩겔레는 아내 이레네를 아우슈비츠로 데려오지 않았다. 아내가 사는 남부 독일 마을 프라이부르크가 더 안전하다고 판단했기 때문이다. 대신 이레네가 멩겔레를 찾아오곤 했다. 이레네는 1943년 8월에 아우슈비츠를 처음으로 방문했다. 발진티푸스가 급속도로 번지면서 격리령이 떨어지는 바람에 이레네는 계획보다 아우슈비츠에 오래 머무르게 됐다.

"이 악취는 뭐예요?" 하루는 이레네가 이렇게 물었다.

"그건 묻지 마시오."[6] 멩겔레가 대답했다. (수감자 의사였던 기젤라 뵘은 "수용소 전체를 메운, 시체 태울 때 나는 달짝지근한 냄새가 마치 모두의 몸속에 잘게 부스러진 시체 조각이 들어간 것처럼 모든 것에 스며 있었다"고 회상했다.[7])

1944년 8월 뜨거운 여름날 아우슈비츠를 두 번째로 방문한 이레네는 이번에도 역시 수용소 외곽에 위치한 SS 전용 병영에서 머물렀다. 이레네는 자신의 일기에 딸기를 따거나 목욕을 하며 첫 3주를 보냈다고 적었다. 심지어 그녀는 아우슈비츠에서 29킬로미터 정도 떨어진 소와 강변에 위치한 SS 전용 여가 시설인 소와휘테 리조트에도 다녀왔다. (2007년에 복원된 아우슈비츠 수용소 부관 카를 회커의 사진첩은 많은 사람들에게 충격을 안겼다. 이 사진첩에는 소와휘테 리조트에서 크리스마스 촛불을 켜고 떠들썩하게 노래를 부르고 여유롭게 일광욕을 하는 등 전쟁 중에 여느 군인들과 다름없이 휴가를 즐기는 SS 대원들의 다채로운 모습이 담겨 있다.)

두 번째 방문에서도 이레네는 작년에 맡았던 "달짝지근한 악취"를 또다시 맡았다. 이레네는 철조망과 감시탑으로 둘러싸인 아우슈비츠가 수용소라는 사실을 분명하게 인지하고 있었다. SS 막사에 머무는 동안 그녀가 쓴 일기에는 "들어오는 열차가 똑똑히 보였다"고 적혀 있다.

이레네는 9월 11일에 아우슈비츠를 떠날 예정이었지만 디프테리아(디프테리아균 감염에 의한 급성 호흡기 질환_옮긴이)에 걸리고 말았다. 이 때문에 입원 치료를 받느라 6주를 더 머물러야 했다. 공습경보가 울릴 때마다 병상을 옮겨 다니기도 했다. 바로 이 시기에 카페시우스와 이레네는 서로 교류를 하게 된다. 카페시우스는 이레네에게 해열제와 진통제를 우선적으로 보급하고 있다며 멩겔레를 안심시켰다. 10월 18일 이레네는 마침내 퇴원하고 SS 의사 전용 병영 안에 위치한 조금 더 현대식인 아파트로 거처를 옮겼다. 이레네는 일기장에 이 시기를 두고 "다시 한번 신혼으로 돌아간 느낌이었다"고 썼다.[8]

카페시우스는 아내 프리치와 세 딸을 아우슈비츠로 데려오지 않기로 결정했다. 대신에 어느 정도 일상생활을 영위하는 기분을 내고자 주말이면 근교에 있던 독일계 루마니아인 부부 한스 스토펠, 힐데가르트 스토펠의 집을 방문해서 시간을 보내곤 했다. 카페시우스와 한스 스토펠은 1935년에 부쿠레슈티에 있는 부동산에 공동 투자를 하면서 알게 된 사이였다.[9] 그후 스토펠은 독일군으로 전쟁에 참전했다. 스토펠 부부가 살던 집은 아우슈비츠에서 14킬로미터쯤 떨어진 베스키디산맥에 자리 잡고 있었다. 원래 전쟁이 나기 전에 이 집은 폴란드인 가족의 소유였다. 하지만 독일 본토에서 일어난 초기 파시스트 운동의 일환으로 나치는 폴란드인과 유대인이 소유한 부동산을 빼앗아 독일인에게 분배하는 정책을 시행했다. 부동산을 무상으로 제공하면 더 많은 독일인이 제3제국으로 돌아오리라는 판단에서였다. 스토펠 부부는 루마니아에서 나치를 지지하던 원조 강경파이자 국가사회주의 자기계발운동정당National Socialist Self-Help Movement을 설립한 프리츠 파브리티우스와 친분이 있었다. 파브리티우스와 스토펠 부부 모두 커다란 산장과 넓은 사냥터를 무상으로 받았다.[10] 스토펠 부부는 1943년 10월에 이 새로운 보금자리로 이사했다. 얼마 지나지 않아 부부의 집은 아우슈비츠에서 근무하는 일부 SS 대원들이 주말마다 정기적으로 모여서 사냥을 하고 사교 모임을 즐기는 장소가 됐다.

트란실바니아 출신 의사 프리츠 클라인 또한 전쟁이 일어나기 전부터 스토펠 부부와 알고 지냈다. 극렬한 반유대주의자였던 클라인은 스토펠 부부에게 "유대인은 우리뿐만이 아니라 전 인류의 적"이라고 말했다. 클라인은 승강장 선별 작업 및 11번 구역 "검은 벽"에서 이루어지는 나치 총살대의 수감자 처형 임무에 추가 근무를 자처한 몇 안 되는 의사 중 한 명이었다. 클라인은 아우슈비츠 위안부를 선별하는 역할을 맡았다. 클라인에게 선별된 소녀들은 밤마다 최소 여섯 번 이상 강제 성 노역에 동원됐으며 이때만큼은 "유대인과 아리아인 사이에 성관계를 금지하는 법"이 적용되지 않았다. 전쟁이 끝난 후 클라인은 뻔뻔하게도 아우슈비츠 위안부는 어디까지나 "자발적인 지원"으로 이루어졌다고 주장했다.[11]

트란실바니아 출신이라는 공통점을 바탕으로 카페시우스와 클라인은 급속도로 친해졌다. 카페시우스는 아우슈비츠로 오고 나서 얼마 지나지 않아 숲속에 있는 스토펠 부부의 별장을 정기적으로 방문하기 시작했다. 카페시우스는 스토펠 부부 집을 방문할 때 자전거나 기차를 타고 갔다. 가끔씩 아끼는 오토바이 DKW100을 타고 가기도 했다.[12] 아우슈비츠에서 근무했던 치과 의사 빌리 샤츠는 카페시우스의 친구이자 의사였던 게르하르트 게르버 중위와 함께 카페시우스의 나들이에 자주 동행했다. 카페시우스의 어릴 적 친구였던 롤란트 알베르트도 단골이었다. "뭐, 저희도 휴식이 필요했습니다." 전쟁이 끝나고 알베르트는 이렇게 회고했다. "쉬어야 했고 잊어야 했습니다. 그래서 일요일이면 [스토펠 부부네 별장으로] 사냥을 가곤 했습니다." 알베르트는 그곳에 가면 "살점과 피부와 머리카락 타는" 강박적인 냄새에서 벗어날 수 있었다고 말했다.[13]

카페시우스는 주말 나들이를 할 때면 항상 신입 수감자들의 가방에서 빼돌린 옷 중에 가장 좋은 옷으로 차려입었다. 카페시우스는 나중에 이렇게 회고했다. "가을철 베스키디산맥에 사냥을 갈 때면 그런 옷들을 가지고 가서 폴란드인 몰이꾼들과 그들의 아이들에게 나눠 주곤 했습니다. 자연히 그들 사이에서 저는 인기 만점이었습니다."[14]

"몰이꾼들"은 그 지역 토박이 폴란드인들로, SS 대원들이 작은 동물을 사냥할 때 덤불을 치워 주는 역할을 했다. 샤츠 박사는 자신이 키우던 개 트레프를 데려가곤 했다. 열정적인 사냥꾼이었던 카페시우스는 트레프가 "아주 훌륭한 사냥개"라고 생각했다. 하루는 주말을 맞아 토끼 사냥에 나섰다가 샤츠 박사가 실수로 트레프를 쏘아 죽이고 말았다. 경악한 SS 대원들이 트레프의 몸에서 산탄을 제거하려 애를 썼지만 결국 트레프는 죽고 말았다.[15]

카페시우스는 보통 토요일 밤이면 스토펠 부부네 별장에 있는 손님방에서 묵었다. 일요일에는 SS 대원 열댓 명이 별장으로 몰려와서 떠들썩한 식사를 즐긴 뒤에 곧바로 아우슈비츠로 돌아가기도 했다.[16] 1944년 6월 7일 토요일에는 한스 스토펠의 생일을 맞아 특별히 대규모 인원이 한꺼번에 놀러 왔다.

하루는 힐데가르트 스토펠이 이가 아파서 근처 오시비엥침에 있는 폴란드인 치과 의사를 찾아갔는데, 그곳에는 치료에 필요한 엑스레이 기계가 없었고 의사도 변변치 않았다. 그래서 그녀는 아우슈비츠 조제실에서 카페시우스와 함께 근무하던 샤츠 박사를 찾아갔다. 이때 대여섯 번에 걸쳐 아우슈비츠를 방문했던 경험은 몇 년이 지나도 그녀에게 좋은 기억으로만 남아 있었다. "제가 이용했던 입구는 … 아주아주 아름다웠어요. 꽃도 심어 놓았고 막사도 깔끔했어요. … 수감자는 보지 못했지만 카페시우스 박사가 일했던 조제실에서 일하던 수감자들은 … 수감자처럼 보이지 않았어요. 영양 상태도 좋았고 옷도 깔끔했고 언제나 긍정적이고 행복해 보였어요. 아무런 나쁜 점도 찾아볼 수 없었어요. … 모두 다 아주 좋아 보였답니다."[17]

그녀의 남편 한스는 수감자 약사들이 "카페시우스 칭찬을 많이 했다"고 말했다.[18] 그러면서 그는 수상한 기색을 찾으려고 일부러 창밖을 살피거나 카페시우스를 추궁한 적이 단 한 번도 없었기 때문에 실제로 수용소에서 무슨 일이 벌어지고 있는지는 알지 못했다고 주장했다.

스토펠 부부가 카페시우스에게 수용소 내부에서의 SS 위계 서열에서 벗어나 본래 자기 모습으로 지낼 수 있는 장소를 제공했다는 것만큼은 의심할 여지가 없다. 심지어 카페시우스는 가끔씩 스토펠 부부에게 전쟁 때문에 받게 되는 스트레스에 대해 털어놓기도 했다. 1944년 늦은 5월, 카페시우스는 대량 의약품을 발주하러 베를린에 있는 국군중앙병원으로 출장을 떠났다. 가는 길에 그는 5월 28일부터 시작된 이틀에 걸친 연합국의 대규모 폭격으로 황폐화된 현장을 직접 목격했다. 아우슈비츠로 돌아온 카페시우스는 며칠 휴가를 내고 스토펠 부부네 별장으로 갔다. 그곳에서는 마침 대규모 사냥이 벌어지고 있었다. "비가 쏟아지는 와중에도 모두가 춤을 추며 축제 분위기를 만끽하고 있었다." 하지만 카페시우스는 연합국의 위력을 몸소 목격한 뒤에 느끼게 된 불안감을 끊임없이 토로했다. 카페시우스의 이야기에 우울감을 느낀 사람들이 "그런 이야기는 그만하자"고 부탁했다. 힐데가르트 스토펠은 나중에 그들 부부가 "그런 우울한 이야기는 될 수 있으면 하지 않으려 했다"고 회고했다.[19]

스토펠 부부만이 수용소 밖에 있는 카페시우스의 유일한 사회적 해방구는 아니었다. 카페시우스는 근처 폴란드 마을 오시비엥침에 사는 아르민 럼프도 자주 방문했다. 트란실바니아 출신 독일인인 럼프는 오시비엥침에서 약국을 운영했다. 스토펠 부부와도 친분이 있었던 럼프와 그 가족은 루마니아 북부 부코비나 지방에 있는 도르나 와트라라는 마을에서 폴란드로 이주해 왔다.[20] 루마니아에서 가장 유서 깊은 유대인 공동체로 알려진 부코비나는 대규모 유럽계 유대인 말살로도 악명이 높다. 전쟁이 일어나기 전의 인구조사에 따르면 부코비나에는 인구의 10퍼센트에 달하는 유대인 9만 2,000명이 거주하며 운송업, 벌목업, 금융업을 장악하고 있었다.[21] 1941년부터 루마니아 군대와 경찰은 유대인을 학살하기 시작했다.[22] 아르민 럼프의 고향은 인구가 7,700명뿐인 작은 마을이었지만 유대인이 2,000명으로 인구의 4분의 1을 넘게 차지했다. 그러나 럼프가 오시비엥침으로 이사 오기 전인 1942년에는 전쟁이 겨우 중반으로 접어들었을 무렵이었는데도 마을에는 단 스물한 명의 유대인만이 남아 있었다.[23]

카페시우스는 "수용소 분위기에서 벗어나 … 럼프네 가족이나 스토펠 부부를 방문해 어울리는 것"이 즐거웠다고 한다. 그러나 럼프는 아우슈비츠와 너무 가까운 곳에 살고 있어서 항상 충분한 쉼터가 되진 못했다. 카페시우스는 이런 글을 남기기도 했다. "밤이 되면 럼프 약사네 집 발코니에서는 4킬로미터쯤 떨어진 곳에서 타오르는 커다란 불길을 볼 수 있었다. 여기서 그게 시체 태우는 불길이라는 사실을 모르는 사람은 아무도 없었다. 자칫 바람이 이쪽으로 불어올 때면 그 특유의 냄새도 맡을 수 있었다."[24]

Chapter

10

헝가리계 유대인들

아우슈비츠를 비롯해 다른 강제수용소에서 근무했던 일부 SS 대원들이 잔혹한 행위에서 쾌락을 느끼는 병적인 가학성을 지녔음은 부인할 수 없는 사실이다. 멩겔레 같은 몇몇 의사들은 유사 과학인 인종학 실험에 심취한 나머지 수용소 근무에 더할 나위 없이 만족했다. 그러나 아우슈비츠 근무를 원치 않거나 꺼려 했던 SS 대원도 많았다. 아우슈비츠에서 근무한 SS 대원은 총 7,000명이었고 그중에 177명이 여자였으며 350명은 카페시우스와 같은 독일계 루마니아인이었다. 여름이면 폭염이 기승을 부리고 겨울이면 혹한이 맹위를 떨치는 이 폴란드 외딴 시골 마을에서 근무한다고 해서 특별히 추가 수당이 지급되는 것도 아니었다. 게다가 발진티푸스, 디프테리아, 폐렴 등 수감자들을 덮친 전염병에서 SS 경비대, 장교, 의사들도 결코 자유로울 수 없었다. 1942년 요한 폴 크레머 박사는 아우슈비츠에서 근무한 3개월 동안 일기를 썼다. 크레머는 수용소의 열악한 환경에 대해 끊임없이 불평을 늘어놓았다. "수용소에 온 지 일주일째 살충제란 살충제는 종류별로 다 써 봤지만 내 방에 있는 벼룩을 없애는 데 실패했다."

크레머도 예외 없이 몇 차례에 걸쳐 발진티푸스 예방접종을 맞았다. 이 주사에는 고열과 설사 등의 부작용이 있었다. 심지어 크레머의 일기장에는 예방접종을 했는데도 발진티푸스에 걸려 고통스러워하는 동료들의 이야기로 가득하다. "며칠 전 발진티푸스로 아내를 잃은 돌격대 대장 시저도 결국 감염됐다." 발진티푸스 말고도 수용소 내에는 일명 "아우슈비츠 질병"이라 불리는 독감과 비슷한 고열, 오한, 근육통, 극심한 두통을 동반하는 세균성 감염증이 유행했다.[1] 멩겔레는 아우슈비츠에 도착한 지 2개월 만에 말라리아에 걸리기도 했다.

그렇다고 해서 아우슈비츠 발령에 불만을 품은 SS 대원들이 무고한 민간인 수백만 명을 학살하는 일에 성실히 임하지 않았다는 뜻은 아니다. 이들은 아우슈비츠에서 근무하면서 겪게 된 어려움을 다른 방식으로 보상받으려 했다. 이들에게 수용소에서 벌어지는 대량학살 작업은 개인적으로 이득을 챙길 수 있는 일생에 단 한 번뿐인 기회를 제공했다. 가족에게 쓴 편지와 동료들과 나눈 대화를 보면, 아우슈비츠에 근무하는 SS 대원들 가운데 놀라울 정도로 많은 수의 이들이 스스로에게 연봉보다 더 많은 보상을 받을 권리가 있다고 생각했다는 사실을 알 수 있다. (카페시우스가 아우슈비츠에서 근무하면서 받았던 연봉은 9,000라이히스마르크로, 당시 미화로 환산하면 약 3,600달러 상당이었다.) 아우슈비츠 SS 대원들 사이에 만연했던 이러한 생각은 종종 신입 수감자들의 소지품에 든 식량과 술을 몰래 빼돌리는 행동으로 이어졌다. 그러나 고작 만찬 몇 번 벌이자고 여분의 보급품을 빼돌리는 것만으로는 만족하지 못하는 이들도 있었다.

탐욕스러운 이들은 보석과 현금을 쟁여 두는 일에 집중했다. 아우슈비츠에는 보석과 현금이 넘쳐 났다. 매일같이 가축 운반차에 실려 아우슈비츠로 밀려드는 신입 수감자들은 동쪽에 있는 강제 노역 수용소로 재이주를 당하는 데에 실낱같은 희망을 걸었다. 물론 강제 노역 수용소에서의 삶이 결코 녹록지 않으리라는 사실은 의심의 여지가 없었다. 나치 독일에 점령당한 국가의 유대인 게토 지역에서는 이미 죽음의 수용소에 대한 소문이 나돌았지만, 신입 수감자들은 이 기차 여행의 끝이 가스실이라는 사실을 애써 부인했다. 결과적으로 신입 수감자들은 어디서든 새로운 삶을 시작할 수 있으리라는 희망을 품고 나치의 눈을 피해 최대한 많은 귀중품을 챙겨 기차에 올랐다. 현금, 다이아몬드, 각종 보석을 외투나 원피스, 양복 겉주머니 안감에 넣어 꿰매거나 화장품 병 안에 숨겼다. 짐 가방 속 비밀 공간에 숨기기도 했다. 나치는 곧 희생자들이 숨겨 놓은 귀중품을 찾는 일에 귀신이 됐다. 그렇게 약탈한 모든 물품은 비르케나우 수용소에 있는 '캐나다'라 불리던 거대한 창고에 잠시 보관하다가 독일 본토로 보내졌다.

날마다 너무 많은 유대인이 도착했고 너무 많은 귀중품이 들어왔기 때문에 재고를 정리할 경황 따윈 없었다. 재고 관리에 난 구멍은 나치 대원들에게 도둑질할 기회를 제공했다.

"그들[SS 대원들]은 엄청난 양의 금과 귀중품을 몰래 챙겼습니다." '캐나다'에서 강제 노역했던 슬로바키아 출신 유대인 리부샤 브레더는 이렇게 회고했다. "저희는 모든 것을, 심지어 속옷까지도 그야말로 샅샅이 뒤져야 했습니다. 그러면 엄청난 양의 다이아몬드, 금, 동전, 지폐, 달러, 유럽 전역의 화폐가 쏟아져 나왔죠. … 나치로서는 노다지나 다름없었습니다. … 아무도 그게 다 얼마인지 세지 않았어요."[2]

이 사실을 아는 이는 브레더 같은 수감자뿐만이 아니었다. SS 내부에서 벌어지고 있는 도둑질은 이미 공공연한 사실이었다. 1943년 22세였던 오스카어 그뢰닝 상병은 신입 수감자들에게서 착복한 모든 현금을 관리하는 책임을 맡았다. 두어 달마다 그뢰닝은 현금을 궤짝에 실어 베를린행 기차에 실어 보냈다.

"많은 물건이 한꺼번에 쌓여 있다 보니 개인적으로 몇 가지 슬쩍하기는 식은 죽 먹기였습니다." 그뢰닝은 전쟁이 끝난 후 이렇게 회고했다. "아우슈비츠에 근무하는 SS 대원들 사이에서 도둑질은 그야말로 일반적인 관행이었습니다."[3]

아무래도 맡은 일이 현금 관리다 보니, 얼마 지나지 않아 다른 수많은 동료들처럼 그뢰닝도 도둑질의 유혹에 넘어가고 말았다.

1943년 10월 베를린에 있는 SS 상부 조직은 아우슈비츠에서 부패가 만연하다는 사실을 인정했다. 힘러는 변호사이자 판사 출신인 콘라트 모르겐 중령을 아우슈비츠에 파견해, 절도 실태를 조사하고 문제를 해결하도록 지시했다. 모르겐은 아우슈비츠에 도착하고 나서 며칠 뒤 SS 대원들의 사물함을 불시에 점검했다.

훗날 모르겐은 다음과 같이 회고했다. "불시에 사물함을 점검하자 엄청난 양의 금, 반지, 진주, 갖가지 화폐가 쏟아져 나왔습니다. SS 대원들 사이에 만연한 이 같은 도둑질은 군인으로서 마땅히 지켜야 할 규범을 넘어 버린 행동이었습니다. 타락해 버린 악랄한 기생충이나 다름없다는 인상을 받았습니다."[4]

모르겐은 이 같은 부패 행위를 끊어 내려면 확실한 본보기를 세워야 한다는 사실을 알고 있었다. 그는 SS 보초 대장 두 명을 밀수품 절도 혐의로 체포하라고 명령했다. 재판을 기다리는 동안 한 명은 감방에서 스스로 목을 매달아 자살했다. 모르겐은 힘러에게 절도가 만연하다고 보고했다. 아우슈비츠의 끝없는 확장과 그 학살 규모를 증대시킨 공을 널리 인정받았던 공격적이고 고압적인 소장 루돌프 회스는 이같은 부패가 만연하도록 방치한 사람이었다. 사실 회스는 그 자신이 규율을 어기고 체코 출신 유대인 수감자와 염문을 뿌리면서 부하들에게 본이 되지 못했다. (심지어 상대 수감자가 임신하자 회스는 그녀를 굶겨서 낙태하게 만들었다.) 힘러는 아우슈비츠 소장 자리에 다른 사람을 앉히기로 결심했다.[5]

회스는 다른 곳으로의 발령을 거부했다. 그는 힘러를 찾아가 오직 자신만이 이 혼란을 수습할 수 있다며 애원했다. 그러나 힘러는 결정을 번복하지 않았다. 다만 회스를 수용소 행정 본부 사무직으로 승진시켜 주면서 충격을 덜어 줬다. 1943년 11월 10일, 회스는 베를린 북쪽 외곽에 있는 오라니엔부르크로 근무지를 옮겼다. 하지만 놀랍게도 그의 아내와 다섯 아이들은 아우슈비츠 수용소 안에 있는 자택에 계속 머물렀다. 회스가 떠난 지 두 달 뒤에 아우슈비츠에서는 원인 모를 화재가 발생하여, 모르겐이 SS 내부에서 벌어지는 절도 사건을 조사해 차곡차곡 모아 둔 증거가 보관되어 있는 창고가 전소됐다. 절도죄로 기소된 SS 대원들에 대한 예정된 재판은 화재로 인해 모두 취소됐다.

부패 조사 및 척결보다 유대인 학살이 우선이 아닌가 하는 의심을 증명이라도 하듯이 모르겐이 조사를 시작한 지 7개월 만에 회스는 아우슈비츠 소장 자리로 복귀했다. 힘러는 1944년 봄부터 헝가리에서 예정된 대규모 유대인 추방을 효율적으로 감당할 수 있는 사람은 회스뿐이라는 사실을 알고 있었다. 회스의 복귀와 모르겐의 부패 조사 중단으로 아우슈비츠에서 절도는 더욱 대담해졌다.

1944년 이전에 트레블링카, 소비보르, 헤움노에 있는 죽음의 수용소 세 곳은 나치를 대표하는 절멸 수용소라는 비도덕적인 명예를 서로 얻으려고 경쟁했다. 그러나 5월부터 그 수치스러운 명예는 아우슈비츠로 돌아가기 시작했다. 그 이면에는 카페시우스의 고향인 트란실바니아가 정치적으로 얽혀 있었다. 1940년에 비준된 조약(빈 협약)으로 나치 독일은 트란실바니아를 헝가리에 반환했다. 그러나 헝가리에서 권력을 쥔 강경 파시스트당은 80만 유대인을 찾아내 추방하라는 나치의 권고를 수용하지 않았다. 1944년 3월, 독일 정보부는 히틀러에게 헝가리 지도부가 비밀리에 연합국에 항복한다는 협상을 진행 중이라는 사실을 알렸고, 히틀러는 독일군을 급파해 헝가리를 점령했다. 부다페스트 점령 당시 가장 먼저 도착한 나치 장교 가운데는 나치 국가안보부 유대인 담당 부서인 IV-B4 소속 아돌프 아이히만 중령이 있었다. 아이히만은 모든 점령지에서 유대인을 색출해 수용소로 추방하는 임무를 책임지고 있었다. 대량 학살을 주도했던 아이히만은 "죽음의 교통경찰"이라 불리기도 했다. 나치 독일의 광적인 유대인 학살이 극에 달했을 무렵인 5월 초, 아이히만은 오스트리아 빈에서 주관한 회의에서 헝가리와 트란실바니아에 거주하는 유대인을 아우슈비츠로 추방하는 일정을 앞당겨 확정했다. 이 대대적인 추방 작업은 5월 중순부터 시작됐다. 초반에는 유대인 3,000명가량을 실은 수송 차량이 하루에 네 번씩 아우슈비츠로 출발했다. 아우슈비츠의 경악스러운 학살 가능 규모에 비춰 봐도 야심이 지나친 수준이었다.

회스 소장은 서둘러 수용소 시설 확장을 명령했다. 철로를 옮기고 거대 벙커를 또 다른 가스실로 개조하고, 새로운 화장장 서너 개를 추가로 설치했으며, 그래도 부족할 경우를 대비해서 시체를 태울 수 있는 거대한 구덩이를 다섯 개나 팠다. 가스실에서 시체를 꺼내는 임무를 담당할 수감자들로 이루어진 존더코만도 부대를 200명에서 800명으로 늘렸다.

결과적으로 그해 봄 나치는 그 지옥 같았던 10주 동안 아우슈비츠로 실려 온 유대인의 절반을 가스실에서 학살했다고 자랑할 수 있었지만, 대량 학살의 동의어로 불리던 아우슈비츠조차 밀려드는 수감자를 감당하기에는 역부족이었다. 얼마 못 가 화장장이 넘쳐 나는 시체를 감당하지 못하게 되었고, 여기저기 임시로 파 놓은 시체 구덩이에서는 시체 수만 구가 썩어 가기 시작했다. 수감자 치과 의사 여덟 명이 펜치를 들고 다니며 밤낮으로 시체 입속에서 금니를 발치했다. 발치된 치아에서 금만 남기고 살점과 치아를 녹이려면 염산에 담가 두어야 했는데 이 작업 또한 몇 주씩이나 밀렸다. 시체에서 발치한 치아에서 채취한 금이 많으면 하루에 9킬로그램에 달하는 날도 있었다.

멩겔레 밑에서 수감자 조수로 일했던 미클로스 니슬리 박사는 훗날 이렇게 회고했다. "헝가리에서 유대인 수송 차량이 줄지어 도착했다. 한 번에 두 대씩 들어올 때도 많았다. 그러면 말 그대로 기차 안에서 사람들이 강물처럼 쏟아져 나왔다. 멩겔레 박사의 승강장 선별 작업은 더 이상 선별 작업이라 부를 수 없었다. 그의 손은 대부분 오직 한 방향만을 가리켰다. 왼쪽이었다. 수송 차량 한 대가 도착 즉시 통째로 가스실이나 불구덩이로 보내지는 경우도 있었다."[6]

유대인 수감자 의사였던 오토 발켄 박사는 다음과 같이 증언했다. "헝가리에서 수송 차량이 들어오면서부터 수용소에는 대대적인 변화가 일어났습니다. 갑자기 [아돌프] 아이히만 '여행사'가 업무를 재개했고, 날이면 날마다 기차가 네 대, 다섯 대, 여섯 대씩, 심지어 어떤 날에는 열 대씩 아우슈비츠로 들어왔습니다."[7]

카페시우스의 동료이자 친구인 롤란트 알베르트는 비르케나우에 있는 가장 큰 감시탑을 관할하는 경비 부대 SS 제4중대 대장이었다. 모든 열차가 훤히 내려다보이는 이 감시탑에서 알베르트와 부하들은 열차 문이 열릴 때마다 누군가 탈출을 시도할 경우를 대비해 기관총을 조준한 채 상황을 실시간으로 감시했다. 비좁고 열악한 가축 운반차에 실려 몇 날 며칠 잔인한 여정을 보낸 신입 수감자들은 열차에서 내리자마자 위압적인 보초병들과 경비견 150마리와 대치하게 되었다. 이들이 사방을 둘러싼 고압 전선까지 뚫고 달아날 힘은 남아 있지 않았다.

알베르트는 나중에 이렇게 회상했다. "네, 끔찍했습니다. 저는 감시탑에 서서 아래 승강장에서 일어나는 모든 일을 볼 수 있었어요. 사흘에 걸친 지옥 같은 여행 끝에 입을 열거나 몸을 움직일 수 있는 힘이라도 남아 있는 사람은 기도를 했습니다. 승강장 업무에 투입됐을 때 전 봤습니다. 힘든 업무였습니다. 열차를 타고 오는 동안에 죽은 사람도 많았습니다. 열차 문이 열리자 악취가 코를 찔렀습니다. 아이들은 울어 댔고 여자들은 흐느꼈고 남자들은 가족을 찾아 큰 소리로 이름을 불렀습니다."[8]

세월이 흘러 카페시우스는 특유의 사무적이고 감정 없는 어조로 아우슈비츠 역사를 통틀어 가장 잔혹했던 이 시기를 다음과 같이 회상했다. "1944년 5월 14일에서 7월 7일 사이에 열차 34대가 북부 트란실바니아와 헝가리에서 유대인 28만 8,357명을 싣고 아우슈비츠에 도착했습니다. 모두가 승강장에서 선별 작업을 거쳤습니다.

그중에 3분의 1만이 노동 적합 인구로 판정받고 목숨을 건졌습니다. 14세 이하 어린이는 노동 적합 인구에 포함되지 않았습니다."[9]

아우슈비츠에서 벌어진 사상 최대 규모의 유대인 학살만으로도 충격적이었던 그해 봄은 전쟁 상황으로 봐도 특기할 만했다. 바로 지난해인 1943년은 도저히 멈출 수 없을 것처럼 승승장구하던 나치의 행보에 제동이 걸린 해였다. 나치가 스탈린그라드를 포위한 지 5개월 만에 러시아군의 반격을 받아 25만 명이 넘는 독일군이 항복을 선언했다. 사막의 여우로 칭송받던 독일 육군 원수 에르빈 로멜은 북아프리카 국경을 넘어 후퇴하다가 미국과 영국의 전차 군단을 간발의 차이로 따돌리고 아슬아슬하게 독일로 도망쳤다. 이 와중에 이탈리아는 제3제국을 버리고 연합국 편으로 돌아섰다. 소련군은 쿠르스크에서 역사상 최대 규모의 전차전으로 독일의 공격을 격파했다. 1943년이 나치의 전격전이라는 표현이 무색해질 만큼 나치가 고전을 면하지 못한 해였다면, 1944년은 전세가 아예 연합국 쪽으로 기울어진 해였다.

1월과 2월에는 난공불락으로 여겨졌던 독일 방공망을 뚫고 영국군이 베를린, 프랑크푸르트, 함부르크, 라이프치히에 대대적인 폭격을 퍼부었다. 치열한 전투가 이어지는 가운데 미군이 로마에서 불과 50킬로미터 떨어진 항구도시 안치오 해안에 상륙했다. 2월에 우크라이나 중부에서는 스탈린의 군대가 독일군 열 개 사단을 포획했다. 그해 여름, 연합국은 기세를 몰아 노르망디상륙작전을 준비했다.

사상자가 급격히 늘어나고 패전 소식이 연이어 들려오면서 독일 내에는 패색이 짙어져 갔다. 적어도 유럽 전체를 정복하겠다는 히틀러의 계획은 20세기 들어 두 번째로 독일 본토를 초토화한 헛된 망상이었음이 드러났다. 그러나 아우슈비츠에서 역사상 가장 잔혹한 전쟁 범죄에 가담한 이들은 학살 규모를 늘리려고 수용소를 확장하느라 여념이 없었다. 아우슈비츠 운영진은 한발 뒤로 물러나 언젠가 죗값을 치러야 할 날을 고민하기는커녕, 변화하는 전세 따위를 놀라우리만치 아랑곳하지 않는 듯했다.

한편 카페시우스는 헝가리계 유대인들이 대거 이송되면서 수용소가 포화 상태에 이르는 와중에 기회를 포착했다. 조제실에서 카페시우스와 일했던 수감자 약사 빌헬름 프로코프는 "제가 아는 카페시우스는 헝가리에서 유대인이 대거 이송될 때마다 그 기회를 최대한 활용해 자기 이익을 챙기려고 노력하던 사람이었습니다."라고 말했다.[10] 카페시우스는 의약품과 의료 기기를 찾는다는 명분을 내세워 신입 수감자들의 소지품에서 귀중품만을 빼돌렸다.[11] 멩겔레의 조수 니슬리는 카페시우스가 새로운 전리품 "정리 정돈의 대가라는 명성"을 빠르게 쌓아 올렸다고 증언했다.[12]

카페시우스가 바이엘 영업 사원일 때부터 알고 지낸 유대인 수감자 약사 페르디난트 그로스는 6월에 아우슈비츠에 도착해 조제실에서 근무하게 됐다. 그로스는 상사인 카페시우스가 승강장에서 선별 작업을 하는 모습을 일주일에 서너 번씩 목격했다. "의약품과 관련하여 카페시우스의 유일한 관심사는 수감자들의 연고 통이나 치약 튜브 안에 숨겨진 보석이 있나 없나 저희에게 검사하게 하는 것이었어요. 그는 매일 저희에게 와서 뭐 찾은 게 있는지 점검했죠. 제가 의무실에서 근무했던 그 몇 달 동안 카페시우스는 엄청난 양의 보석을 수집했는데, 그렇게 찾은 보석은 당연하고도 당당하게 그의 호주머니 속으로 들어갔습니다."[13]

수감자 간호사 루트비히 뵐은 카페시우스가 의약품 속에 숨겨진 다이아몬드를 찾는 일에 혈안이 되어 있다는 사실을 알고 있었다. "카페시우스에게는 수감자의 생명보다 귀중품이 훨씬 더 중요했습니다."[14]

카페시우스에게 절도는 식은 죽 먹기였다. 아우슈비츠 규정상 카페시우스는 승강장에서 개인적으로 압수한 모든 물품을 아무런 서류 절차 없이 조제실로 반입할 수 있었다. 대량 학살 과정에 하나부터 열까지 개입하고 통제했던 독일의 숨 막히는 관료 체제에 난 커다란 허점을 이용해 카페시우스는 주기적으로 사리사욕을 챙겼다.

폴란드인 약사 타데우시 스지위작은 어느 날 카페시우스가 승강장에서 돌아온 뒤 그에게 "구급차에서 여행 가방을 몇 개 가져오라"고 명령했다고 회상했다. "구급차에는 다양한 크기의 가죽 짐 가방이 있었고 저는 그 짐들을 약국 창고로 가져갔습니다. 가방은 열다섯 개였습니다. … 저는 거기서 카페시우스와 함께 내용물을 분류했습니다. 좋은 물건은 모아서 튼튼한 짐 가방에 넣었습니다. 카페시우스 박사가 모든 것을 가져갔습니다." 스지위작의 증언에 따르면 "모든 것"에는 카페시우스가 곧바로 개인 금고에 집어넣은 외화와 또 다른 상자에 넣어 따로 보관한 보석, 그리고 라이히스마르크도 포함

되어 있었다.[15]

한번은 카페시우스가 가장 가까운 조수 시코르스키에게 아내에게 가져다줄 다이아몬드 브로치를 찾아올 것을 "주문했다." 시코르스키가 마침내 다이아몬드 브로치를 찾아내 가져오자 카페시우스는 보상으로 슈납스(도수가 높은 독일 전통 증류주_옮긴이) 열두 병을 건넸다.[16]

수감자 약사 프로코프도 카페시우스의 절도 행위를 바로 옆에서 목격했다.

"하루는 다락방 창고에서 의약품을 분류하고 있는데 카페시우스가 들어온 겁니다. 예전에 카페시우스는 수감자들의 짐 가방을 그곳에 보관해 두곤 했습니다. 비르케나우에서 그가 직접 가져온 짐 가방들이었습니다. 저는 제 근무 시간에 그의 행동을 주의 깊게 관찰했죠. 카페시우스는 귀중품과 값비싼 물품은 따로 분류해서 가장 좋은 가죽 가방에 넣었습니다."

그 가죽 가방 안에는 "최고급 새 양복"이 가득 들어 있었다. 카페시우스가 양복을 분류하는 모습을 프로코프는 "넋 나간" 얼굴로 쳐다보고 있었다. 시선을 느낀 카페시우스가 고개를 들자 프로코프는 눈길을 돌렸다.

"프로코프, 자네가 여기 왜 있는지는 알고 있겠지. 언젠간 자네도 죽게 될 거야. 그게 언제가 될지는 자네한테 달렸네. 입을 함부로 놀렸다간 그 순간이 자네 예상보다 빨리 오게 될 거야. 내 말 이해했길 바라네."

프로코프는 나중에 "전 그날 제가 목격한 일에 대해서 누군가에

게 입이라도 벙긋했다간 쥐도 새도 모르게 사라질 수 있다는 사실을 알고 있었습니다."라고 말했다.[17]

카페시우스는 프로코프에게 가장 좋은 옷으로만 가득 채운 짐가방 두 개를 숨기라고 명령했다. 다음 날 프로코프가 확인했을 때 가방은 사라지고 없었다.[18]

아우슈비츠의 약사는 전환점을 맞이한 터였다. 카페시우스는 이제 빼돌릴 수 있는 건 모조리 빼돌렸다. 언제든 전쟁이 끝났을 때 새로운 삶을 시작할 수 있는 충분한 자금을 마련해 두는 데 온 힘을 다했다.

Chapter

11

금니

1944년 8월 20일, 아우슈비츠에 근무했던 SS 대원들은 나치 독일에 급격히 불리해지는 전세를 두 눈으로 똑똑히 목격했다. 그날 연합국 폭격대가 사정거리를 시험하느라 모노비츠를 공습했다. 폭격기 조종사 입장에서는 다행스럽게도 이게파르벤 공장이 너무 커서 목표물을 빗맞히기란 불가능했다. 독일인 직원들과 파르벤 임원들은 폴란드 및 서부 유럽 자유노동자들과 함께 공장에 설치된 방공호로 피신했다. 노예 노동자들과 전쟁 포로들은 각자 알아서 살아남아야 했다.[1] 그날 공습으로 인해 공장에서 일하던 영국군 포로 1,200명 가운데 40명이 사망했다. (파르벤은 심지어 전쟁 포로 가운데 숙련 노동자를 모노비츠로 이송할 준비도 했다. 다음 달에도 공습 경보가 두 번 울렸으며 10월 13일에 연합국은 또다시 모노비츠를 공습했다. 이 시기에 왜 연합국이 수많은 유대인을 가스실

로 실어 나르던 나치의 철로를 폭격하지 않았는지는 아직도 논란이 되고 있다.2)

9월 폭격이 있던 때에 카페시우스는 마침 2주간의 휴가 중이라 아우슈비츠에 없었다.[3] 카페시우스는 프리치와 세 딸을 보러 집에 가고 싶었다. 프리치는 여전히 시기쇼아라에서 가족 약국을 운영하고 있었다. 그러나 당시 붉은 군대가 트란실바니아를 점령한 데다가 독일을 지지하던 루마니아가 갑자기 소련군과 결탁하여 나치에 대항하는 바람에 고향으로 가는 것은 너무 위험해 보였다. 프리치는 카페시우스에게 편지를 보내 루프트바페Luftwaffe(나치 독일의 공군_옮긴이)의 보복 공격으로 부쿠레슈티에 있는 그들의 아파트가 무너졌다는 사실을 알렸다.[4]

카페시우스는 원래 집으로 가는 안전한 길을 찾을 수 있을지도 모른다는 생각에 북쪽으로 여행 경로를 잡고, 아우슈비츠에서 근무하던 간호사 로테 릴과 동행했다. 릴은 카페시우스의 친구인 독일인 SS 장교와 결혼하고 아우슈비츠로 발령을 받았다.[5] 루마니아 국경이 가까워질수록 달라지던 공기를 카페시우스는 나중에 이렇게 회고했다. "마치 세상의 종말이 다가온 것처럼 섬뜩한 기분이 들었습니다. 두려움이 온몸을 엄습했죠."[6] 수많은 루마니아인이 러시아군을 해방군이라며 반겼다. 여론은 여전히 나치 독일 밑에서 싸우는 카페시우스 같은 독일인에게 적대적인 방향으로 빠르게 변했다.

국경을 넘으려고 시도했으나 서너 번 실패한 카페시우스와 릴은 안전하게 시기쇼아라로 들어가려던 계획을 포기했다. 카페시우스는 아우슈비츠로 돌아왔다. 롤란트 알베르트는 전례 없는 폭동으로 존더코만도를 처형하기 위해 카페시우스가 아우슈비츠로 돌아와야만 했다고 회상했다. "카페시우스가 치클론 B를 담당하고 있었기 때문에 업무에 복귀할 수밖에 없었습니다."[7] 전쟁이 끝난 후 카페시우스는 그 당시를 이렇게만 기록했다. "그날 저녁 막사에서 좋은 헝가리산 살구 슈납스를 피셔 박사, 클라인 박사, 멩겔레 박사와 함께 나눠 마셨다." 게다가 그가 돌아와서 아주아주 개인적인 문제에 직면했다는 내용 또한 누락되어 있다.

당시 37세였던 카페시우스가 전쟁이 일어나기 전부터 가볍게 알고 지내던 26세 트란실바니아 출신 유대인 수감자 약사 에바 시트론-바르트와 부적절한 관계라는 소문이 나돌았다. 그녀는 아우슈비츠에서 1944년 여름에 클라인 박사와 멩겔레 박사에 의해 발탁되었고, 5주 뒤부터 조제실에서 근무를 시작했다. 전쟁이 끝난 후 카페시우스는 친구들에게 쓴 편지에서 "금발의 조수 에바"를 언급하며, "그녀는 3센티 정도 되는 금색 단발의 상냥한 사람으로, 나중에는 머리가 길어서 포니테일로 묶고 다녔는데 수용소에서는 일반적으로 금지된 헤어스타일이었지."라고 쓰기도 했다.[8] 아우슈비츠에 수감되어 주임 의무관인 비르츠 박사 밑에서 일하던 오스트리아인 정치범 헤르만 랑바인도 카페시우스에 관한 소문을 들었다. 카페시우스와 에바가 부적절한 관계라는 소문이 비르츠 박사의 사무실까지 흘러들었기 때문이다.[9] 다행히도 비르츠 박사는 아무런 공식적인 조사를 지시하지 않았다.

9월 22일, 카페시우스는 아우슈비츠로 돌아오자마자 에바의 말을 듣고 깜짝 놀랐다. 카페시우스가 없는 동안 SS 사령부에 있는 누군가가 "그녀는 너무 많은 것을 안다"며 에바를 없애기로 결정했다는 소식을 전했던 것이다.

"하나님, 감사합니다. 돌아오셨군요! 이제 저는 살았어요." 에바가 기뻐하며 외쳤다.

카페시우스는 이 일의 배후에 비르츠 박사가 있지 않을까 의심했다. 하지만 이것이 에바를 시샘한 수감자 동료들의 소행임이 곧 밝혀졌다.

"저는 막사에서 다른 의사들과 에바에 관해 이야기했습니다. 전부 터놓고 솔직히 의논했죠."[10] 카페시우스가 말했다.

카페시우스는 그답지 않게 이 유대인 수감자를 위해 발 벗고 나섰고, 결과는 성공적이었다.

"그 여자 수감자 에바에게는 아무 일도 없었어." 그는 나중에 친구들에게 이야기했다.

10월에 파르벤은 모노비츠에 거주하던 모든 독일인 여자와 아이들에게 고국으로 돌아가라고 명령했다. 패색이 짙어지면서 파르벤 임원진이 더 이상 모노비츠에 있는 민간인들의 안전을 담보할 수 없다는 판단을 내린 것이다. 파르벤에 대한 압박은 점점 커지고 있었다. 이 거대 기업이 전쟁 중에 나치와 결탁하여 필수적인 역할을 수행했다는 사실은 이제 연합국 측에서도 간과할 수 없는 중요한 문제로 떠올랐다. 파르벤이 모노비츠에서 독일인 여자와 아이들을 대피시키기 불과 몇 개월 전에 프랭클린 루스벨트 대통령은 코델 헐 국무장관에게 공개서한을 보냈다. "나치가 이게파르벤의 자금을 이용한 역사는 마치 한 편의 탐정물 같습니다. 나치군이 패배하면 나치가 이용한 그 경제적 무기 또한 반드시 근절해야 할 겁니다."[11] 파르벤 이사진은 전쟁이 끝나면 회사가 집중포화를 맞을까 봐 두려워했다.

전세가 불리해지는 정황이 속속들이 나타나자 파르벤 임원진과 아우슈비츠 SS 대원들 사이에서 위기감이 가중됐다. 그들에게는 개인적인 부를 축적할 수 있는 기회의 문이 빠르게 닫히고 있다는 의미였기 때문이다.

카페시우스는 이 무렵 비르츠 박사가 내린 명령을 구실 삼아 현금을 추가로 챙길 수 있는 유일무이한 기회를 포착했다. 카페시우스의 증언에 따르면 비르츠는 대량 학살에 대해 알고 있는, 조제실에서 근무하는 수감자 조수 전원을 가스실로 보내라고 지시했다. 그러자 카페시우스는 "수감자 조수들에게 시킬 온갖 잡무"가 있기 때문에 살려 둬야 한다고 주장했다. 이 "잡무"란 조제실에 산더미처럼 쌓여 있는 희생자들의 소지품을 "서너 번씩 재검하는 일"이라고 카페시우스는 설명했다. 하지만 정작 속셈은 따로 있었다. 카페시우스는 그들을 이용해서 귀중품을 찾아내 자신의 배를 불리는 데에만 관심이 있었을 뿐, 그들의 목숨 따위는 안중에도 없었다.

카페시우스는 가장 끔찍한 전리품을 획득하는 일에 착수했다. 바로 가스실에서 죽은 수감자들의 입속에서 금니를 발치하는 일이었다. 시체에서 발치한 금니는 신입 수감자들의 소지품에서 탈취한 금화, 손목시계, 담뱃갑, 보석류와 함께 골드바로 만들어졌다. 나치가 아우슈비츠에서 거둬들인 금은 하루 평균 30킬로그램에서 35킬로그램에 이르렀다.[12] SS 입장에서는 엄청난 수익이었다. "아우슈비츠"라는 도장이 찍힌 금이 든 상자가 베를린에 있는 나치 중앙은행인 라이히스방크로 보내지기 시작한 때는 1943년 초반이었다. 대부분 나치의 하켄크로이츠 문양과 *베를린 프로이센 조폐공사*라는 글자가 찍힌 골드바 형태로 제작되어 보내졌다. 아우슈비츠의 시체에서 수확한 금이 얼마나 되는지는 분명하지 않다. 왜냐하면 전쟁이 끝난 후 미군이 아우슈비츠에서 베를린으로 배송된 정확한 금의 양이 적힌 나치 기록을 압수했기 때문이다. 미국은 따로 복사본을 만들어 두지 않은 채로 해당 기록을 서독 문서 보관소에 넘겼고, 서독 측은 이 기록을 나중에 "주기적인 관리"라는 명목으로 파기했다.[13]

존더코만도였던 수감자 야쿠프 가바이는 시체에서 금니를 발치하는 끔찍한 과정을 다음과 같이 회상했다. "체코슬로바키아 출신의 치과 의사라는 작자가 두 명 있었습니다. 그들은 희생자의 입속에서 금니를 뽑았습니다. 실제로 그들은 치과 의사였죠. … 커다란 궤짝이 하나 있었는데 그들은 그 안에다가 발치한 금니를 던져 넣었습니다. 1세제곱미터(1,000리터)쯤 되는 그 커다란 궤짝에는 독일이라는 글자가 찍혀 있었습니다. 그들은 그 안에다가 금니를 던져 넣었습니다."[14]

치아 발치 작업은 가스실에서 나온 시체를 화장장에서 태우기 전에 쌓아 두는 중간 기착점인 벙커에서 이루어졌다.[15] 헝가리에서 수송 차량이 밤낮없이 밀려들수록 도저히 맞출 수 없을 만큼 빠른 속도로 시체가 쌓여 갔다. 학살 일정이 계획보다 지체될수록 회스 소장은 아우슈비츠에서 어떤 끔찍한 일이 벌어졌는지 알아챌 수 있는 증거를 남기고 떠나게 될까 봐 노심초사했다. 1944년 가을에 붉은 군대가 서쪽으로 거침없이 진군해 오자, 회스는 시체 처리에 속도를 냈다. 펜치로 무장한 새로운 수감자를 대거 투입해 시체 더미에서 최대한 빠른 속도로 금니를 발치해 냈다.

금니가 카페시우스의 조제실로 굴러 들어온 것은 운명의 장난이었다. 1943년 금니가 가득 든 짐 가방을 베를린으로 이송하는 임무를 맡은 SS 장교 중에 한 명이 가방을 가지고 도주했다. (그는 뒤셀도르프에서 체포됐다.) 이 절도 사건 이후로 금니 운반은 아우슈비츠의 주임 치과 의사 빌리 프랑크와 그의 수석 치과 의사 빌리 샤츠 중위가 관할하게 됐다.[16] 수집한 금니 대부분은 커다란 트렁크에 쑤셔 넣어져서 비르케나우 수용소에서 샤츠에게로 보내졌다. 공교롭게도 샤츠의 사무실은 카페시우스의 조제실 안에 있었다. 카페시우스는 시체에서 발치한 치아 수천 개가 담긴 트렁크를 분류하는 일에 기꺼이 자신의 수감자 약사들을 쓰시라고 "자원했다." 시체에서 발치한 금니를 한데 모아 놓은 광경은 보기만 해도 소름 끼쳤다.

카페시우스는 이렇게 말했다. "이 짐 가방들은 우리에게 오거나 샤츠 박사의 사무실로 갔습니다. 금니를 녹여서 수감자들을 위한 새로운 보형물을 제작하려고 했지만, 우리가 가진 장비로는 아예 불가능한 일이었습니다."[17]

설사 그런 장비가 있었다고 해도 카페시우스는 수감자들을 위해 금을 사용할 생각은 꿈에도 없었다. 실제로 그는 아직 임관되지 않은 SS 장교 볼레스와프 프라이마크를 본래 있던 "치아 발치 부대"에서 개인적으로 빼내 조제실로 재배치했다.[18] 그 무렵 카페시우스와 SS 동료들은 남은 수감자 전원이 어차피 가스실에서 죽을 운명임을 수긍했다. 탐욕의 유혹은 강력했다.

프로코프는 훗날 이렇게 회상했다. "50개에서 100개에 달하는 트렁크는 죽은 희생자의 입속에서 발치한 금니로 가득했죠. 금니에는 아직도 살점이 붙어 있었어요. 끔찍한 악취가 코를 찔렀습니다."[19] 조제실 안에 있는 다른 방에서 프로코프는 우연히 "수천 개의 금니와 틀니로 가득한 25개에서 40개에 달하는 또 다른 트렁크"를 발견했다. 앞서 목격했던 소름 끼치는 트렁크와 마찬가지로 "가스실에서 살해당한 수감자들의 입안에서 뽑은 치아에는 간혹 잇몸과 뼈도 그대로 붙어 있었다."[20]

카페시우스의 조수였던 시코르스키는 전쟁이 끝난 후 이렇게 말했다. "SS 조제실이 위치한 건물 1층에는 치아로 가득 찬 트렁크가 즐비했습니다. … 조제실에서 처음으로 트렁크를 발견했던 날, 카페시우스 박사가 제게 그걸 보여 줬죠. … 세어 보니 트렁크는 열다섯 개였고, 모두 화장장에서 가져온 것이었습니다."[21]

시코르스키는 카페시우스가 폴란드인 수감자 마치에이 술리코프스키에게 "금을 녹이는" 수감자 몇몇을 감시하는 일을 맡겼다고 말했다. "그게 저희 상관의 부업이었습니다." 시코르스키는 금을 녹이는 노동의 결과물도 목격했다. "몇몇 수감자가 금니를 녹여 만든 개당 6그램에서 7그램씩 나가는 골드바를 제게 보여 줬습니다."[22]

하루는 프로코프가 카페시우스와 함께 조제실 다락방에 있을 때였다. "카페시우스는 트렁크 쪽으로 걸어가곤 했습니다. 그 안에는 치아와 턱뼈로 가득했는데 잇몸이며 뼈가 아직도 붙어 있는 상태였습니다. 모든 것이 부패하면서 지독한 악취가 났습니다. 섬뜩한 광경이었습니다."

프로코프는 카페시우스에게 이 끔찍한 수집품을 치과에 보관해야 하지 않겠냐고 말했다. 카페시우스느 프로코프의 말을 무시한 채 트렁크 안으로 몸을 숙였다. "그는 맨손으로 끔찍한 악취를 풍기는 내용물을 헤집기 시작했죠. 그러더니 틀니 하나를 꺼내 그 가치를 가늠하는 겁니다. 저는 그 자리를 도망치다시피 해서 빠져나왔습니다."[23]

시간이 지날수록 프로코프가 치아로 가득한 트렁크를 점검할 때마다 "내용물은 나날이 줄어들었다."

이 금니 절도 행각에 카페시우스의 친구였던 아우슈비츠의 치과의사 샤츠 박사와 프랑크 박사도 가담했다. 카페시우스는 이렇게 약탈한 금이 담긴 조그만 상자 수십 개를 빈에 사는 여동생에게 보내는 역할을 담당했다.[24] 지시 사항은 간단명료했다. '전후 혼란기에 금이 유일한 통용 화폐가 될 경우를 대비해 전부 안전한 장소에 숨겨둘 것.'

Chapter

12

끝이 임박하다

1944년 11월, 하인리히 힘러는 마침내 전쟁에서 패배했음을 실감했다. SS 수장은 대량 학살을 중단하라고 명령했다. 11월 2일은 아우슈비츠에서 마지막으로 치클론 B가 사용된 날이었다. 11월 말부터 아우슈비츠를 비롯해 폴란드에 있는 다른 절멸 수용소에 수감된 수감자 수만 명은 점점 다가오는 러시아군을 피해 강제로 서쪽으로 가는 행군길에 올랐다. 목적지는 독일에 있는 강제수용소였다. 이미 쇠약해질 대로 쇠약해진 수많은 수감자가 행군 중에 목숨을 잃었다. 모노비츠에서 베르겐-벨젠으로 이동하던 유대인 4,500명 가운데 대부분은 연합국의 공습으로 찾아온 혼란을 틈타 근처 숲속으로 도망치려다가 나치 경비대에게 사살당했다.

아우슈비츠에서는 대량 학살의 증거를 없애려는 노력에 가속도를 붙였다. 12월 1일 수감자 200명(이 중에 절반은 여성이었다)으로 구성된 폭파대가 화장장을 폭파하기 시작했다. 수용소를 버리고 떠나야 할 날이 빠르게 다가오자 나치는 최대한 많은 증거를 없애고자 서둘렀다.

다음 해 1월이 되자 나치는 모든 수감자를 대피시키는 일은 불가능하다는 사실을 깨달았다. 숫자가 너무 많았다. 어림잡아 아직도 60만 명이 수용소에 남아 있었고, 이 중 25만 명이 파르벤 같은 회사에서 부리는 강제 노동자였다.[1]

1월 둘째 주에 파르벤은 남아 있던 독일인 직원들을 본국으로 돌려보냈다. 1월 13일 토요일에 연합국 폭격기 96대가 15분 동안 쉴 새 없이 모노비츠에 폭격을 퍼부었다. 대피가 더 늦어졌으면 큰일 날 뻔했음을 알려 주는 신호탄이었다. 뼈만 남은 직원 하나가 남아서 마지막 문서 파쇄 작업을 감독하고 러시아군이 재활용하지 못하도록 공장을 파괴했다.

카페시우스와 그의 동료들도 황급히 떠날 채비를 했다. 도망치기 전에 무엇이 가장 중요한지에 대한 우선순위는 저마다 달랐다. 가령 멩겔레는 유대인 의사 구역에 가서 옮길 수 있는 것은 모조리 챙기라고 명령했다. 심지어 대리석으로 만든 해부용 탁자도 챙기라고 했다. 그런 뒤에 수감자 인류학자인 마르티나 푸지나 박사의 사무실로 걸음을 옮겼다. 그곳은 멩겔레가 의학적 고문을 가하기 전에 쌍둥이 수백 쌍의 신체 부위를 측정하던 장소였다. "그가 말 한마디 없이 제 사무실로 들이닥쳤어요." 푸지나가 말했다. "제 방에 있는 서류를 모조리 상자 두 개에 쓸어 담더니 밖에서 대기하던 자동차에 실었어요."[2] 다른 대부분의 SS 의사들은 마지막 순간까지 생체 실험에 관한 서류를 파기하느라 정신이 없었다.

한편 카페시우스는 마지막 순간까지 금이란 금은 싹싹 긁어모았다. 그의 수석 조수 시코르스키가 조제실에서 그 모습을 목격했다. "건물 1층에는 … 치아가 가득 담긴 트렁크가 즐비했죠." 혼돈으로 가득했던 그 최후의 나날들 속에서 카페시우스는 뜻밖의 말로 시코르스키를 놀라게 했다. "지금은 자네가 수감자고 내가 SS 장교지만, 두 달 뒤면 처지가 뒤바뀔지도 모르겠네."[3] 시코르스키는 아무런 대꾸도 하지 않고 1층에 놓여 있던 트렁크들을 살폈다. 여전히 그 자리에 있었지만 "그 속에 더 이상 금은 없었다."[4]

카페시우스는 스토펠 부부에게 하루빨리 서쪽으로 도망치라고 말했다. 독일군이 동부에서 전격 후퇴하고 있다는 소식도 함께 전했다. 1월 15일, 눈보라가 몰아치는 가운데 스토펠 부부는 바이에른주에 있는 바트 톨즈로 향했다.[5] 카페시우스는 사흘 뒤인 1월 18일에 에바를 포함한 여성 수감자 조수 네 명과 함께 수용소를 빠져나왔다. 이들은 체코슬로바키아와의 국경 지역인 폴란드 남부에 있는 중세 도시 보지스와프실롱스키에 도착했다. 카페시우스는 에바와 다른 수감자들에게 그곳에 있는 직조 공장에서 수감자 신분으로 계속 일할 수 있도록 해 주겠다고 말했다.[6] 한편 카페시우스는 오스트리아 린츠에서 20킬로미터쯤 떨어진 곳에 위치한 마우트하우젠 강제수용소로 배치를 받았다. 아우슈비츠에서 SS 보조 약사였던 오스트리아 출신의 게르하르트 게르버는 한 달 앞서 도착해서 근무하고 있었다. 카페시우스는 나중에 이렇게 주장했다. "게르버는 마지막까지 마우트하우젠 수용소 약국에서 근무했습니다. 저는 거기선 아무것도 하지 않았습니다."[7] 마우트하우젠 수용소에서 카페시우스가 얼마 동안 근무했는지는 불분명하다. 하지만 늦어도 4월 무렵엔 카페시우스가 베를린에 있는 중앙의료원 소속이었다는 것만큼은 확실하다.[8]

나치는 마지막까지 필사적으로 모든 범죄 증거를 없애려고 시도했지만 아우슈비츠에서 시행된 최종 해결책의 규모가 너무 방대했기에 애초에 그건 불가능한 일이었다는 사실이 드러났다. 1월 중순 즈음 붉은 군대는 더욱 속도를 높여 전선을 압박해 왔다. 그때까지도 아우슈비츠에 남아 있던 사람들은 러시아 포병대가 24시간 내내 독일군 진영을 포격하는 소리를 들을 수 있었다. 헤아릴 수 없이 많은 전투에서 패배한 데다가 나치가 그들의 전쟁 포로를 얼마나 무자비하게 다뤘는지 아는 러시아군이 복수의 칼날을 갈아 왔으리라는 것은 의심할 나위가 없었다. 결국 남아 있던 SS 대원들은 자유를 찾아서 지금이라도 도망가느냐 아니면 끝까지 남아 힘러의 지시에 따라 모든 범죄의 증거를 박멸하느냐 하는 선택의 기로에 서게 됐다. 1월 19일, 아우슈비츠에 남아 있던 SS 대원들은 아침부터 한 무리의 수감자를 깨워서 일주일 넘게 방치되어 있던 시체를 모아서 쌓아 올렸다. 그날 오후에는 동일한 수감자 무리가 '캐나다' 창고에 남아 귀중품 수색을 기다리고 있던 짐 가방 수백 개를 힘닿는 데까지 밖으로 꺼내 왔다. 그날 밤 SS는 시체 더미와 짐 가방 더미에 불을 질렀다.[9]

1월 27일, 아우슈비츠로 진입한 붉은 군대는 미처 묻지 못한 시체

600구와 생존자 1만 5,000명을 발견했다. 서쪽으로 행군하기에는 너무 쇠약하고 가스실은 이미 파괴해 버린 뒤라 미처 죽이지 못한 수감자들만 수용소에 남아 있었다. 웬만한 광경에는 단련될 대로 단련된 붉은 군대조차 뼈만 남아 산송장이나 다름없는 몰골의 생존자들을 보고선 충격을 받았다. 해방 후 며칠 사이에 생존자 가운데 수백 명이 영양실조와 질병으로 인한 합병증으로 사망했다. 같은 시기 모노비츠에서도 생존자 800명 가운데 거의 절반에 가까운 숫자가 사망했다.[10]

러시아군은 '캐나다' 창고에서 아우슈비츠에서 무슨 일이 있었는지를 보여 주는 가장 가슴 아픈 증거와 맞닥뜨렸다. 창고 안에서는 여성용 원피스 83만 7,000벌, 남성용 정장 37만 벌, 신발 4만 4,000켤레, 그리고 거의 8톤에 달하는 머리카락이 발견됐다.[11]

러시아군이 모노비츠를 점령했다는 소식이 프랑크푸르트에 있는 파르벤 본사까지 전해지자, 나치 독일의 군수부 장관이자 파르벤 이사인 프리츠 테어 메이르는 기업 내부 문서 파기를 지시했다.[12] 아우슈비츠와 마찬가지로 파기해야 할 문서가 너무 많았다. 공황 상태에 빠진 직원들이 수백 톤에 달하는 문서를 창문 밖으로 마구 내던졌다. 일부는 한군데 쌓아 올려 불태웠다. 트럭 몇 대는 엄청난 양의 문서 파일을 가까운 국가은행 금고로 실어 날랐다.[13]

모든 증거를 없애려는 최후의 노력에도 불구하고 연합국은 파르벤 본사에서 서류로 가득한 창고 하나를 압류했다. 핵심 증거가 남아 있던 곳은 그 창고뿐만이 아니었다. 영국과 미국의 문서 복원반은 루트비히스하펜 공장 인근 숲속에서 땅속에 묻혀 있던 중요 서류를 발견했다. 게다가 파르벤은 시간적 여유가 없어서 미처 오파우에 있는 화학 실험실을 폭파하지 못했다. 곧 연합국은 실험실을 해체해서 영국에 있는 전문가에 보내 조사하도록 했다.[14]

나치가 약탈한 진귀한 유럽 예술 작품 대신 서류 더미만 잔뜩 발견한 많은 군인들은 실망을 금치 못했다. 그러나 그림, 조각품, 금을 찾느라 혈안이 됐던 최전방 군대와는 달리 1943년 이후로 전쟁범죄 기록을 수집하던 영국과 미국의 검찰과 수사반은 흥분했다. 힘러의 "아무런 흔적도 남기지 말라"는 명령에도 살아남은 증거라면, 가스실로 유대인을 떠밀어 넣은 나치 경비대부터 노예 노동 계약에 서명한 파르벤 이사진에 이르기까지 제3제국의 범죄에 가담한 이들에게 책임을 묻는 데 반드시 필요한 증거가 되리라는 사실을 알았기 때문이다.

4월 무렵 미군은 뉘른베르크에 입성했고, 붉은 군대는 베를린 외곽까지 진입했다. 4월 11일에 미군이 부헨발트 수용소를 해방시킨 데 이어 4월 15일에는 영국군이 베르겐-벨젠 수용소에 도착했다. 이틀 뒤 카페시우스는 붉은 군대를 피해 베를린에서 더 북쪽에 있는 슐레스비히홀슈타인주 지방의 플렌스부르크와 후줌이라는 도시를 향해 떠났다.[15] 이때 중앙의료원에서 함께 근무했던 다른 SS 장교들과 동행했다. 카페시우스와 동행한 무리 가운데는 힘러도 있었다. 나중에 카페시우스는 당시를 이렇게 회고했다. "마지막에 저와 힘러는 아주 가까이 있었습니다."[16]

조지 패튼 장군이 이끄는 미 육군 제3군은 다하우 수용소를 해방시킨 지 일주일도 채 되지 않은 4월 23일에 플로센뷔르크 수용소에 도착했다. 다하우가 해방되고 바로 다음 날 히틀러는 베를린 벙커에서 자살했다.

Chapter

13

“자동 체포”

5월 5일, 미 육군 제11기갑사단이 마우트하우젠 수용소를 해방시켰다. 같은 날 영국군이 플로센뷔르크 인근에서 카페시우스를 생포했다.[1] 이틀 뒤 독일이 무조건 항복을 선언하면서 전쟁은 끝이 났다.

미군과 영국군이 마지막 몇 달을 치열하게 싸우는 동안 전투 지원 부대는 후방에서 500만 명이 넘을 것으로 예상되는 독일 전쟁 포로와 1,000만 명이 넘을 것으로 예상되는 난민들을 맞이할 준비를 하느라 바빴다. 병영, 학교, 심지어 감옥과 강제수용소 시설까지 동원해 구치소로 개조했다.[2]

카페시우스는 벨기에 서부의 도시 제델헴 근처에 급하게 세운 수용소 다섯 개 중에 하나인 2375번 구치소로 이송됐다. 5월 23일, 카페시우스는 구치소에서 SS 수장 하인리히 힘러가 체포 직후 입속에 숨겨 둔 청산가리 알약으로 자살했다는 소식을 전해 들었다.

연합국은 밀려드는 전쟁 포로와 난민을 처리하느라 애를 먹었다. 그 숫자는 압도적이었다. 초반에는 난민들을 최대한 빨리 본국으로 송환하는 것이 목표였다. 하지만 말처럼 쉬운 일이 아니었다. 난민들 중에서는 소련이 점령한 동부 유럽으로는 돌아가고 싶어 하지 않는 경우가 많았고, 수용소에서 살아남은 생존자들은 집이라고 부를 수 있는 곳이 없어진 경우가 대부분이었다. 가족들은 죽었고, 집은 압류당했고, 지역사회는 와해됐다.

또 다른 시급한 현안은 수백만 명에 달하는 전쟁 포로 가운데 제3제국이 주도한 대량 학살에 가담한 가해자를 이송하는 것이었다. 그러려면 우선 독일 국방군과 SS를 가려내야 했다. 연합국은 모든 전쟁 포로에게 상의를 탈의하도록 한 다음에 SS 대원 특유의 표식인 조그만 혈액형 문신이 있는지를 확인했다. 카페시우스를 비롯해 100만 명 가까이 되는 바펜-SS 대원들이 한때 엘리트 나치의 일원임을 증명하는 표식으로서 자랑스럽게 여겼던 혈액형 문신은 이제 살인자임을 보여 주는 낙인이 됐다. 혈액형 문신이 있는 전쟁 포로는 누구든 구치소 내부에서 보안이 더 철저한 구역으로 옮겨져 집중 탐문 대상이 됐다. 그러나 새로이 유입되는 전쟁 포로가 너무 많아서 이미 구치소에 구류된 나치 대원들은 비교적 편안한 시간을 보냈다.[3]

구치소 생활 초반에 카페시우스는 '프라게보겐Fragebogen'이라는, 영국과 미국이 공동으로 개발한 131개 항목으로 이루어진 6쪽짜리 설문지를 작성했다. 18세 이상의 독일인이라면 누구나 이 설문지를 작성해야 했다. 설문지는 원래 최종 해결책 설계 과정에서 단순 사무직으로 가담한 이들을 걸러내려는 목적이었지만, 대다수 나치가 거짓으로 답을 하리라는 것도 충분히 예상되는 일이었다. 따라서 모든 질문에 대한 답은 나치당 문서, 독일 전쟁 기록, 방첩 기관 문서고, 경찰 기록, 공무 인증서, 출판물, 심지어 정보원까지 동원해 철저한 교차 점검을 실시했다.[4] 답변은 독일어로 작성됐기 때문에 설문지를 처리할 수 있는 미국과 영국의 능력은 연합국 내에 독일어에 능통한 인재 가운데 몇 명이 이 작업에 투입될 수 있느냐에 달려 있었다. 역시나 설문지 처리 작업은 금세 차질을 빚었다. 미국과 영국이 점령한 지역에서 1945년 말까지 1,700만 건의 설문 조사가 완료됐다. 그중에 거의 1,000만 건은(대부분은 카페시우스 같은 독일인 전쟁 포로가 작성한 설문지였다.) 1차 검토조차 거치지 못했다.[5]

프리치 카페시우스는 1945년 후반에 적십자를 통해 카페시우스에게서 엽서를 받기 전까지는 남편의 생사조차 알지 못했다. 카페시우스가 무사하다는 소식을 듣고 나니 안도감이 물밀 듯이 밀려들었다. 다만 "아우슈비츠에서 일어난 끔찍한 일에 대해 듣고" 카페시우스가 그곳에서 무슨 일을 했는지 짐작 가는 데가 있어 불안했다.[6] 당시 38세였던 프리치는 남편이 붙잡혔다는 소식을 들었을 때 전쟁이 끝나고 들려올 수 있는 소식 가운데 그나마 최선이라고 생각했다. 공산주의에 점령당한 루마니아에서 프리치는 더 이상 사회적으로 존경받는 성공한 사업가의 아내가 아니었다. 오히려 새로운 정부는 나치에 동조한 사람들의 재산을 몰수했다. 카페시우스의 가족이 운영하던 크로네 아포테케(크라운 약국)도 몰수당했다. 프리치는 약국 소유주에서 일개 직원으로 전락했다. 프리치와 세 딸은 작은 아파트로 쫓겨났고, 가족을 부양하기 위해 그녀는 지역 조합에서 다림질을 하면서 생계를 꾸렸다.[7]

1946년 2월, 여전히 구치소에 수감 중이던 카페시우스는 어떤 독일인들을 만나게 된다. 카페시우스는 그들이 "트란실바니아 출신의 색슨족 시골 소년들로, 아우슈비츠와 베르겐-벨젠에서 경비대로 근무했다"고 설명했다. 그들은 아우슈비츠의 약사를 알거나 본 사람이 있는지 묻고 다녔다.

"이들은 저한테 와서 상급 돌격 지도자 프리츠 클라인 박사와 함께 베르겐-벨젠에 있었다고 했습니다. 베르겐-벨젠 재판에 공동으로 기소당했다고도 했습니다."[8]

1945년 9월, 영국은 첫 번째 전범 재판을 열고 베르겐-벨젠에서 근무한 SS 남녀 대원 및 카포 45명을 기소했다. 3개월간 이어진 재판 끝에 그중 31명이 유죄판결을 받았다. 카페시우스의 친구이자 재판 중에 벨젠 수용소에서 조그만 시체 더미 위에 올라서 있는 사진으로 유명해진 클라인 박사는 1945년 12월 13일에 교수형을 당했다.

클라인과 SS 동료 십여 명이 처형당한 지 두 달이 지난 시점에서, 2375번 구치소로 이송된 독일인들이 카페시우스의 행방을 찾았고 마침내 찾아냈던 것이다. 나는 이 독일인들 가운데 한 사람의 신원을 알아냈다. 조지 크라프트는 루마니아 출신의 28세 독일인으로,

1943년 카페시우스가 아우슈비츠로 복귀했던 달에 SS에 입대했다. 목격자 증언으로 미루어 볼 때 아우슈비츠에서 근무했던 것 같지만 크라프트 자신은 이 사실을 부인했다.[9]

카페시우스는 크라프트와 그의 친구들이 왜 자신을 찾는지 금세 알아냈다.

"클라인 박사는 가는 곳마다, 아우슈비츠의 약사였고 그와 같은 미에르쿠레아 시비울루이 출신 친구 카페시우스 박사를 찾아 달라는 부탁을 남겼다고 했습니다." 카페시우스는 훗날 자신을 3인칭으로 지칭하며 다음과 같이 이야기했다. "[클라인이] 카페시우스에게 자신은 차분하게 죽음을 맞이했으며, 클라인 자신의 중재로 카페시우스 박사는 죄가 없다고 변호할 수 있어서 기쁘다는 말을 전해 달라고 했습니다."

크라프트는 카페시우스의 정부였던 루마니아 출신 수감자 약사 에바가 전쟁에서 살아남았다는 이야기도 클라인이 전해 달라고 했다고 덧붙였다. 클라인은 에바와 함께 벨젠 수용소로 발령을 받았는데, 그곳에서 에바가 발진티푸스에 감염됐을 때 희생을 무릅쓰고 그녀에게 음식과 의약품을 가져다주었다고 했다.

"클라인이 그렇게 했던 이유는 카페시우스 박사를 위해 자신이 베풀 수 있는 마지막 친절이라는 생각에서였습니다. 카페시우스도 그걸 원했으리라는 사실을 알았기 때문입니다."[10]

전 벨젠 경비원들과의 우연한 만남 직후, 영국은 카페시우스를 독일 북부에 있는 노이엔가메로 이송 수감했다. 노이엔가메는 원래 나치의 강제수용소였으나 전쟁이 끝난 후 영국이 감옥으로 사용하고 있었다. 1946년 4월 17일, 영국은 카페시우스처럼 징집당해 바펜-SS에 합류한 모든 독일인은 일반 독일 국방군으로 분류하기로 했다는 결정을 공식적으로 발표했다. 다시 말해 바펜-SS였다고 해서 더 이상 자동으로 집중 신문이나 장기 구류의 대상이 되지 않는다는 뜻이었다. 그로부터 5주 후인 1946년 5월 25일, 카페시우스가 포로로 잡힌 지 1년이 조금 넘었을 때 영국은 카페시우스가 얼마나 많은 피를 손에 묻혔는지는 꿈에도 모른 채 그를 석방했다.[11]

자유의 몸이 된 카페시우스는 안도의 숨을 쉬며 슈투트가르트로 이동했다. 연합국의 공습으로 건물의 거의 70퍼센트가 없어진 슈투트가르트에 이제 막 재건이 시작되고 있었다. 그곳에서 카페시우스는 실명으로 비스마르크 거리 48번지에 있는 조그만 아파트를 임차했다.[12]

그는 아내와 세 딸이 살고 있는 루마니아로 돌아가고 싶은 마음이 간절했지만, 클루지나포카에 있는 한 법원에서 나치에 가담한 다른 독일인 184명과 함께 카페시우스를 전쟁범죄로 기소했다는 소식을 듣고 고향행을 포기했다.[13] 해당 법원은 카페시우스가 영국 측에 잡혀 감금되어 있는 동안 그에게 유죄 평결 및 사형선고를 내렸다.[14]

카페시우스는 이 소식을 가족끼리 알고 지내던 친구에게서 전해 들었다. 아우슈비츠에서 살아남은 루마니아인 생존자 마리안네 빌너는 전쟁이 끝난 후 고향으로 돌아와 전쟁 중에 독일군과 루마니아군이 사용했던 시기쇼아라의 한 병원에 엑스레이 기사로 취직했다.

소련군을 피해 급하게 후퇴하느라 그 병원에는 수많은 서류가 그대로 남아 있었다. "하루는 서랍에서 흥미로운 문서를 두 개 발견했습니다. SS 책자와 사진 한 장이 든 루마니아 군대 소책자, 그리고 빅토르 카페시우스의 서명이었죠. 전 그 사진을 내려다보며 제 남편에게 '이 남자가 아우슈비츠에서 날 선별했어.'라고 말했습니다."

빌너는 "떡 벌어진 어깨에 강한 인상을 지녔으며 완벽한 헝가리어를 구사하는 SS 장교"를 분명하게 기억했다. 1944년 6월에 빌너가 아우슈비츠에 도착했을 때 그녀는 다른 여자들과 함께 승강장 끝에 서 있는 어떤 SS 장교를 향해 다가갔다. "그 장교는 친근했고 매력적이었습니다. 쾌활했고 잘 웃었고, 명랑했고, 좋은 사람 같았습니다. … 누구든 피곤하면 반대쪽으로 가야 한다고 그가 말했어요. 휴식할 수 있는 수용소가 있다고 했죠. 모든 시설이 멋지고 안락하다고 했습니다. 친척들과 다시 만날 수 있다고도 했어요. 많은 친구들이 그쪽으로 갔지만 저는 본능적으로 가지 않았습니다. 반대쪽에 있는 친구들과 합류하고 싶었죠. 결국 100명쯤 되는 여자들이 죽음을 맞이했습니다."

나중에 아우슈비츠 안에서 만난 어린 의대생은 빌너에게 "그 의문의 장교가 트란실바니아 출신이고, 그래서 헝가리어를 잘하는 것이며, 직업은 약사에 이름은 카페시우스"라고 알려 줬다. "[그녀는] 아버지가 약사여서 그를 안다고 했습니다."[15]

빌너는 루마니아의 조그만 마을에서 "이미 카페시우스가 아우슈비츠에 있었다는 소문이 파다하다"는 사실을 알았다. 빌너는 카페시우스가 이미 죽은 것 같다고 생각했다. 그래도 "이 문서들을 관계 당국에, 이 경우에는 시기쇼아라에 있는 루마니아 국가 보안국에 제출하는 것"이 최선이라고 생각했다.

이 두 문서는 교착 상태에 있던 수사를 재개하기에 충분했고, 결국 카페시우스에 대한 재판과 사형선고로까지 이어지게 되었다. 프리치는 재판 결과에 엄청난 충격을 받았다. 카페시우스가 그런 범죄를 저지를 사람이 아니라고 굳게 믿었던 그녀는 이제 고향에서 두 사람이 재회할 수 있는 기회는 사라져 버렸다는 사실을 깨달았다. 게다가 공산주의 정부는 국민에게 서구 국가로의 이민을 허용하지 않았다.[16]

고국에서 지명수배자 신세로 전락해 버린 것도 모자라 카페시우스는 1946년 1월 중순에 루마니아를 점령한 붉은 군대가 일부 독일인을 소련으로 추방했다는 소식을 전해 들었다. 그날을 가리켜 독일인들은 "블랙 선데이"라고 불렀다. 프리치는 몇 년 전 독일이 유대인들을 불러 모아 아우슈비츠로 추방한 기억을 떠올리지 않을 수 없었다.[17]

슈투트가르트에서 카페시우스는 혼자서 표면적으로라도 최대한 빨리 일상으로 돌아갈 수 있길 바랐다. 하지만 전후 독일에서 SS라는 꼬리표 때문에 그게 말처럼 쉽지는 않으리라는 사실을 카페시우스도 잘 알고 있었다.[18] 그는 당시 논쟁의 중심에 있던, 연합국이 창안한 탈나치화 과정을 거치지 않고선 이 꼬리표를 뗄 수 없을 것임을 실감했다. 탈나치화는 전 나치 당원 및 장교가 너무 빨리 전쟁 전의 민간인 신분으로 돌아가는 것을 막기 위해 고안된 프로그램이었다.

카페시우스는 영국이 그를 석방하기 불과 두 달 전에 연합국 탈나치화 부서가 독일에 대한 통제권을 포기했다는 사실을 알고 있었다. 그해 봄 "국가사회주의 및 군국주의로부터의 해방법"이 제정되면서 산더미처럼 밀린 사건을 처리하기 위해 거대한 사법 관료 조직이 탄생했다. 모든 독일인은 이제 멜데보겐Meldebogen이라고 하는, 프라게보겐보다는 간소화된 2쪽짜리 설문지를 작성했다. 스푸흐카머Spruchkammer라 불리는 나치 심사청이 500개 넘게 새로 생기면서 독일인 2만 2,000명이 고용되었다. 주마다 정치적 해방부라고 불리는 정부 부처가 신설됐다. 한편 새롭게 임명된 검사들은 산더미처럼 쌓여 있는 사건 파일을 일일이 검토해 다음과 같이 다섯 가지 범주에 따라 분류해야 했다. *중대 범죄자*는 사형선고까지 받을 수 있다. *범죄자 및 부당 이득 취득자*는 징역 10년 형에 처한다. *경범죄자*는 보호 관찰 및 여행 제한이 부과된다. *동조자*는 벌금형에 처하고 일부 참정권을 제한한다. *면죄 대상자*는 처벌을 받지 않는 대신 모든 주요 탈나치화 인증을 획득해야 서독 시민으로서 일상에 복귀할 수 있다.

유감스럽지만 새로운 재판소에 제3제국 사법부 관료 출신을 기용한 것은 불가피한 결정이었다. 1946년 초까지 거의 수백만 건에 달하는 사건이 밀려 있었기에 연합국으로서는 선택권이 없었다. 어마어마하게 밀린 사건 처리에 속도를 내기 위해 나치 출신이 자국민의 탈나치화 사건 판결을 맡았다.

같은 해 밀린 사건을 빠르게 처리하기 위한 법안들이 연달아 통과됐다. 먼저 1919년 1월 1일 이후의 출생자(전쟁이 끝난 시점을 기준으로 26세 이하)는 자동으로 탈나치화 면제 대상이 됐다. 장애인 역시 면제를 받았다. 마지막으로 나치 집권 기간에 연봉이 3,600라이히스마르크 이하였던 사람은 누구나 면제 대상이었다. 카페시우스는 이 중 어디에도 속하지 않았기 때문에 공식적인 탈나치화 절차를 이행해야만 했다.

1946년 6월 4일, 영국 측에 구류되어 있다가 석방된 지 불과 열흘 만에 카페시우스는 멜데보겐을 작성했다. 공판으로 가기 위한 첫 번째 절차였다. 카페시우스는 전쟁 중 주요 이력에 관해 세 가지 거짓말을 했다. 바펜-SS 혹은 어떤 나치 조직이든 가입한 적이 있냐는 질문에 카페시우스는 "아니오."라고 답했다. 또 아우슈비츠에서 근무했던 기간 동안 베를린에 있는 중앙의료원에서 "군 관계자"로 복무했다고 주장했다.[19] 1943년 8월 16일 자 군 급여 지급 장부에는 "대체 병력으로 제3제국 전문 의료 인력과 베를린-리히텐베르크 소속 경찰 전용 중앙의료원에 배정"이라고 기록되어 있다. 설문지에 증빙서류를 첨부할 필요는 없었지만 만약 증빙을 요구할 경우 카페시우스는 이 기록을 제출할 생각이었다.[20]

카페시우스가 거짓말을 한 것은 놀랄 일이 아니었다. 탈나치화 재판이 밀릴 대로 밀려 있다는 사실은 당시 공공연하게 알려져 있었다. 그러므로 카페시우스는 재판소 측에서 교차 점검이나 답변의 정확성을 확인할 가능성은 낮다고 판단했다. 게다가 카페시우스는 법정에서 스스로 무죄를 입증해야 한다는 사실 또한 알고 있었다. 영국 측에 붙잡혀 구류되어 있는 동안 그는 교도소 출입 변호사에게서 유용한 정보를 많이 들어 둔 참이었다. 먼저 재판을 받은 수감자들이 탈나치화 과정에서 완전히 면제받으려면 어떤 변론이 가장 효과적인지 최신 정보를 공유하기도 했다.

사전 지식으로 무장한 카페시우스는 예전 동료에게 연락해 최종 변론에 첨부할 추천서를 써 달라고 부탁했다. 전후 독일에서는 피고인의 평소 행실과 인품을 들어 판사에게 선처를 부탁하는 편지를 써 주는 일이 일반적이었다. 독일 가루형 세제 브랜드 이름을 따서 이런 추천서를 가리키는 퍼실샤인이라는 신조어도 생겨났다. 문자 그대로 번역하면 "퍼실 티켓"이라는 뜻으로, 나치 출신이라는 과거를 깨끗하게 세탁해 준다는 의미를 내포했다. 카페시우스는 전쟁 전에 알고 지내던 루마니아 목사부터 전 파르벤/바이엘 상관에 이르기까지 모든 사람에게 이 퍼실샤인을 써 달라고 부탁했다.[21]

그는 가짜 퍼실샤인을 써 주는 암시장이 성행하고 있다는 사실 또한 알고 있었다. 지하 세계 중개인들이 기소 내용의 심각성에 따라 돈을 달리 받고 훌륭하고 신빙성 있는 추천서를 허위로 작성해 줬다. 심지어 공문서 위조 사실을 들킬 위험을 무릅쓰고라도 재판 과정을 아예 건너뛰고 싶어 하는 사람들을 위해 탈나치화 인증서를 위조해 주기도 했다. 독일 시골로 내려가 블루칼라 직종에 종사하고 싶어 하는 하급 관료나 군인에게는 이런 방법이 통하기도 했다. 그러나 카페시우스는 약국 사업을 다시 시작하고 싶어 하는 전문직 종사자였다. 그는 늘 아우슈비츠에서 빼돌린 금으로 언젠가 약국을 차릴 생각을 하고 있었다. 합법적인 면죄부를 받지 않으면 불가능한 꿈이었다. 면죄부를 받지 못하면 약국은 둘째치고 언제든지 발각될 수 있다는 두려움에 떨면서 살아야 했다. 카페시우스는 독일에서 그런 삶을 살고 싶진 않았다. 더군다나 그의 최종 목표는 아내와 세 딸과 다시 합치는 것이었다.

7월에 그는 전쟁이 끝난 후 처음으로 바이에른주 바트 톨즈에 있는 스토펠 부부를 찾아갔다.[22] 카페시우스는 친구 부부에게 바펜-SS로 복무한 전력 때문에 행동에 제약이 많다며 불평을 늘어놓았다. 탈나치화 공판 과정이 시간만 잡아먹고 불필요하다며 비난하기도 했다. 그는 스토펠 부부에게 탈나치화 공판 과정이 아무래도 길어질 것 같다며 그 기간 동안 전자공학 학위나 취득할 생각으로 슈투트가르트 기술대학에 지원했다고 말했다.[23]

하지만 그해 여름, 탈나치화 공판에 대한 카페시우스의 불평불만은 예상치 못한 국면을 맞았다. 8월 21일, 뮌헨을 여행 중이던 폴란드인 생존자 레온 체칼스키가 베를린 중앙역에서 카페시우스를 마주치고 알아본 것이다.[24] 체칼스키는 정치범으로 아우슈비츠에 일찍 수감된 사람이었다. 1940년 8월에 수감 번호 2955번으로 수감된 체칼스키는 아우슈비츠에 있는 대부분의 시간 동안 이발사로 일했다. 그곳에 워낙 오래 있었던지라 정확히 무슨 죄를 저질렀는지는 기억하지 못하더라도 아우슈비츠에서 근무했던 SS 대원이 맞는지 정도는 대부분 식별할 수 있었다. 카페시우스를 보자마자 혹시 잘못 본 건 아닌지 확인하려고 체칼스키는 길을 건너 가까이 다가갔다. 카페시우스의 얼굴을 확인하자마자 그는 미국 헌병대에 신고했다(독일 남부는 모두 미국이 점령하고 있었다).[25] 미국 헌병대는 그날로 카페시우스를 구금하고 미국 중앙정보국(CIC) 뮌헨 사무실에 보고했다.[26] 비록 영국은 독일 내 점령 지역에서 바펜-SS였다는 사실만으로는 더 이상 전범죄를 적용하지 않기로 결정했지만 미국은 그렇게 관대한 정책을 채택하지 않았다.

카페시우스는 그다음 날 다하우로 이송됐다. 미군은 뮌헨 외곽에 있는 전 나치 강제수용소를 나치 전범자를 수감하는 임시 감옥과 피난민 재정착 센터로 나눈 뒤 "다하우 민간인 구금소"라고 다시 이름 붙여 운영하고 있었다. 카페시우스는 여기서 신원과 지문을 등록했다. 앞서 체칼스키와 인터뷰를 통해 그의 말이 신빙성이 있다고 판단한 CIC 요원 윌러드 지롤드와 에리히 치글러가 카페시우스를 신문하려고 기다리고 있었다.

무엇보다도 그들은 이미 카페시우스가 두 달 전 탈나치화 공판 절차를 시작하면서 작성한 설문지를 확보해 둔 상태였다. 게다가 체칼스키가 카페시우스의 바펜-SS 계급이 돌격대 지도자(소령)였다는 사실뿐만 아니라 아우슈비츠의 주임 약사였다는 것까지 확인해 준 뒤였다. CIC 요원들은 카페시우스가 6월에 작성한 설문지에서 바펜-SS나 아우슈비츠에 대한 내용이 누락되어 있음을 즉시 알아차렸다.

그들은 카페시우스에게 상의 탈의를 지시했다. SS 혈액형 문신이 드러났고 이는 "CIC 체포 보고서"에 기록됐다. 이 사실은 여기서 처음으로 밝히는 바이다. 카페시우스가 최소한 SS 일원이었다고 체칼스키가 고발한 내용이 사실임을 확인해 주는 물리적 증거였다.[27] CIC는 카페시우스를 "프라게보겐 위증죄" 혐의로 공식 체포했다.

몇 시간 동안 이어진 신문 끝에 카페시우스는 마침내 거짓말을 인정했다. CIC는 카페시우스에게 구두로 인정한 내용을 직접 서면으로 남길 것을 요구했고, 요원들은 그가 독일어로 진술한 내용을 타이핑해서 1쪽짜리 문서로 남겨 놓았다. 여기서 처음 공개하는 이 진술서에서 카페시우스는 전쟁 중 자신의 이력을 자세하진 않지만 정확하게 이야기했다. "1943년 8월 1일에 베를린에 있는 바펜-SS 중앙 의료원으로 배정받았습니다. … 바펜-SS에서 대위급인 최상급 돌격 지도자로 진급했습니다. 1943년 11월 다하우 의료원에서 3주 동안 근무한 뒤 베를린으로 다시 돌아왔습니다. 1944년 2월 아우슈비츠 강제수용소 주임 약사로 임명받았습니다. 1945년 1월 20일까지 주임 약사로 근무했습니다. 1944년 11월에 바펜-SS에서 소령급인 돌격대 지도자로 진급했습니다."

돌격대 지도자로의 진급을 인정한 것이 핵심이었다. 영국과 미국이 자동 체포 대상자로 지정한 최소 계급이 돌격대 지도자였기 때문이다.

하지만 카페시우스는 "제가 강조하고 싶은 것은, 저는 단 한 번도 SS 죽음의 부대 일원이었던 적은 없다는 사실입니다."라는 말로 SS에서 복역한 내용을 축소하려 했다.

작년 5월에 영국 측에 붙잡혀 구금되었던 경위를 진술한 뒤, 카페시우스는 CIC 신문관들이 강조하는 가장 중요한 부분을 고백했다.

"프라게보겐을 작성할 때 바펜-SS의 일원이었다는 사실과 제 계급을 숨겼습니다."[28]

뻔뻔한 거짓말이 들통나는 순간이었다. 이제 미국이 카페시우스의 범죄 사실을 가지고 어떻게 나올지는 미지수였다.

Chapter

14

"제가 무슨 죄를 저질렀죠?"

영국 측에 붙잡혀 1년 넘게 구금 생활을 하다가 또다시 미국에 붙잡힌 카페시우스는 우울했지만, 제3제국의 고위 간부들을 비롯해 예전 상관이나 동료들의 운명에 비춰 보면 자신의 처지가 나쁘지 않다고도 생각했다. 아우슈비츠에서 카페시우스를 가장 먼저 반겨 줬던 에두아르트 비르츠 박사는 영국 측에 붙잡혀 구치소에 수감되어 있는 동안 목을 매서 자살했다. (죽기 전에 비르츠는 아내에게 남긴 편지에 "내가 무슨 죄를 저질렀지? 난 정말 모르겠소!"라고 썼다.)[1] 아우슈비츠 의료 및 위생 담당 책임자이자 카페시우스를 아우슈비츠로 발령 낸 장본인이었던 엔노 롤링은 체포되자마자 총으로 자살했다. 루돌프 회스 소장은 영국에 붙잡혀 교수형을 당하기 전에 국제 전범 재판소에서 아우슈비츠에서 벌어진 잔혹 행위에 대해 소름 끼치는 증언을 했다. 요제프 크라머는 아우슈비츠 학살의 장본인으로 기소되어 교수형에 처해졌다. 국가보안본부 본부장이었던 에르네스트 칼텐브루너와 한스 프랑크 총독은 그해 10월 교수형이 예정되었다.

카페시우스와 함께 복역했던 의사들의 운명은 엇갈렸다. 요제프 멩겔레와 빌헬름 쾨니히는 도망을 다녔다. 교수형을 당한 프리츠 클라인 외에 수감자들을 대상으로 파르벤/바이엘에서 개발한 검증되지 않은 약물의 생체 실험을 관리 감독했던 헬무트 베터 박사 또한 처형당했다. 카페시우스의 도움을 받아 에비판 주사를 실험했던 베르너 뢰데 박사도 바로 다음 달에 처형이 예정되어 있었다. 카페시우스에게 생체 실험으로 자신의 "불임 시술법이 거의 완성됐다"고 자랑했던 카를 클라우베르크는 소련 감옥에 수감된 채 재판을 기다리고 있었다.[2] 한스 뮌히 박사는 폴란드 감독에 수감된 채 재판을 기다리고 있었다. 치과 의사 빌리 프랑크와 SS 원사 요제프 클레어는 미국 감옥에 수감되어 기소가 가능할 만큼 증거가 충분한지 마지막 결정을 기다리고 있었다. 카페시우스가 "변태 년"이라고 욕했던 SS 경비 대원 이르마 그레제는 영국에 붙잡혀 교수형을 당했다.

나쁜 소식만 들려온 것은 아니었다. 카페시우스와 가까이 지냈던 치과 의사 빌리 샤츠는 영국 측에 붙잡혔다가 9개월 전에 석방되어 하노버에서 치과를 개원했다. 베를린에 있는 카이저빌헬름 소속 인류학·유전학·우생학 연구소 소장으로 근무하면서 아우슈비츠에서 인간 생체 표본을 다량으로 조달받은 오트마어 폰 페르슈어 교수는 600라이히스마르크(미화 약 240달러)를 벌금형으로 선고받은 뒤에 뮌스터 의과대학 학장 겸 독일 인류학학회 의장으로 돌아갔다. 카페시우스와 아우슈비츠에서 함께 복역했던 친구 롤란트 알베르트는 석방 통지서를 위조하고 인맥을 동원해 오스트리아 변호사에게 뇌물을 주며 SS 복역 파일이 "소실"되도록 조처해 달라고 청탁했다.[3] 알베르트는 가족을 데리고 티롤주 알프스에 있는 쿠프슈타인이라는 그림같이 아름다운 마을로 도피해 전공인 종교학을 살려 가정교사 일을 했다.

제2차 세계대전에서 승리한 국가들 사이에 광범위한 전범죄를 어느 선까지 처벌해야 하는지를 두고 막후에서 격렬한 토론이 벌어지고 있다는 사실을 카페시우스는 당연히 알지 못했다. 진실되게 형사 고발을 담당했던 검사 및 수사관들은 정치적·군사적으로 역풍을 맞았다. 애초에 스탈린은 재판을 건너뛰고 상징적인 정의 실현 차원에서 나치 고위 간부 5만 명을 총살할 것을 요구했다. 그러나 미국과 영국은 피고인이 스스로를 변호할 수 있는 기회를 가질 수 있도록 어떤 처벌이든 재판을 거쳐야만 한다는 강경한 입장을 고수했다.

결국 영국과 미국의 의견이 우세했고 이에 따라 1946년부터 전범 재판이 본격적으로 시작됐다. 주요 공판은 독일 남부의 뉘른베르크에서 열렸다. 그런데 이번에는 누구를 기소해야 하는지를 두고 격렬한 논쟁이 벌어졌다. SS 고위 간부 및 군사 지도자들은 당연히 기소 대상에 해당했지만 독일 기업인에 대해서는 의견이 갈렸다. 뉘른베르크 주요 공판에서 제3제국 민간 금융의 귀재 햘마르 샤흐트(독일 나치의 경제학자, 은행가. 전범 재판에서 무죄판결을 받았다._옮긴이)는 포함하기로 타협했다.

전범죄 기소 대상을 둘러싼 논란이 가중되면서 영국과 미국은 눈 깜짝할 새에 새로운 냉전에 휘말렸다. 소련은 유럽 대부분과 동독을 철의장막(제2차 세계대전 이후에 소련 진영에 속하는 국가들이 매우 폐쇄적이었음을 가리키는 표현_옮긴이)으로 가렸다. 스탈린을 견제하려면 서독을 하루빨리 굳게 재건해야 한다는 의견이 고개를 들었다. 미국과 영국에서 전범 재판의 기소 대상을 지나치게 광범위하게 설정하는 데 반대하는 사람들은 모든 독일 기업가 및 정치 지도자를 감옥에 가두고서 국가를 재건하고 소련의 침입과 공산주의 확대에 맞서기란 불가능하다고 주장했다. 달갑진 않지만 제3제국 치하에서 번영을 누렸던 기업가, 판사, 심지어 정부 관료 대다수가 새롭게 태어날 독일 공화국에서도 예전 지위를 되찾아야 한다는 쪽으로 국민 정서가 강하게 기울었다. 게다가 일반 독일 국민들을 비롯해 공감 능력이 뛰어난 일부 미국인과 영국인들 사이에서는 탈나치화가 도를 지나쳐 연좌제로 변질되고 있는 데 대한 반감이 커지고 있었다.

연합국 정보국 입장에서는 나치에게 죄를 물어 정의를 바로 세우는 것보다는 공산주의의 위협에 맞서 싸울 수 있도록 도와줄 인재를 찾는 것이 더 시급했다. 일례로 미국은 전쟁이 끝난 후 비밀리에 나치 출신 엔지니어 및 로켓 과학자 700명을 포섭하는 일명 페이퍼클립 작전Operation Paperclip을 수행했다. 영국 정보국 또한 비슷한 작전계획(오소아비아힘 작전)을 가지고 있던 소련과의 경쟁을 의식해 화학전, 탄도학, 의학, 과학, 암호 해독 분야의 나치 출신 전문가를 포섭하는 일에 발 벗고 나섰다.[4] 이 중에 일부는 신문차 미국과 영국으로 송환하기도 했다. V2 로켓을 발명한 베르너 폰 브라운과 헤르만 베커-프라이셍 박사 같은 몇몇 인재는 전범 재판에서 유죄를 선고받고도 나중에 나사에서 버젓이 일했다. 다른 이들도 워싱턴과 런던에서 은밀한 제의를 받고 일하기도 했다. 극소수는 소위 내려 주는 줄사다리(나치 도망자들의 탈출로를 뜻하는 은어_옮긴이)를 타고 풀려나 자유의 몸으로 남아메리카나 중동으로 떠나기도 했다.[5]

카페시우스는 그런 가치 있는 인재가 아니었다. 각국 정보국이 작성한 신냉전 시대에 유용하게 쓰일 수 있는 중요한 지식을 가진 핵심 인물 명단에 카페시우스는 눈을 씻고 찾아봐도 없었다. 아우슈비츠 출신 약사는 어떻게든 혼자 힘으로 살아남아야 했다. 연합국 정보국이 보증하는 "무죄 석방권" 같은 건 카페시우스에게는 없었다.

다하우에서 카페시우스는 정치적 뉴스가 지니는 시사점보다는 당장 그의 운명에 미칠 영향에만 관심이 있었다. 나중에 카페시우스는 친구인 스토펠 부부에게 미국이 "아우슈비츠에서 근무했던 루마니아 출신의 SS 약사 빅토르 카페시우스를 아시는 분, 그리고 그에 관해 증언해 주실 수 있는 분을 찾습니다."라는 문구와 함께 그의 사진을 사방에 붙였다고 말해 주었다.[6] 카페시우스는 몰랐던 일이지만, 내가 미군 기밀 해제 문서에서 확인한 바에 따르면 미국은 카페시우스를 "전범 주요 용의자 명단"에 올리고 교차 점검한 뒤 활성 파일 번호를 부여했다.[7]

9월에 CIC는 카페시우스에 대한 추가 정보를 수집하는 "질문지"

를 배포했다.[8] 한편 미 육군 제3군 본부에서 카페시우스를 약 257킬로미터 떨어진 곳에 위치한 루트비히스부르크로 이송하라는 명령을 내렸다. 그곳에서 미국은 이전에 독일군 병영으로 쓰이던 곳을 민간인 구금 및 보호소 74번으로 이름을 바꿔 운영하고 있었다. 우연히도 이 시설은 슈투트가르트 근처였다. 슈투트가르트에는 카페시우스가 빌려 놓은 아파트도 있었고, 미국에 붙잡히지 않았으면 지금쯤 한창 탈나치화 공판을 면제받기 위해서 고군분투하고 있었을 장소인 독일 사법부 재판소도 있었다. 기밀 해제 문서에 이유가 정확히 명시되어 있지는 않지만, 카페시우스는 불과 한 달 뒤인 10월 14일에 다시 다하우로 이송 수감됐다. 8월에 뮌헨에서 구금된 이후로 계속 미국 측에 붙잡혀 있었던 그는 다하우로 돌아오면서 아예 신규 "자동 체포" 대상으로 분류됐다.[9] 그 결과 10월 17일에 카페시우스는 131개 문항이 담긴 6쪽짜리 프라게보겐 설문지를 새로 작성했다. 그 내용을 여기서 최초로 공개한다.

자필로 직접 쓴 설문지에서 카페시우스는 다시 한번 바펜-SS 복무 사실과 계급을 거짓으로 속인 사실을 시인하며, SS 소령(돌격대 지도자)이자 아우슈비츠 주임 약사로 복무했다는 사실 또한 인정했다.[10] 조직에 충성을 맹세하고 서약했느냐는 질문에 "네."라고 답했으며 "바펜-SS"라고 조직을 명기했다. "소득 및 자산" 영역에서는 아우슈비츠 수용소에서 전쟁 전 파르벤/바이엘에서 받은 연봉보다 많은 9,000라이히스마르크를 받았다고 적었다.

마지막 서명란에는 다음과 같은 주의 문구를 적어 넣기도 했다.

"상기한 내용은 기록이 아닌 기억에 의존하여 작성됐습니다. … 개인적인 지식과 양심에 근거하여 최선을 다해 작성했지만 한계가 있을 수 있습니다."[11]

카페시우스가 제출한 답변은 그에게 유리하게 작용했다. 다하우를 관할하는 제9보병사단 본부 소속 에리히 말구트 중위는 11월 8일, 유럽 미군 본부 작전 참모에게 2쪽짜리 보고서 및 추천서를 보냈다. 말구트는 "조사 결과"란에 가장 중요한 결론을 다음과 같이 기재했다. "조사 대상자는 안보 위협으로 간주되지 않는다."[12] 나중에 카페시우스는 스토펠 부부에게 미국이 그를 기소하려고 열심히 노력했지만 "유죄를 입증할 만한 증언을 확보하지 못했다"고 말했다.[13]

미군은 1946년 크리스마스가 다가올 무렵에 카페시우스를 루트비히스부르크 구금소로 다시 이송했다. 구금 기간 동안 카페시우스는 공식적으로 탈나치화 공판 절차를 재개해도 된다는 허락을 받았다. 카페시우스는 그 전부터 이미 긍정적인 내용을 담은 퍼실샤인을 여러 사람에게서 받아 두기 시작했다.

1946년 12월 24일, 카페시우스는 2쪽짜리 멜데보겐을 두 번째로 작성했다. (이 사실 또한 여기서 처음으로 밝히는 바이다.) 이번 설문지는 미국이 아닌 독일 재판소에 바로 제출했다. 앞서 6월에 SS 복역 사실을 고의로 누락한 채 작성했던 설문지는 이 설문지로 대체될 예정이었다. 그러나 두 번째 설문지에서도 바로 몇 달 전 미국 방첩 요원에게 자백했던 내용과는 달리 핵심을 일부 빠뜨렸다. 바펜-SS에서 복역한 사실과 계급은 정확하게 명시해 두었지만 전시에 수행한 역할을

묻는 질문에는 "아우슈비츠"를 생략한 채 '약사' 일을 수행했다고만 기술했다.[14]

사흘 뒤 카페시우스는 더 상세한 답변을 요구하는 프라게보겐을 작성했다. 벌써 네 번째 설문지였다. 이 설문지 또한 곧바로 독일 재판부로 넘어갔다. 여기서도 카페시우스는 바펜-SS 복역 사실 및 계급을 정확히 기재했다. 하지만 이번에도 29번 항목에서는 미국 측의 신문을 받을 때와는 달리 솔직하게 답변하지 않았다. 10월에 작성한 설문지에서는 1944년에 "주임 약사, 아우슈비츠, 직속 상관은 비르츠 박사"라고 기재했다. 하지만 새롭게 작성한 설문지에서는 "약사, 중앙의료원, 베를린, 직속 상관은 빌레 돌격대 지도자"로 바꿔서 기재했다.[15]

위험한 도박이었으나 카페시우스는 탈나치화 공판에서 *아우슈비츠*라는 단어 하나만으로도 적색등이 켜진다는 사실을 잘 알았다. 더군다나 SS 고위급 장교로 아우슈비츠에 있었다는 사실은 그 자체로 자유로운 민간인으로서 살아갈 수 있는 가능성을 위협하는 폭탄이 될 수 있었다. 한편 구금소를 운영하는 미국 당국이 모든 수감자들의 서류를 일일이 검토하기에는 전쟁 포로의 숫자가 너무 많다는 사실 또한 그는 잘 알고 있었다. 미국은 우편을 무작위로 검토했다. 만약에 미국이 카페시우스가 이번에 작성한 설문지를 본다면, 그리고 10월에 미국 중앙정보국에 제출한 설문지와 대조한다면 카페시우스는 또다시 "프라게보겐 위증죄"로 기소될 수도 있었다. 같은 죄를 두 번이나, 그것도 대담하게 미 당국의 코밑에서 저질렀다가 들키기라도

하는 날엔 구금 기간이 훨씬 더 길어질 것은 불 보듯 뻔했다. 하지만 카페시우스는 탈나치화 재판소에 *아우슈비츠라*는 단어를 올리는 게 훨씬 더 위험 부담이 크다고 판단했다.

1947년 1월 3일, 카페시우스는 루트비히스부르크 검사에게 4쪽짜리 자필 편지를 보냈다. 이 책에서 공개될 이 편지에서 카페시우스는 탈나치화법이 자신에게는 적용되지 않는다는 말로 서두를 열었다. 카페시우스는 강제로 징집을 당해 "바펜-SS에 합류한 외국인"이며 군인이 아니라 의료인으로 복역했다는 사실을 강조했다. 나치의 인종법에 따라 루마니아인인 자신이 SS 정회원이 되는 것은 불가능한 일이었다고 주장했다. 나아가 SS 입당 번호를 받지 않았다는 사실, 나치당에 입당한 적이 없다는 사실, 약사로서 "히포크라테스 선서에 반하지 않기 위해 고통받는 사람들을 도와주고 싶었다"는 사실을 언급했다. 또한 부쿠레슈티에 있는 루터교 교회에서 모임 담당이었다는 사실과 함께 교회를 떠나라는 SS의 요구를 거절했다는 사실을 강조했다. 더불어 그는 루마니아 공산주의자들 때문에 "모든 것을 잃었다"고 주장하며, 그곳에 두고 온 부모님과 아내와 세 딸이 "비상사태" 속에서 하루하루를 살아가고 있다는 말로 동정심에 호소했다.

"저는 운이 나빠 전쟁 포로가 됐습니다." 카페시우스는 미국이 그저 바펜-SS 대원이었다는 표면적인 사실만으로 영국은 오래전에 폐기한 기준을 들어 자신을 잡아 두고 있다는 말로 편지를 마무리했다. 물론 카페시우스는 앞서 한 아우슈비츠 생존자의 신고로 미국 측에 구금되었으며, 그때 조사 과정에서 죽음의 수용소에 복역했던

일과 관련하여 설문지를 위증했다는 사실은 언급하지 않았다.[16]

카페시우스는 이 같은 내용이 담긴 자필 편지와 함께 그의 선하고 정직한 본래 성품을 증언하는 퍼실샤인 여러 통을 동봉했다. 카페시우스에게는 공판이 열리기 전에 퍼실샤인을 추가로 제출할 권리가 있었다.[17] 카페시우스는 무엇보다 자신이 정말로 선한 루마니아인이라는 점을 강조하기 위해 퍼실샤인 한 통을 어린 시절 친구이자 함께 루마니아 군대에 복역하던 시절 군목軍牧이었던 카를 하인츠 슐레리에게 받기도 했다. 슐레리 목사는 카페시우스가 "바펜-SS 시절에도 교회를 떠나지 않았다"고 썼다. 뿐만 아니라 목사와도 "정기적으로 연락을 주고받았"으며 전쟁 중에도 "기독교적 세계관"을 견지했다고도 썼다. 예전에 파르벤/바이엘에서 함께 근무했던 동료 두 명은 카페시우스의 업무 능력이 "흠잡을 데가 없었"으며 "맡은 바 모든 업무를 열심히 성공적으로 해냈다"는 사실을 강조했다.[18]

카페시우스는 놀랍게도 일주일 만에 어마어마한 분량의 두 번째 프라게보겐을 작성한 뒤, 1월 3일에 쓴 편지와 함께 제출했다. 이때는 첫 번째 프라게보겐과 동일한 답변을 제출했다. 카페시우스는 이 설문지를 자필 편지, 퍼실샤인과 함께 제출하는 편이 좋을지 확신이 서질 않았다. 탈나치화 공판이 연기될 가능성이 있기 때문이었다. 그래서 카페시우스는 다시 한번 위험을 무릅쓰고서 아우슈비츠 복역 사실을 누락했을 뿐만 아니라, 베를린 중앙의료원 약사라는 훨씬 더 악의 없는 이력을 거짓으로 날조한 설문지를 구금소를 통해 제출했다.

카페시우스는 적어도 드디어 자신의 탈나치화 공판이 공식적으로 시작됐다는 사실에 기뻐했다. 1947년 2월 12일, 바덴뷔르템베르크에 위치한 정치적 해방부에서 공판 심리가 열렸다. 루트비히스부르크 검사는 미군과 카페시우스에 관한 8쪽짜리 사건 개요를 공유했다. 기소 내용의 골자는 카페시우스의 바펜-SS 복역 사실 및 계급을 되풀이한 것에 불과했다. 아우슈비츠에 대한 언급은 전혀 없었다.

5월 2일, 카페시우스는 검사가 보낸 공식 기소장을 받고 충격을 받았다. 기소장은 카페시우스를 중대 범죄자로 분류하고 있었다. 그 말은 그가 곧 사형을 선고받을 수도 있다는 뜻이었다. 카페시우스는 충격을 받았지만 요약문을 읽고 나서 조금은 안심했다. 중대 범죄자로 기소된 것은 단순히 SS 복역 사실 및 계급에 근거한 거의 기계적인 분류에 따른 것이었기 때문이다.[19] 실제로 기소장에는 "그의 행위가 [가장 심각한 기소] 범주 중 최소 하나에 해당하는 것으로 추정되지만, 실제로 증명된 바는 없다"고 적혀 있었다.[20]

카페시우스는 무슨 조치를 취해야 하는지 곧바로 깨달았다. 그가 4개월 전 검사에게 보냈던 자필 편지에 이미 핵심 내용은 다 적혀 있었다.

기소장을 받은 지 불과 열흘 만인 5월 12일에 카페시우스는 전심전력을 쏟아부어 작성한 4쪽짜리 답변서를 제출했다. 앞서 제출한 자필 편지보다 훨씬 더 상세하고 논리 정연했다. 영국 구류소와 미국 구류소에서 보낸 2년에 가까운 시간 동안 카페시우스가 법률적으로 얼마나 많은 지식을 쌓았는지를 보여 주는 답변서였다. "탈나치화법 3조 39항에 따르면 강제로 의료 서비스를 제공한 사람은 면죄 대상에 해당하므로 무죄다."와 같은 문장은 마치 약사가 아니라 변호사가 작성한 듯한 인상을 준다.

카페시우스는 전범죄를 정의하는 구체적인 법 조항에 초점을 맞춰서 탈나치화법이 독일계 루마니아인인 자신에게는 적용되지 않는다고 주장했다. 또한 그가 바펜-SS에 자원한 것이 아니라 징집당했다는 사실을 강조했다. 루마니아 출신으로 의사소통에 많은 제약이 있었기 때문에 SS에 합류했을 당시엔 그 범죄적 성격에 대해서 아무것도 몰랐다는 다소 믿기 어려운 주장도 펼쳤다. 증빙서류는 없지만 자신은 "인종적으로 부적합"하여 죽음의 수용소 운영을 책임졌던 엘리트 SS로 구성된 죽음의 부대에는 합류하지 못했다는 말도 덧붙였다.[21]

나아가 1944년 11월에 소령으로 승진한 이유는 "복무에서의 열정"을 인정받았기 때문이 아니라고 적었다. 그해 초에 루마니아가 제3제국에 등을 돌리면서 루마니아 출신 SS 대원들은 재산과 저축을 잃을 위기에 놓였는데, 이때 나치가 이들에게 보상 차원으로 자동 진급을 시켜 준 것뿐이라고 주장했다. 그때의 진급은 공산주의 최전선 너머로 가족을 잃어버린 대원들에게 나치가 일종의 "신경안정제"를 처방한 것과 같았다고 카페시우스는 말했다.

다하우에서 미국 측의 조사를 받았을 때도 모든 범죄 혐의에 대해 "무죄"를 입증받았다고 했다.

카페시우스는 자신이 다문화 환경에서 자랐으며 그 결과 국적과 사고방식을 불문하고 모든 사람을 이해하고 공감한다는 사실을 법원에 알리고자 백방으로 노력했다. 이 사실을 강조하려고 유대인 밑에서 어떻게 공부하고 일했는지 어설픈 사례를 들기도 했는데, 예를 들면 빈대학에서 박사과정으로 수학하던 시절에 지도 교수인 리하르트 바시츠키 박사에게 좋은 평가를 받았다는 사실을 강조한 식이다. "바시츠키 박사는 1938년부터 지금까지 미국에서 교수로 재직 중이십니다. 당시 바시츠키 박사는 아내가 뉘른베르크법에 해당되면서 빈을 떠났습니다." 카페시우스는 파르벤에서 진행했던 "우리 연구의 비정치적 특성"에 대해 알렉산드로 바르데아누 박사와 모리츠 셰레르가 증명할 수 있다고 주장했다. "뉘른베르크법 때문에 … 두 사람 다 [1939년에] 회사를 떠나야 했습니다."[22] 물론 카페시우스는 바르데아누와 셰레르의 행방을 모른다는 사실은 언급하지 않았다. 두 사람 다 유대계 루마니아인이므로 1944년 유대인 대량 추방 당시 아우슈비츠로 이송됐을 가능성이 높다.

카페시우스는 자신의 선한 인격을 계속해서 부각시키기 위해 최선을 다했다. 어릴 때부터 루터교 교회 가정에서 자랐을 뿐만 아니라 전쟁 중에도 신앙을 유지했다고 적었다. 비록 매주 예배에 참석하진 않지만 지금도 여전히 교인이며, 세 딸 역시 모두 세례를 받았다고 강조했다.

이렇게 세세한 내용까지 기술하면서도 카페시우스는 SS 복역 당시 무슨 일을 했는지에 대해서는 전혀 언급하지 않았다. 약사였다는 사실은 명확히 적었지만 어떤 업무를 수행했는지에 관해서는 언급을 회피했다. 묻지 않는 한 아우슈비츠에 대해서는 함구하는 것이

카페시우스의 전략이었다.[23]

카페시우스는 다시 한번 퍼실샤인을 추가로 제출했다. 그중에는 코흐 박사의 추천서도 있었다. 코흐 박사는 카페시우스가 선한 인격의 소유자이며 파르벤에서 근무할 당시 유대인 동료들과 아주 좋은 관계를 유지했다고 증언했다.[24]

상세 답변서를 제출한 지 열흘 뒤 카페시우스는 독일 판사 다섯 명 앞에 섰다. 변호사는 대동하지 않았다. 끝까지 답변서 내용 그대로 주장했다. 그리고 놀랍게도 아무도 카페시우스가 1944년에 무슨 일을 했는지 묻지 않았다. 덕분에 카페시우스는 "중앙의료원"에 배치받고 근무했다는 주장을 고집할 수 있었다.[25]

그날 오후 판사들이 평결을 내렸다. 무죄였다. 카페시우스는 자신의 주장이 완전히 받아들여졌다는 사실에 희열을 느꼈다.[26] 판사들은 카페시우스가 법 때문에 강제로 SS에 합류할 수밖에 없었던 선량한 루터교도이며 지금껏 약사로서 의료 서비스만을 제공했다고 결론 내렸다. 이는 곧 카페시우스가 탈나치화 인증서를 받고 구금에서 풀려나 마침내 자유의 몸으로 새로운 인생을 시작할 수 있다는 뜻이었다. 그로부터 5주 뒤인 6월 30일, 미 육군 존 오스틴 대위가 독일 재판소의 이 같은 결정을 공식적으로 처리했다.[27]

1947년 8월 2일, 루트비히스부르크 구금소에서 석방되던 날에 카페시우스는 연합국 측에 붙잡혔던 지난 2년간의 대서사시가 마침내 막을 내리는구나 생각했다.[28] 그랬다. 카페시우스가 두 번 다시 영국이나 미국을 걱정해야 할 일은 없었다. 그러나 석방과 동시에 정치적 해방부에서 날아온 지시에 카페시우스의 심장이 철렁 내려앉았다. 정치적 해방부는 연합국이 탈나치화 사건을 감독하고 검토하기 위해 신설한 독일 준사법 부서였다. 정치적 해방부는 재판소의 결정을 번복할 수 있는 항소권을 가지고 있었다.[29] 바로 이 항소권을 행사해 정치적 해방부는 카페시우스의 무죄판결을 뒤집어 버렸다. 새로운 재판부에서는 카페시우스가 "특정 강제력 행사에 의한 의료 행위"에 근거한 면제 요건을 충족하는지에 의문을 제기했다. 이 요건은 "의사가 범죄 조직에 가입하지 않은 상태에서 의료 행위를 하도록 명령과 강요를 받은 경우에만" 해당한다고 재판부는 설명했다. 정치적 해방부는 카페시우스가 "의료 행위가 아닌 병역 의무 이행을 목적으로 바펜-SS에 징집당했"을 것으로 판단했다.

카페시우스의 사건 파일은 다시 새로운 법정 공판을 위해 반환되었다. 정치적 해방부는 "카페시우스의 정치 성향과 관련하여 무죄를 입증하는 증거를 요구"하며 "이러한 증거 없이는 소령 진급이 중대범죄자의 자격 요건을 충족한 결과임을 의심해야 한다"고 결론 내렸다.[30]

이제 막 자유의 몸이 된 카페시우스는 뜻밖의 걸림돌에 분노했다. 인생에서 전쟁 중에 복역했던 시절을 마무리 짓고 마침내 앞으로 나아가려던 참이었는데 또다시 발목을 붙잡히고 만 것이다.

Chapter

15

모두가 모르쇠

연합국의 조사 및 신문과 탈나치화 공판으로 갖은 고초를 겪긴 했지만, 카페시우스는 석방된 지 며칠 만에 이게파르벤의 고위 임원들과 비교하면 자신이 겪은 법적 문제는 가벼웠음을 절실히 깨달았다. 카페시우스가 석방되자마자 때마침 같은 달에 뉘른베르크 주요 전범재판 여섯 개가 연달아 열렸다. *미합중국 대 파르벤 회장 카를 크라우흐 외(The United States of America vs. Carl Krauch, et al).*[1]

전쟁이 끝난 후 파르벤을 어떻게 할 것이냐를 두고 미국과 영국, 러시아는 워낙 그 영향력이 거대한 탓에 적극적인 논의를 망설이고 있었다. 당시 세계에서 네 번째로 큰 기업이었던 파르벤은 거의 독자적으로 나치에 군수물자를 조달하고 그 이익을 독식했다. 그러나 파르벤을 옹호하는 많은 이들은 파르벤이 단지 당대 최고의 과학자 및 발명가를 보유한 요새일 뿐이며, 나치가 저지른 죄의 책임을 기업에 묻는 것은 터무니없다고 주장했다. 일부 영국민과 미국민도 이와 같은 주장에 동조했다. 초기에는 정의를 추구했던 전범 재판이 1947년 무렵부터는 유대인들의 "복수"로 변질됐다고 주장하는 소수의 목소리도 문제를 더 복잡하게 만들었다.[2] 미시시피 출신 공화당 의원이었던 존 랭킨은 파르벤에 대한 재판이 아직도 미결 상태임을 가리켜 "치욕적"이라고 비난하며 이렇게 말했다. "이제 다른 국가들은 전부 이 같은 무분별한 박해를 중단하고 손을 씻었는데, 전쟁이 끝나고 2년 반이 지난 아직까지도 뉘른베르크에서는 소수 인종이 미국을 앞세워 독일 군인뿐만 아니라 기업가들까지 처단하려 하고 있다."[3]

그러나 조사를 통해 파르벤의 역사와 이 회사가 제2차 세계대전에서 수행한 핵심적인 역할을 알게 된 이들의 생각은 달랐다. 파르벤이 히틀러를 전폭적으로 지원한 열정적인 파트너라는 사실을 빼놓고 이 기업에 대해 논하는 것은 좋게 말하면 솔직하지 못한 것이고 나쁘게 말하면 모두를 기만하는 것임을 알고 있었다. 로버트 잭슨 대법관을 대신해 미국 전범죄 수석 검사로 나온 텔포드 테일러는 파르벤 임원진을 가리켜 "『나의 투쟁』의 악몽을 현실로 만들어 준 마법사들"이라고 직설적으로 표현했다.[4]

사실 그 전년도에 드와이트 아이젠하워 장군이 의뢰한 보고서에서는 파르벤이 나치에게 없어서는 안 될 존재였음을 인정하고 있었다. 보고서의 결론은 군수물자 생산에 동원된 파르벤 공장을 파괴하고, 나머지는 몰수해서 희생자들에게 나눠 줘야 한다는 것이었다. 구체적인 방법에 대해서는 전범 재판이 진행 중이기 때문에 아직 논의 중이라고 밝혔다.

6쪽짜리 판결문에서 파르벤의 고위급 간부 스물네 명은 "침략 전쟁", "약탈 및 노획", "강제 노역 및 대량 학살"로 기소됐다.[5] 파르벤 회장 카를 크라우흐를 비롯해 프리츠 테어 메이르, 오토 앰브로스, 하인리히 뷔테피슈, 크리스티안 슈나이더, 모노비츠를 관리 감독한 모든 이사들이 피고인이었다. 피고석에는 치클론 B의 제조사인 데게슈의 이사진이었던 세 명의 화학자 하인리히 회를라인과 빌헬름 만, 카를 부르스터도 앉아 있었다(빌헬름 만은 전쟁 당시 데게슈의 회장이었다).

1946년 8월 27일은 재판 첫날이었다. 2층으로 된 법정은 1년 전 나치 고위 간부들에 대한 뉘른베르크 재판이 열렸던 바로 그곳이었다. 제3제국에 기여한 무공을 인정받아 히틀러에게 직접 기사십자 철십자장(제2차 세계대전 동안 나치 독일이 제정한 훈장으로, 철십자 훈장의 변종_옮긴이)을 수여받기도 했던 카를 크라우흐는 이제 독일 공군 수장 헤르만 괴링이 앉아 있던 바로 그 피고석에 앉아 있었다. 판사석에는 유명한 미국인 판사 세 명이 나란히 착석해 있었다.[6] 300개의 방청석이 가득 찼고, 기자석은 자리가 모자랄 정도였다. 법정 최고형이 선고됐다. 피고인들은 사형을 선고받았다.

텔포드 테일러의 대리인인 33세의 조슈아 뒤부아 2세는 파르벤을 이끈 지성인들과 그들의 죄목 사이에 괴리가 있다며 이렇게 말했다. "이번 사건은 지구의 얼굴을 바꿔 버린 스물네 명의 천재들에 관한 이야기입니다. 이게파르벤은 유럽에서 가장 똑똑하다는 사람들이 모여드는 기업입니다. … 광기 어린 열성 나치 당원들이 아니라 바로 이들이 주요 전쟁범죄자입니다. 이들의 죄를 조명하고 제대로 처벌하지 않는다면 우리가 살아 있는 동안 앞으로 이들은 세계 평화에 히틀러보다 더 큰 위협이 될 것입니다."[7]

뒤부아는 전쟁 중에 미국 재무부에서 나치가 소유한 금융자산을 추적하고, 동결하고, 압류하는 일을 맡았다. 그 과정에서 그는 파르벤의 수많은 자회사, 유령 회사, 해외 신탁, 합자회사에 이르기까지 파르벤에 관해서라면 속속들이 아는 전문가가 됐다. 이를 계기로 그는 파르벤이 히틀러와 "침략 전쟁"을 공모했다는 사실을 기소하기로 마음먹었다. 이 사실을 증명하고자 뒤부아는 이해하기 어려운 각종 서류, 조직도, 특허, 세부 사항까지 낱낱이 기록된 기업 보고서 등 어마어마한 양의 자료를 검토했다.

많은 법원 관계자들이 뒤부아의 전략이 잘못됐다고 생각했다. 심지어 동료들 사이에서도 의견이 분분했다. 평검사 에마누엘 민스코프는 "아우슈비츠에서부터 시작해야 한다"고 주장했다.[8] 그러나 뒤부아는 전략을 수정하지 않았다. 몇 주 뒤에 열린 재판에서 제임스 모리스 판사가 다음과 같이 판결했기 때문이다. "검사님, 여기 지금까지 기록을 보면 이 조직은 전 세계에 퍼져 있는 다른 여러 기업들과 마찬가지로 이윤을 추구하는 거대 화학 기업일 뿐입니다. … 기소 항목과 전혀 관련 없어 보이는 이런 서류들을 어떻게 이해해야 할지 저는 모르겠군요. 본 사건의 증거로서 의미를 지니기에는 중요성이 떨어지는 것으로 보이는 계약서와 회의록과 서신이 너무 많아서 재판이 지연되고 있습니다."[9] 이 시점에서 접근 방식을 달리하기에는 너무 늦었다.

파르벤 피고인들은 검사들이 어떤 죄목을 가장 먼저 언급했는지 그다지 신경 쓰지 않았다. 어떤 범죄 행위도 인정하지 않기로 사전에 은밀히 협의했기 때문이다. 이게-아우슈비츠 담당 책임자들조차 특이 사항은 전혀 목격하지 못했다고 주장했다. 이 같은 파르벤 임원진의 주장은 동시대 모든 독일인에게 유용한 전례를 제시했다. 그리하여 이후에 열린 전범 재판에서 다들 한결같이 유대인 절멸에 대해서는 아무것도 모른다며 오리발을 내밀었다.

재판이 진행될수록 피고인들은 마치 서로 누가 더 모르는지 경쟁하는 것처럼 보였다.

최초로 모노비츠를 파르벤 공장 부지로 선정했던 오토 앰브로스는 맹세코 인근 강제수용소에서 나치가 노예 노동력을 제공할 수도 있다는 점은 감안하지 않았다고 주장했다.[10] 그런데 앰브로스가 아우슈비츠를 방문한 뒤 파르벤 이사진에게 보낸 간단한 서한에는 다음과 같이 적혀 있다. "강제수용소 시설은 끔찍합니다. 수감자들에게는 고문입니다." 뒤부아는 이 서한을 앰브로스가 수용소의 끔찍한 실상을 이미 알고 있었다는 증거로 제시했다. 앰브로스는 "제가 말한 고문은 … [수감자들의] 짧게 깎인 머리"였을 뿐이라고 주장했다.

앰브로스는 또한 뉘른베르크 재판정에 서기 전까지는 수감자들의 삶과 죽음을 결정한 선별 작업에 대해서 전혀 알지 못했다고 주장하며, "SS와 새로운 우정을 약속"했다고 자랑한 서신과는 완전히 배치되는 태도를 보였다. 모노비츠에서 강제 노역에 동원됐던 수감자들의 영양실조와 관련해서는 아마도 "부엌에서 음식을 불공평하게 배분"한 것 같다고 말했다. 그렇다면 모노비츠를 시찰했을 때 입구에서 목격한 화장장의 존재에 대해서는 뭐라고 했을까? "제가 듣기로는 그곳에 있던 사람들 중에 누군가 불의의 사고로 목숨을 잃게 될 경우 그곳에서 화장을 한다고 했습니다. 그게 다입니다."

검사들은 앰브로스에게 SS가 모노비츠 건설에 동원된 노동자들을 짐승처럼 취급했다는 사실을 증거하는 수많은 보고서를 제시했다. 앰브로스는 열여덟 번이나 모노비츠를 방문해 놓고도 금시초문이라며 다음과 같이 항변했다. "전 그저 화학자일 뿐입니다. … 화학자가 모든 건설 현장 보고서를 읽었을 리가 없지 않겠습니까." 프로젝트 관리자로 앰브로스의 이름이 기재된 수많은 서류에 대해서는 뭐라고 했을까? "제가 관리자였던 것은 사실이지만, 그저 명목상의 직책일 뿐이었습니다."

프랑크푸르트 본사에서 모노비츠 화학 공장 담당 이사였던 프리츠 테어 메이르는 앰브로스가 인근 아우슈비츠 수용소의 존재와 그곳에서 공급되는 강제 노동자들에 대해 언급한 적이 있는지조차 "기억이 나지 않는다"고 말했다.[11] 1943년 앰브로스와 함께 아우슈비츠 III을 시찰했을 때(앰브로스는 이때가 세 번째 방문이었다), 테어 메이르는 그곳에서 감시탑을 본 기억이 없다고 주장했다. 심지어 수감자들의 상태가 어떠했는지조차 기억나지 않는다고 했다. "[수감자들이] 일하러 나가고 없는 오후 시간에 수용소에 있었기 때문에, 그때 주변에 사람이 별로 없었습니다."

테어 메이르는 과연 아우슈비츠에 있는 화장장을 봤을까? 그는 봤다고 대답했다. "[수감자] 사망 시에 시체를 처리하기 위한 시설이라고 들었습니다."[12] 그렇다면 아우슈비츠의 거대한 굴뚝은? "기억이 나지 않습니다."

합성고무 공장을 담당했던 파르벤의 인사 책임자 크리스티안 슈나이더는 1943년 1월에 참석한 모노비츠 건설 회의에 관해 장황하게 진술했다. 슈나이더의 증언에 따르면 그가 본 수감자들은 모두 "용모가 준수했다." 당시 슈나이더는 어떤 커다란 방으로 안내를 받았다. "그 방에서 관계자들과 외국인들이 함께 점심을 먹고 있었습니다. 저는 음식을 맛보았죠. 맛있었습니다." 슈나이더는 파르벤이 소유한 여타 독일의 공장 단지와 다른 점은 전혀 발견하지 못했다고 주장했다. "뭔가 조금이라도 이상한 점이 있었더라면 지금 제가 기억하고 있었을 겁니다."[13]

파르벤의 합성고무 분야에서 최고 전문가 중 한 명인 하인리히 뷔테피슈는 힘러에게 아우슈비츠 수감자들을 강제 노역에 동원할 수 있게 해 달라고 최초로 요청한 장본인이다.[14] 그런가 하면 슈나이더는 SS 상급 돌격대 지도자(중령)이기도 했다. 슈나이더 역시 수차례 모노비츠 및 부속 수용소를 방문했지만 노동자들은 언제나 건강해 보였다는 동료들의 증언을 되풀이했다. 수신자가 슈나이더로 적힌 한 서한에는 수천 명을 수용할 샤워 시설이 부족하다는 내용이 적혀 있었는데, 슈나이더는 이 서한에 대해서는 기억이 나지 않는다고 말했다. 슈나이더는 영안실을 만들자는 제안을 "순수 위생이 목적"인 시설은 필요없다며 묵살하기도 했다. 이게-아우슈비츠를 몇 번 방문했는지 묻는 질문에는 전시 여행 기록이 소실되어 정확히 알 수 없다고 대답했다.[15]

또 다른 세 명의 피고인 하인리히 회를라인과 빌헬름 만, 카를 부르스터 박사는 파르벤 소속 과학자이자 전쟁 당시 치클론 B 제조사인 데게슈의 이사진이기도 했다. 이 세 사람의 증언 역시 놀라울 만큼 비슷하다. 이들은 "동부를 덮친 해충 피해"는 기억하지만, SS에게 판매한 독가스 제품에서 눈을 따갑게 만드는 경고 물질과 경고 문구를 제거한 사실은 전혀 기억이 나지 않는다고 말했다. 이들은 데게슈 이사회에서 경영을 담당했기 때문에 과학적인 세부 사항에는 별다른 주의를 기울이지 않았다고 주장했다. 만은 제약 담당 이사였고, 회를라인은 파르벤 화학 연구 책임자이자 전 바이엘 제약 실험실 책임자였으며, 부르스터는 이게-아우슈비츠의 화학 공장 책임자였다는 사실이 무색한 주장이었다. 1943년에 치클론 B가 데게슈 매출의 70퍼센트를 차지했으며, 총생산량 가운데 90퍼센트가 아우슈비츠로 들어갔다는 사실 또한 기억이 나지 않는다고 주장했다.

피고 측 변호인단은 검사 측이 기소한 내용의 정확성에 의문을 제기하고자 386통의 진술서를 제출했다. 그중에는 이미 유죄판결을 받은, 아우슈비츠에서 근무했던 나치 당원들의 진술서도 포함돼 있었다. 피고인들이 최악의 전범죄에 관해서는 알지 못했거나 승인하지 않았다는 것이 진술서에 담긴 요지였다.[16] 강제 노역으로 이미 전범 재판에서 유죄판결을 받은 육군 원수 마샬 에르하르트 밀히와 프리드리히 플리크는 파르벤 피고인들이 나치의 명령을 거부하면 체포 및 구속될 수 있는 상황에서 "법적 필요"에 따라 행동할 수밖에 없었다고 증언했다.[17]

뒤부아 검사는 파르벤 측 변론의 핵심을 다음과 같이 요약했다. "파르벤 이사진은 [최종 해결책에 대해서는] 아무것도 몰랐다. [모노비츠] 부지를 선정한 이사 두 명과 건설 현장을 시찰한 이사 한 명 역시 아무것도 몰랐다. 힘러에게서 수감자를 조달한 이사 한 명은 심지어 아우슈비츠로 근무지를 옮기고 난 뒤에도 아무것도 몰랐다. 아우슈비츠에서 직원 복지를 담당한 이사 역시 아무것도 몰랐다. 아우슈비츠에 치클론 B를 배송한 데게슈와 발진티푸스 백신과 치료제를 배송했던 기업의 대표라는 다섯 번째, 여섯 번째, 일곱 번째, 여덟 번째 이사들도 마찬가지로 아무것도 몰랐다."[18]

한편 슈투트가르트에서 파르벤 재판이 전개되는 양상을 지켜보며 카페시우스는 드디어 변호사 선임의 필요성을 느끼고, 루돌프 판더 박사를 고용했다.[19] 판더 변호사는 1942년부터 1943년까지 부쿠레슈티 독일 정보부 소속 중령으로 복역했다.[20] 1945년에는 미국에 붙잡혀 구류되어 철저한 신문과 조사를 받은 끝에 이듬해 풀려났다. 석방 후 판더는 다시 변호사 사무실을 개업해, 복잡한 탈나치화 과정을 빠져나온 당사자로서 영리한 방법을 제시해 줄 수 있는 변호사라는 명성을 빠르게 쌓아 나갔다.

1947년 10월 7일에 판더는 새로운 재판장에 출석했다. 그는 카페시우스가 법적으로 무죄이며, 원래 이 사건을 맡았던 법정에서 내린 무죄판결이 옳은 결정이었다고 주장했다. 판더에 따르면 무죄판결 번복은 카페시우스가 전투에 참전한 SS 장교였다고 오인한 정치적 해방부의 실수였다. 의료 인력으로 징집된 사람은 누구나 탈나치화 법 3조 39항에 의거하여 면죄라고 주장했다.[21]

이틀 뒤 카페시우스는 새로운 다섯 명의 판사 앞에 섰다. 대본은 이미 충분히 숙지한 상태였다. 그는 신실한 루터교 신앙부터 나치 당원이었던 적이 없다는 사실까지 강조해야 할 내용을 하나도 빠뜨리지 않고 또박또박 진술했다. 판사들이 전쟁 당시의 복무 이력에 대해서 먼저 질문하지 않는 한 카페시우스가 먼저 아우슈비츠를 언급하지 않는 것이 옳은 판단이었음을 판더는 확인시켜 주었다. 아우슈비츠에 관한 질문을 받았을 때, 카페시우스는 "1943년 9월 1일에 베를린 중앙의료원에 도착해 조제실 약사로 임명받았습니다."라고만 대답했다. 그러고는 1945년 4월 전쟁이 끝날 때까지 중앙의료원에서 근무했다고 덧붙였다.

재판부는 카페시우스가 1946년 10월 미국에 제출했던, 아우슈비츠에서의 복무 사실을 인정한 내용이 적힌 설문지 사본을 가지고 있지 않았다. 판사들 가운데 단 한 명도 카페시우스가 강제수용소 시설에 근무한 적이 있는지 여부는 묻지 않았다.[22]

카페시우스의 기나긴 탈나치화 여정은 재판 당일인 1947년 10월 9일에 두 번째 무죄판결이 나오면서 마침내 끝이 났다. 판결문은 판더가 직접 써도 더 잘 쓸 수 없을 정도로 완벽했다.

재판부는 "피고인" 스스로가 "바펜-SS에 강제로 징집당했다는 사실"을 "확실히 증명했"으며 따라서 "범죄 조직의 일원으로 간주할 수 없다"고 말했다. 심지어 "인종적으로 타입 III(유럽 동부)"으로 분류되어 SS 정회원 자격 요건을 충족시키지 못했다는 카페시우스의 거짓 주장을 그대로 수용했다. 또한 재판부는 카페시우스가 "SS나 비밀경찰 혹은 국경 경찰에 적극적으로 가담하지 않았다"고 판단했다. "베를린 중앙의료원"에서 "의료 서비스"의 일환으로 "부대별로 필요한 의약품을 준비"하는 것이 "유일한" 업무였다고 결론지었다.[23]

카페시우스는 미국 측에 구류되어 있다가 8월에 석방된 뒤로 슈투트가르트에서 쥐 죽은 듯이 지냈다. 이제 공식적인 탈나치화 인증을 받고 아무런 제약 없이 일할 수 있게 된 그는 슈튜트가르트에 있는 라이텔스베르크 아포테케에 보조 약사로 취직했다.[24] 라이텔스베르크 아포테케는 모니카 라프라는 여성이 소유한, 가족이 운영하는 조그만 약국이었다. 라프는 카페시우스가 독일 법정에서 완전히 무죄 방면됐다는 사실에 기뻐했다. 그러나 당시 일반적인 독일인들과 마찬가지로 라프 역시 그녀가 고용한 직원이 전쟁 중에 무슨 일을 했는지에는 전혀 관심을 두지 않았다.[25]

카페시우스가 인생을 재건하기 위한 첫발을 내딛는 사이, 파르벤 재판도 1948년 5월 28일에 막을 내렸다. 152일에 걸쳐 재판이 진행되는 동안 거의 200명 가까운 증인이 법정에 섰고, 법원에 제출된 진술서 및 증거는 각각 3,000통과 6,000건에 달했다. 1만 6,000쪽에 이르는 재판 기록은 그 두께만 해도 압도적이었다. 재판부는 점점 고

조되는 소련과의 냉전이 연일 헤드라인을 장식하고 있는 상황을 감안해서 증거를 검토했다. 체코슬로바키아에서 공산당이 정권을 잡았고, 소련은 재판이 끝난 주에 서독을 봉쇄했다. 상황이 이렇다 보니 전쟁이 끝난 지 3년이나 지난 시점에서 전범죄 처벌은 사치라는 국민 정서가 팽배해졌다. 이제 서독은 처벌받아야 할 적국이 아니라 귀중한 연합국으로 변모해야 할 때였다.

재판부가 최종 판결을 내리기까지는 두 달이 걸렸다. 나치에 가담한 죄를 저지른 독일 최고 기업인들이 버젓이 활동하는 시대가 막을 내리느냐 마느냐가 이 판결에 달려 있었다.

커티스 셰이크 주임 판사가 자리에 앉아 다수결 평결문을 읽어 내려갔다.[26] 1번과 4번 죄목은 침략 전쟁 및 공모 혐의였다. 모든 피고인이 무죄를 선고받았다. 2번 재산 약탈 및 점령지에서의 추방 조력 혐의에 관해서는 피고 스물세 명 가운데 열네 명이 무죄를 선고받았다. 가장 죄가 무거운 3번 강제 노역 및 대량 학살 혐의에 대해서는 "법적 필요"에 의한 불가피한 선택이었다는 피고 측의 주장을 법원이 기각했음에도 불구하고, 직접적으로 이게-아우슈비츠에 연루된 다섯 명의 피고인 크라우흐, 앰브로스, 뒤르펠트, 뷔테피슈, 테어 메이르만 유죄를 선고받았다.[27]

검사 측은 피고인 가운데 열 명이 징계에 대한 언급조차 없이 방면됐다는 사실에 충격을 받았다. 그중에는 빌헬름 만 박사도 포함되어 있었는데, 그는 전쟁 중에 치클론 B 제조사 데게슈의 회장을 역임했으며 아우슈비츠에서 자행된 요제프 멩겔레의 생체 실험에 파르벤이 자금을 지원하는 것을 승인한 사람이었다.

징역형도 차질을 빚었다. 뒤부아는 아무도 사형선고는 받지 않을 거라 예상하고 피고인들에게 징역 20년에서 무기징역을 구형했다. 그러나 앰브로스와 뒤르펠트가 받은 8년 형이 최고였다. 전범죄로 유죄판결을 받은 피고 가운데 다섯 명은 징역 2년 이하를 선고받았다. 심지어 재판부는 유죄판결을 받은 피고인 전원에게 재판 결과를 기다리는 동안 휴식 시간을 허락하기까지 했다. 뒤부아를 비롯한 검사들은 분노로 치를 떨며 법정을 나섰다. "닭 도둑도 만족할 만한 솜방망이 처벌이군." 뒤부아는 씁쓸하게 내뱉었다.[28]

Chapter

16

새로운 시작

카페시우스는 인생의 다음 장을 구상하면서 파르벤 재판 결과를 예의 주시했다. 1949년에 그는 조그만 아파트에서 5만 마르크(2015년 기준 미화 20만 5,000달러)에 매입한 프루흘링스트라세에 있는 방 세 개짜리 콘도로 이사했다. 프루흘링스트라세는 슈투트가르트에서 48킬로미터쯤 떨어진 외곽에 위치한 작은 마을로 괴핑겐의 부유층이 모여 사는 동네였다. 조금만 관심을 기울이면, 루마니아에 있는 가족으로부터 경제적 지원을 받을 수도 없는 처지에다가 보조 약사로 최소 연봉을 받고 일하는 카페시우스에게 그렇게 큰돈이 어디서 났을까 의문이 생길 것이다. 카페시우스는 미국과 영국의 신문을 받을 때도, 독일 탈나치화 재판소에서 재판을 받을 때도 "전쟁이 끝난 후 루마니아가 점령당하면서" 2만 라이히스마르크 상당의 재산을 잃었다고 진술했다.[1] 다행히 아무도 카페시우스에게 그 많은 현금이 어디서 났느냐고 묻지 않았다. 독일 검사 측은 나중에야 카페시우스가 전쟁이 끝난 후 괴핑겐에서 아우슈비츠 치과 의사였던 프랑크 박사, 샤츠 박사와 재회한 후 수용소에서 훔친 금을 나눠 가졌을 것으로 추정했다.[2] 카페시우스는 늘 전쟁이 끝나고 새롭게 출발할 때 금이 요긴하게 쓰일 것이라 생각해 왔다. 그 예상은 적중했다. 1950년에 카페시우스는 괴핑겐에서 바덴뷔르템베르크주가 발급하는 약사 자격증을 취득하고, 15만 마르크에 정육점 하나를 사들였다. 카페시우스는 이 정육점을 최첨단 약국으로 개조하는 일에 착수했다.[3] 그해 10월 5일에 마르크트-아포테케(시장 약국)가 문을 열었다.[4]

카페시우스는 개인 회생 속도에 만족하는 한편, 파르벤 고위 간부들의 운명이 하루아침에 급변하는 모습을 경이로운 눈으로 지켜봤다. 마르크트-아포테케를 개업한 지 두 달 만에 독일 일간지 제1면은 파르벤 회장이었던 카를 크라우흐의 석방 소식으로 떠들썩했다. 8년 형을 선고받은 지 채 2년도 지나지 않은 시점이었다. 함께 재판을 받았던 다른 피고인들도 잇달아 석방됐다. 독일 주재 미국 고등판무관 존 매클로이가 관대한 처분을 호소하는 독일 측 요구를 받아들여 징역형을 선고받은 전 나치 당원 70퍼센트에 감형을 지시한 직후였다.[5] 파르벤 이사들이 석방되던 날, 란츠베르크 감옥 앞에 몰려든 취재진이 이들을 반겼다. 프리츠 테어 메이르는 미소를 지으며 한반도를 둘러싼 미국과 중국 공산당 간의 대치 상황을 비꼬는 투로 언급했다. “한국을 손아귀에 넣고 나더니 미국이 훨씬 친절해졌군요."[6]

카페시우스는 새로운 독일에서 이 기업인들이 전범 재판에서 유죄를 선고받고도 아무런 뒤탈 없이 경영 일선으로 복귀하는 모습을 기쁜 마음으로 지켜봤다. 연합국은 원래 전범자들이 동일 산업군으로 복귀하지 못하도록 금지했다. 그러나 카를 크라우흐는 전쟁 중에 합성고무 생산에서 핵심적인 역할을 담당했던 파르벤의 자회사 케미셰베르르케휠스 AG Chemische Werke Hüls AG에 고액의 연봉을 받고 이사로 복귀했다. 전 파르벤 CEO였던 헤르만 슈미츠는 라이니 철강Rheini Steel의 회장 겸 베를린에 본사를 둔 한 은행의 이사로 복귀했다. 하인리히 뷔테피슈는 루르-케미Ruhr-Chemie의 이사가 됐다. 전쟁 중에 파르벤의 자회사였던 아그파를 맡아서 경영했던 프리츠 가이예프스키는 독일 화학 회사 세 군데서 연달아 회장을 역임했다. 전 데게슈 이사였던 빌헬름 만과 하인리히 회를라인은 바이엘 이사회에 합류했다. 이게-아우슈비츠에서 가솔린 생산 담당 책임자였던 크리스티안 슈나이더는 유럽의 서너 개 화학 컨소시엄에서 고액의 보수를 받으며 컨설턴트로 활동했다. 이게-아우슈비츠가 들어설 부지를 선정했던 오토 앰브로스는 케미그뤼넨탈Chemie Grünenthal의 회장으로 취임하는 동시에 독일에서 가장 유명한 화학 회사 여섯 곳에서 이사를 겸임했다. 파르벤의 해외 정보통이었던 막스 일그너는 본에서 영향력 있는 로비스트로 활동했다.[7]

한편 파르벤은 1949년까지 연합국이 관리하다가 1951년이 되어서야 공식적으로 해체됐다.[8] 우연히도 같은 해에 한 유대인 생존자가 처음으로 강제 노역에 대한 배상을 요구하는 민사소송을 제기했고, 그 결과 희생자 5,855명에게 각각 1,250달러에서 8,500달러(2015년 기준 미화 8,800달러에서 6만 달러)에 이르는 배상금이 지급됐다.

파르벤이 해체되면서 자회사 네 개가 다시 분리되어 나왔다.[9] 바이엘은 그 규모로 즉시 세계 10대 제약 회사로 올라섰다. 아그파는 이미지 관련 제품 분야에서 선도적인 제조업자가 됐다. 바스프는 분리되자마자 세계 최대의 화학 기업이 됐다. 회흐스트Hoechst는 화학 기업으로 분리되자마자 독일에서 가장 수익성 높은 기업 반열에 올랐다. 이 기업들을 운영하기에 전범죄로 징역살이를 끝내고 석방된 전 파르벤 고위 간부들보다 더 나은 인물이 어디 있겠는가? 피고인들 가운데 유일하게 두 가지 기소 항목에서 유죄를 선고받았던 프리츠 테어 메이르는 위풍당당하게 바이엘 회장으로 취임했다.[10] 카를 부르스터는 바스프 회장 겸 독일 화학산업협회 회장이 됐다. 파르벤 수석 엔지니어였던 프리드리히 예네는 회흐스트 회장으로 임명됐다.

파르벤 임원진이 하나둘 경영 일선으로 복귀하는 모습을 바라보며, 이들을 정의의 심판대에 올려놓으려 애썼던 이들은 씁쓸함을 감추지 못했다. 뒤부아는 미국과 영국이 냉전에서 소련에게 패권을 빼앗길까 두려워 "제2차 세계대전에서 회색 제복을 입은 장군이나 다름없는 독일 기업인들"을 포용했다며 탄식했다.[11]

파르벤 이사진의 복권으로 카페시우스를 비롯한 수많은 SS 동료들은 나치 범죄를 추적해 정의를 실현하려는 최악의 시기는 지나갔다는 안도감을 느꼈다. 카페시우스는 아우슈비츠에서 복역했던 과거 때문에 또다시 기소될까 봐 매일 전전긍긍하던 것을 멈추고 약국 운영과 루마니아에 있는 가족들을 독일로 데려오는 일에 온전히 집중했다. 덕분에 그는 성공했다. 1952년 무렵 카페시우스는 슈투트가르트 근처 로이틀링겐이라는 조그만 마을에 현대식 전문 피부 미용실을 개업할 만큼 마르크트-아포테케로 충분한 돈을 벌어들였다. 인스티튜트 코스메톨로지(화장품 연구소)라는 이름을 내건 이 새로운 사업체의 광고 문구는 *카페시우스의 처방으로 아름다워지세요*였다.[12]

편지로 카페시우스의 근황을 전해 들은 프리치는 그녀가 첫눈에 반했던 야망 넘치는 이 남자가 새로운 독일에서도 충분히 성공할 수 있는 재능과 집념을 가졌음을 다시 한번 확신했다. 프리치는 친구들에게 서독에서 온 가족이 다시 합치는 일은 이제 시간문제일 것 같다고 이야기했다.[13] 적어도 그날이 하루빨리 오기를 바랐다. 딸아이들이 점점 자라면서 전 나치 장교였던 아빠를 둔 대가를 치르기 시작했기 때문이다. 열일곱 살 된 멜리타는 다니던 학교(티미쇼아라 폴리테크닉 대학) 기계공학부에서 "정치적 이유"로 퇴학당했다.[14]

괴핑겐 사람들의 눈에 카페시우스는 그저 1950년대 독일이 누렸던 경제적 호황 속에서 또 다른 성공 신화를 이룩한 사람으로만 보였다. 당시 서독은 소위 라인강의 기적Wirtschaftswunder이라 일컫는 대호황으로 평균임금 및 구매력이 두 배 상승한 상황이었다. 온 나라가 전쟁으로 폐허가 된 도시와 인프라를 재건하느라 바쁜 와중에 카페시우스는 당시 전 국민이 본능적으로 지킨 암묵적 규칙의 수혜를 톡톡히 누렸다. 이 암묵적 규칙은 다음과 같았다. 전쟁 중에 무엇을 했는지 서로 절대 묻지 말 것.

1950년대 중반에 카페시우스가 약국으로 벌어들이는 연 수입은 42만 5,000마르크(당시 기준 미화 10만 달러 이상)를 넘어섰고 직원 수도 열다섯 명에 이르렀다.[15] 카페시우스는 오스트리아에 있는 산장을 빌려 그토록 좋아하는 사냥을 마음껏 즐겼고 아프리카 사파리로 원정 사냥을 나가기도 했다. 괴핑겐에서 매력 있는 친구로 통했던 그는 최상류층 사교 모임에도 손쉽게 입문했다. 그는 테니스와 승마와 사냥 동호회뿐만 아니라 합창단에도 합류했다. 인도적 차원에서 루마니아에 있는 아내와 아이들이 독일로 망명할 수 있게 도와 달라며 적십자에 청원한 것도 이 시기였다. 적십자의 도움으로 철의장막 때문에 헤어진 가족들이 재결합하는 사례도 적잖이 있었다. 하지만 카페시우스는 두 손 놓고 적십자가 성공하기만을 기다릴 순 없었다. 그는 따로 "패밀리 바이백"이라는 프로그램에 미지의 금액을 투자했다. 이 프로그램은 본질적으로 돈에 쪼들리는 공산당 관료들에게 뇌물을 주고 가족들을 서독으로 데려올 수 있는 법적 제도였다. 카페시우스는 잘 안 될 수도 있다는 사실을 알고 있었지만 언젠가는 가족과 다시 합칠 수 있으리라 믿어 의심치 않았다.

서독에서 제2차 세계대전을 바라보는 시각이 바뀌고 있는 상황 또한 카페시우스의 기분을 들뜨게 했다. 연합국이 주도한 전범 재판으로 인해 아우슈비츠에서 함께 근무했던 동료들 몇몇이 처형당했을 때와 비교하면, 전범죄를 향한 여론은 상당히 달라져 있었다. 수많은 전범 재판이 이루어지는 와중에 일반 독일 국민 사이에서는 전범죄 처벌을 단순히 승전국의 정치적 복수로 바라보는 시선이 만연해지며 반감이 퍼져 나갔다.[16] 미국과 영국은 1955년 5월에 사법권 전권을 다시 독일에게 넘겨줬다. 새로운 사법부는 출범하자마자 3년 이하의 징역형을 선고받은 전 나치 당원 전원을 즉시 석방하라고 지시했다.[17] 이제 나치 전범죄를 기소하는 일은 온전히 서독 법원 및 검사들의 책임이 됐다. 그러나 판사들 가운데는 예전에 나치 당원이었다가 다시 복귀한 사람이 많았다. 그 악명 높은 나치 "인민법정" 출신의 판사 가운데 전범죄로 처벌당한 판사는 단 한 명도 없었다.

1년 뒤 독일 분데스타크(연방의회)는 연합국이 전범죄를 처벌할 때 근거로 들었던 2대 기소 항목인 인도에 반한 죄와 집단 학살죄를 둘 다 철폐했다. 분데스타크는 이 두 가지 범죄를 처벌할 수 있는 법적 근거는 미국과 영국이 만든 소급 형법에 의거하며, 그 누구도 범죄가 일어난 당시에 존재하지 않았던 법으로 처벌받아서는 안 된다고 판결했다.[18] 분데스타크는 사형제 또한 폐지했다. 전쟁이 끝난 후 서독의 초대 총리로 취임한 콘라트 아데나워는 새로운 독일에서 전 나치 당원을 배척하기보다 통합하는 것이 중요하다고 생각했다. 아데나워는 전 국가사회주의 독일노동자당 당원 가운데 주요 인사를 내각에 기용했다. 그중에는 인종 청소부로 악명을 떨치다가 1960년에 동독에서 퇴출당해 무기징역을 선고받았던 테오도르 오버렌더도 있었다.[19]

나치 전범죄에 대한 정식 수사 건수가 급감한 것은 뻔한 결과였다. 전쟁이 끝난 후 4년 동안 연합국은 나치 당원 4,419명에게 유죄를 선고했다. 1955년에 독일이 사법권을 완전히 넘겨받고 난 뒤에는 21명만 유죄를 선고받았다. 1950년 2,000건에 달했던 공개수사 건수는 1950년대 중반에 들어서 200건으로 급감했다.[20] 새로운 수사 건수가 감소한 것만 문제는 아니었다. 1950년대에 제기된 소송 가운데 약 80퍼센트가 무죄판결을 받았다.[21]

독일 사법부가 자유방임주의적인 태도를 취할수록 카페시우스는 마음이 편안해졌다. 그러나 카페시우스와 전범죄로 기소된 적 없는 SS 동료들은 먹구름이 점점 다가오고 있다는 사실을 알지 못했다.

1956년, 제2차 세계대전 당시 잠깐 강제수용소에 수감됐다가 무사히 스웨덴과 덴마크로 망명한 52세의 법학자 프리츠 바우어가 브라운슈바이크에 있는 검찰청에서 프랑크푸르트로 발령을 받았다.[22] 바우어는 전후 독일에서 수석 검사로 임용된 최초의 유대인이었다. 바우어를 잘 아는 라르스 릴리에 스웨덴 대주교는 바우어가 "나치 살인자들을 제대로 체계적으로 추적해서 기소할 … 최초의 법학자"가 될 것이라 확신했다.[23]

비록 바우어는 자신이 유대인이라는 사실을 크게 의식하지 않았지만, 그가 전범죄를 조사하는 일에 열정을 가지고 있었다는 것만큼은 부인할 수 없는 사실이었다. 전범죄 처벌은 독일 사법부 내부에서 열띤 논쟁을 불러일으켰다. 나치에 대한 바우어의 집착을 충동적이고 불필요하다고 생각하는 동료들과 바우어는 내부적으로 심각한 마찰을 겪었다. 심지어 그가 동성애자라는 악의적인 소문까지 퍼졌다.[24] 당시 독일에서 동성애는 불법이었다. 제2차 세계대전을 다룬 수많은 작품을 남긴 작가 라디슬라스 파라고는 바우어를 가리켜 다음과 같이 썼다. "바우어는 그가 하려는 일로 전 나치와 신나치의 열렬한 증오, 과거는 과거로 묻어 두길 원하는 사람들의 맹렬한 비난, 사법부 내부의 숨겨진 적대감을 사게 됐다. 이들은 바우어를 이성이 앞서야 할 때 감정을 앞세우는 현실을 모르는 개혁가, 복수심에 불타는 유대인, 길길이 날뛰는 불평가로 여겼다."[25]

바우어는 마구잡이로 건성건성인 데다가 때로는 중복으로 이루어지는 지금의 나치 수사 방식으로는 중요한 기소를 할 수 없다고 판단했다. 인력이 부족하여 복잡한 사건은 철저히 수사하지 못하는 검찰청이 있는가 하면, 전범죄는 과거의 유물일 뿐이라 여겨서 아예 수사할 의지조차 없는 검찰청도 있었다. 이 같은 현실을 타개하려면 전범죄 전담 사무실을 꾸려서 증거를 수집한 다음, 지방 검사들에게 잘 정리된 사건을 배분해야 한다고 바우어는 주장했다. 1958년 10월 1일, 서독 각 주의 법무장관들이 루트비히스부르크에 국가사회주의 범죄수사전담 중앙검찰청Central Office of the State Justice Ministries for the Investigation of National Socialist Crimes of Violence을 신설하는 데 동의하면서 마침내 바우어의 주장은 현실이 되기 시작했다.[26]

처음에는 별 의미 없는 요식행위로 보였다. 그 효과도 즉각적이지 않았다. 그러나 중앙검찰청이 신설된 이후로 몇 년에 걸쳐 전범죄 수사 건수는 400건에서 6,000건 이상으로 폭발적으로 증가했다. 이렇게 만들어진 사건 파일 속에는 "빅토르 카페시우스"라는 이름이 붙은 파일도 있었다.

Chapter

17

"신 앞에 맹세코 결백합니다"

카페시우스와 다른 SS 대원들이 두려워해야 할 사람은 바우어뿐만이 아니었다. 아우슈비츠 주임 의무관 밑에서 수감자 조수로 일했던 헤르만 랑바인의 인생 목표 또한 아우슈비츠에서 범죄를 저지른 가해자들을 법의 심판대 위로 올리는 것이었다. 아우슈비츠에서 랑바인은 대량 학살 현장을 전체적으로 조망할 수 있었다. 그가 일했던 사무실에서는 화장장 I의 입구가 내려다보였다. 그곳에서는 가스실로 들어간 수감자들이 나중에 시체가 되어 존더코만도들의 손에 실려 나오는 모습을 볼 수 있었다. 1952년에 랑바인은 당시 가장 큰 생존자 단체였던 국제아우슈비츠위원회IAC를 공동 창립했다. 랑바인은 끈질긴 집념을 발휘해 10여 개국 이상에서 생존자를 찾아 진술서를 받아냈다. 때로는 아마추어 형사처럼 나치 도망자를 사냥하기도 했다. 1950년대 후반, 랑바인은 세계 최대 규모의 민간 아우슈비츠 범죄 증거 보관소를 지었다. 랑바인은 그가 기소하려고 하는 인간들의 손에는 피가 묻어 있다고 독일 검사들에게 말했다.

1958년, 여러 사건들이 겹치면서 랑바인과 검찰은 힘을 합치게 됐다. 3월 1일에 아우슈비츠 카포였던 아돌프 뢰그너가 슈투트가르트 검찰에 편지 한 통을 보냈다. 뢰그너는 아우슈비츠에서 빌헬름 보거라는 자기 이름을 딴 도구를 개발해서 수감자들을 잔인하게 구타하던 가학적인 SS 장교가 슈투트가르트에서 자유로운 삶을 누리며 비행기 공장 감독관으로 근무하고 있다고 제보했다. 보거는 1945년 전범 재판을 위해 폴란드행 기차에 이송되던 중에 탈출한 뒤로 행방이 묘연했다.

검사들은 회의적이었다. 뢰그너는 전과 기록과 나치 범죄에 대한 허위 신고 기록이 있는 데다가 제보 편지를 보냈을 당시 위증죄로 감옥에 있었다.[1] 뢰그너를 두고 신뢰할 수 없는 인물일 뿐만 아니라 "복수심에 찬 사이코패스"라고 판단한 수석 검사는 처음에 제보 편지를 받았을 때 시큰둥한 반응을 보였다. 한편 경찰 측에서는 뢰그너의 제보를 검토하고 다음과 같은 결론을 내렸다. 뢰그너는 그의 아파트에 있는 수많은 책에서 아우슈비츠에 관한 상세한 정보를 취득했으며 단순히 관심 끌기를 좋아하는 사람이다. 아우슈비츠에서 근무했던 SS 장교 두 사람이 실명으로 독일에 거주하고 있다는 그의 제보를 추가적으로 수사할 가치가 있는지는 불확실하다.

그러나 뢰그너가 슈튜트가르트 검찰에게만 제보 편지를 보낸 것이 아니었다. 현명하게도 제보 편지 원본은 랑바인과 IAC로 보냈다. 랑바인은 검사들에게 보거 제보 건에 대한 수사 진행 상황을 물었고, 그들은 홀로코스트 생존자들에게 전범자 추적에 나태한 검사로 비쳐질까 두려워서 서둘러 해당 건에 대한 추가 수사를 지시했다. 랑바인은 검사 측이 수사를 고의로 지체할까 봐 걱정이었지만, 더불어 보거가 이 사실을 눈치채고 또다시 도망갈까 봐 염려스럽기도 했다.

랑바인은 여름이 가기 전에 거의 열두 명의 목격자 진술을 추가로 확보해 수사가 속도를 낼 수 있도록 협조했다. 그런데도 경찰은 1958년 10월 8일이 되어서야 보거를 체포했다. 독일법상 도주 우려가 있는 중범죄 용의자는 검찰이 재판 전에 구치소에 가둬 둘 수 있었으며, 형사재판까지 구금해 둘 수 있었다.[2]

"나는 양심에 거리낌이 없습니다. 그랬다면 일찌감치 도망을 갔겠죠." 체포 직후 보거는 이렇게 말했다. 보거의 아내는 한 독일인 기자에게 그녀도 남편과 함께 아우슈비츠에서 살았다고 말했다. "그들이 말하는 그런 짓을 저희 남편이 저질렀을 리가 없어요. 그 사람이 어떻게 아이들을 죽일 수 있었겠어요? 우리에게도 자식이 있는걸요."[3]

한편 한 프랑크푸르트 기자가 프리츠 바우어에게 생존자가 복구한 문서를 보내왔다. 그 문서에는 아우슈비츠에서 탈출 시도를 한 수감자들을 처형한 SS 대원 37명의 명단이 적혀 있었다. 이 문서를 바탕으로 바우어는 수사에 착수했다. 또한 카를스루에에 있는 독일 연방법원에 아우슈비츠와 관련된 범죄라면 피고인이 독일 어느 지역에서 체포되든지 간에 독점 기소권을 달라고 요청했다. 고등법원은 바우어의 요청을 승인했다. 슈투트가르트에 송치된 보거의 사건 파일은 프랑크푸르트에 있는 바우어에게로 이송됐다.

1959년 4월, 바우어는 보거가 속해 있던 아우슈비츠 게슈타포 부대에서 복역한 세 명의 SS 대원 페리 브로드, 클라우스 딜레프스키, 한스 슈타르크에 대한 체포 영장을 발부했다. 세 사람 다 실명을 쓰며 서독에 살고 있었다. 나치 범죄 재수사에 가속도가 붙으면서 6월에는 프라이부르크에 있는 한 판사가 살인 혐의로 도피 중인 요제프 멩겔레에 대한 기소장을 발부했다.[4] 랑바인은 거침없이 몰아붙였다.

그다음 달에 바우어는 또다시 행동에 나섰다. 7월 21일에 독일 주간지 《슈피겔Der Spiegel》이 아우슈비츠에서 "가장 잔인하고 악랄하고 야만적이었던" SS 대원 중 하나라고 보도한 비임관 장교 오스발트 카두크를 체포했다.[5] 카두크는 1947년 소련 군사법원에서 강제 노동 수용소 25년 형을 선고받았으나 1956년에 풀려났다. 바우어가 카두크를 찾아냈을 때, 그는 서베를린 병원에서 간호사로 근무하고 있었다. 카두크가 체포된 날에 경찰은 아우슈비츠 경비대 수장이었던 프란츠 호프만과 카포였던 하인리히 비쇼프도 체포했다.

랑바인과 바우어의 성과에 힘입어 나치 전범자를 법정에 세우려는 노력이 다시 활기를 띠기 시작했다. 1959년 후반에는 세계유대인총회World Jewish Congress가 아우슈비츠에서 살아남은 모든 생존자에게 전면으로 나서 달라고 호소했다. 바우어는 세계적으로 유명한 신문사 열두 군데에 목격자를 찾는다는 공개서한을 실었다.[6] 얼마 지나지 않아 증언을 하고 싶다는 생존자들의 제보가 검찰청과 IAC로 물밀 듯이 쏟아져 들어왔다.

전 나치 당원들의 구금 소식은 독일에서 큰 반향을 불러일으켰다. 보거는 카페시우스가 전쟁이 끝난 직후 정착했던 슈투트가르트에서 체포됐다. 당시 카페시우스가 약국을 운영하던 지역인 괴핑겐은 슈투트가르트에서 차로 그다지 멀지 않은 거리에 있었다. 그 어떤 것도 카페시우스에게는 위안이 되지 않았다. 그러나 더 우려스러운 사실이 있었다. 그해 4월에 바우어가 요아힘 퀴글러와 게오르크 프리드리히 포겔이라는 젊은 검사 두 명에게 카페시우스에 대한 정식 범죄 수사를 지시한 것이었다. 나중에 퀴글러는 이 조사가 "극도로 어려웠다"고 고백했다.[7]

아우슈비츠의 약사는 그해 여름에 경찰이 보낸 신문 통지서를 받고 이 사실을 알게 됐다.[8] 카페시우스는 너무 당황해서 어찌할 바를 모르는 것처럼 보였다. 그는 여느 시민들처럼 당당하게 살고 있었으며 도망치려는 시도도 하지 않았다. 누가 물으면 카페시우스는 자신은 결백하기 때문에 당당하다고 대답했다. 친구들조차 카페시우스가 앞으로 어떤 일이 일어날지에 대해 크게 걱정하지 않는다고 생각했다.[9]

앞에서는 태연한 척했지만 뒤에서는 그도 좌불안석이었다. 카페시우스는 처남의 친구인 한스 아이슬러에게 아우슈비츠에서 함께 근무했던 SS 대원들과 그가 아끼고 잘 대해 줬던 수감자 약사들을 찾아 달라고 도움을 요청했다. 카페시우스가 무죄를 받는 데 그들이 유리한 진술을 해 줄 수 있지 않을까 하는 바람에서였다. 카페시우스는 이 진술서가 보험이 되어 줄 거라 생각했다. 그는 아이슬러에게 비밀을 지키겠다는 맹세를 받고, 만약 나중에 이렇게 물밑 작업을 한 사실이 발각되면 자신은 아무것도 모른다고 잡아뗄 것이라고 말했다.[10] (나중에 실제로 그렇게 했다.) 카페시우스는 아이슬러에게 5만 마르크를 건넸다. (이는 미화 1만 2,000달러 상당으로 당시 미국 근로자 가정 평균 연봉의 네 배에 달하는 거금이었다.)

아이슬러의 첫 번째 방문은 그다지 순조롭지 않았다. 아이슬러는 먼저 아우슈비츠에서 유대인 수감자 약사로 일한 적이 있으며 카페시우스가 바이엘 영업 사원일 때부터 친분이 있던 페르디난트 그로스를 찾아갔다. 전쟁이 나기 전에 트르구무레슈의 약국에서 일했다는 그로스는 랑바인에게 카페시우스가 "우리 약국에서 몇 시간씩 머물곤 했다"고 진술했다.[11] 한때 스스로를 "카페시우스의 제자"라고 표현했던 그로스라면 적어도 카페시우스 덕분에 살아남았다고 말해 줄지도 몰랐다.[12] 그로스는 나중에 이렇게 회상했다. "전 그[아이슬러]를 내쫓았습니다. 그[카페시우스]가 제 목숨을 살려 준 것이 우연이든 아니든 그의 선택으로 수천 명이 넘는 사람이 가스실에서 목숨을 잃었다는 사실을 잊어서는 안 됩니다. 그건 결코 용서해서는 안 될 범죄입니다."[13]

카페시우스는 아이슬러에게 스토펠 부부나 럼프 가족 같은 더 우호적인 사람들을 공략하는 편이 어떻겠느냐고 제안했다. 아우슈비츠에서 복무할 때 카페시우스는 독일인 친구인 스토펠 부부나 럼프 가족의 집에서 여가를 보내곤 했다. 곧 아이슬러는 스토펠 부부네 집을 방문했고, 부부 내외를 카페시우스의 오스트리아 별장으로 데려가 함께 사냥을 즐기기도 했다. 아이슬러는 스토펠 부부에게 "최대한 기억나는 모든 것을 상세히 써 달라"고 부탁했다.[14]

1959년 12월 4일, 카페시우스는 여느 아침과 같이 오전 9시 30분이 되기 전에 약국으로 출근했다. 약국 입구에서 두 남자가 카페시우스를 기다리고 있었다. 처음에 그는 두 사람에게 별다른 관심을 기울이지 않았다. 두 사람은 재빨리 그를 막아서며 자신들을 바우어 검사와 함께 일하는 수사관들이라고 밝혔다. 카페시우스는 한마디 대꾸조차 하지 못하고 체포됐다.

카페시우스는 충격에 빠졌다. 아우슈비츠에서 함께 복역했던 SS 장교 여섯 명이 체포됐다는 소식은 들었지만 그 역시 이렇게 빨리 구금되리라고는 전혀 예상하지 못했기 때문이다. 아우슈비츠에서 저지른 행위를 강력히 부인하다 보니 어느새 카페시우스 자신도 모르게 보거와 다른 동료들에게 일어난 일은 자신과는 무관하다고 믿는 지경에 이르렀던 것이다.

수사관들은 카페시우스를 괴핑겐에 있는 지방법원으로 데려갔다. 트루켄밀러 A. 선임 판사와 요아힘 퀴글러 검사가 기다리고 있었다. 트루켄밀러 판사는 카페시우스에게 체포 영장에 적힌 대략적인 혐의를 읽어 줬다. 체포 영장에는 카페시우스가 "SS 의사 멩겔레와 더불어 승강장 선별 작업에 참여했으며 살해 물질로 쓰인 치클론 B와 페놀을 관리하고 배달했다"고 적혀 있었다. 카페시우스가 치명적인 생체 실험에 참여했는지 여부도 조사 중이라고 덧붙였다.[15]

카페시우스는 묵비권을 행사할 권리가 있었다. 퀴글러는 카페시우스에게 신문에 응하겠느냐고 물었다. 카페시우스는 변호사 없이 하겠다고 대답할 만큼 당당했다. 그러나 그 당당함은 단순한 자만심에서 나온 것이 아니었다. 아우슈비츠에서 복무했던 시기에 대해 공개적으로 진술하는 것은 이번이 처음이었지만, 카페시우스는 오랜 세월 동안 만에 하나 이런 날이 온다면 어떻게 대답해야 할지 이미 다 생각해 둔 상태였다. 구체적인 내용은 조금씩 달라지겠지만, 카페시우스는 지금의 진술이 앞으로의 변론에서 초석이 되리라는 사실을 잘 알았다. 모든 답변은 죽음의 수용소에서 그의 역할과 권한을 축소하고, 어떠한 개인적 책임도 회피할뿐더러, 필요한 경우에는 혐의를 전면 부인함으로써 기소인의 신뢰성을 떨어뜨리는 방향으로 잘 짜여 있었다.

퀴글러는 카페시우스의 학력부터 시작해서 전쟁이 일어나기 전 파르벤/바이엘에서 근무했던 경력과 전쟁이 끝난 후 미국과 영국 측에 구금된 기록에 이르기까지 가벼운 질문으로 신문을 시작했다. 카페시우스를 안심시킬 의도로 미리 계획된 질문이었다. 카페시우스도 긴장의 끈을 놓은 듯 보였다. 바펜-SS에 입대한 대목에 이르러서는 12년 전 탈나치화 공판 당시 유효했던 답변을 앵무새처럼 되풀이했다. “제 자유의지가 아니었습니다.” 카페시우스는 6주간 수료한 SS 훈련 과정에 대해서는 무해한 “약사 행정 업무”만 중점적으로 언급하고 나머지는 얼버무렸다. 또한 첫 근무지인 다하우 수용소에서도 “수용소와는 직접적 관련이 없었”고, “명령을 받으면” 바펜-SS 전투

부대에 의약품을 공급하는 일만 했다는 주장을 펼치며 역할을 축소했다.[16]

아우슈비츠에 관한 질문도 받았다. 카페시우스는 1944년 2월에 전임자였던 아돌프 크뢰머가 사망하는 바람에 부임한 지 두 달 만에 주임 약사가 됐지만 같은 해 크리스마스 무렵에 아우슈비츠를 떠났다고 진술했다.[17]

퀴글러는 카페시우스에게 아우슈비츠에서 무슨 일을 했는지 설명해 달라고 했다. 카페시우스는 자신이 맡았던 직무를 나열하면서 약사로서 "SS 대원들과 수감자들에게 필요한 모든 의약품을 조달"하는 임무를 강조했다. "종종 비르케나우에서 구급차로 의약품을 실어다 날라야 했습니다. … 비르케나우에 가면 이미 짐 가방이 산더미처럼 쌓여 있었습니다. 거기서 제복을 입은 남자가 건네주는 물건을 받았습니다."[18] 때때로 카페시우스 자신은 승강장 선별 작업에 빠지고 부관 두 명을 대신 투입했다고도 주장했다.

기회가 날 때마다 카페시우스는 자신에게 유리한 이야기를 진술했다. "약국에서 일하는 수감자들을 위해서 저는 최선을 다했습니다. 여분의 식량을 챙겨서 다락방에서 몰래 조리해 먹을 수 있도록 해 줬죠."[19] 중간중간에 진위를 확인할 길 없는 자기 자랑을 늘어놓기도 했다. 카페시우스는 자신이 아우슈비츠에서 발진티푸스를 몰아낸 주역이라고 자랑하기도 했다. 1944년 봄에 카페시우스는 아우슈비츠 주임 의무관이었던 비르츠 박사의 지시로 베를린 중앙국군병원에 있는 요제프 베커 박사를 만나러 갔다. "비르츠 박사는 제게 발진티푸스 치료제 앰플 70개를 받아 오라고 명령했습니다." 카페시우스와 베커는 비르츠가 주문한 개수에 '0' 세 개를 더해서 총 7만 개의 앰플을 가지고 아우슈비츠로 돌아갔다. "수감자들 사이에서 또다시 발진티푸스가 발병했습니다. 제가 가져간 앰플을 여러 수용소에 필요한 만큼 골고루 분배했습니다. … 두 달 뒤에 발진티푸스는 더 이상 발병하지 않았습니다."[20]

카페시우스는 자신의 진술이 거짓임을 확인할 방법이 없다는 사실을 잘 알고 있었다. 비르츠와 베커는 죽었고, 베를린 중앙국군병원의 기록은 대부분 전쟁 말미에 연합군의 폭격으로 소실됐다. 그러나 카페시우스는 진술을 하는 내내 너무 자세한 이야기는 피했다. 진술이 정확할수록 검사들에게 나중에 모순이나 실수를 찾아낼 수 있는 빌미를 더 많이 제공하는 것이나 다름없다는 사실을 이미 탈나치화 공판 과정에서 경험으로 체득했기 때문이다.

퀴글러는 카페시우스가 신문 분위기를 주도하도록 내버려 둘 만큼 만만한 상대가 아니었다. 그는 곧 산더미 같은 서류와 파일 더미를 들고 왔다. 그중에서 멩겔레 밑에서 일했던 유대인 수감자 의사 기젤라 펄이 쓴 『나는 아우슈비츠의 의사였습니다I Was A Doctor in Auschwitz』라는 얇은 책 한 권을 꺼내 들었다. 이 189쪽짜리 책에서 펄은 1948년 아우슈비츠에서 멩겔레가 벌인 끔찍한 생체 실험을 자세히 기술했다. 전쟁이 일어나기 전에 루마니아 시게트에서 소아과 의사였던 펄은 책에서 카페시우스를 여러 번 언급했다. 두 사람은 1943년에 파르벤/바이엘 영업 사원이었던 카페시우스가 판촉차 연락해 오면서 처음 만났다. 1944년 봄에 가족들과 함께 가축 운반차에 실려 아우슈비츠로 강제 이송됐을 당시에 펄은 아우슈비츠 승강장에 서 있던 카페시우스를 발견했다. 카페시우스 바로 옆에 서 있던 또 다른 SS 장교가 멩겔레였다는 사실은 나중에 그의 조수로 배정받고 난 뒤에야 알게 됐다. 카페시우스와 멩겔레는 길게 늘어선 수감자들의 줄 맨 앞쪽에 서 있었다. 두 사람은 펄과 그녀의 남동생을 오른쪽으로 보냈다. 펄의 아버지는 왼쪽으로 보내졌는데 왼쪽은 곧 가스실행을 의미했다.[21]

퀴글러는 카페시우스에게 책에 나오는 문장을 읽어 줬다.

"'유대인 의사들은 앞으로 나오시오!' 멩겔레 박사가 명령했다. '우리는 병원을 지을 계획이오.'

나를 포함해 다른 몇몇 사람들이 앞으로 나와서 멩겔레 바로 옆에 서 있던 카페시우스 박사를 마주 봤다. 당시 나는 자살 시도를 했다가 실패한 뒤로 그 후유증에서 겨우 회복된 상태였다. 머리는 빡빡 밀려 있었고, 누더기 같은 옷은 보기 딱할 정도로 쇠약해진 몸 상태까지는 가려 주지 못했다. 순간적으로 나는 내 눈을 의심했다. 머릿속에서 우리 집에서 바이올린을 연주하는 아들, 그리고 그 연주를 진지하게 감상하는 남편과 손님(카페시우스)의 모습이 스쳐 지나갔다. 억지웃음을 짓고 있는 카페시우스의 얼굴 위로 내 기억 속 장면이 빙글빙글 겹쳐지더니 이내 어둠이 모든 것을 덮어 버렸다. 정신을 차렸을 때 나는 수감실 바닥에 누워 있었고, 나는 카페시우스 박사의 호출을 받았다.

카페시우스 박사는 나를 머리끝부터 발끝까지 훑어보며 또다시 미소를 지었다. 그가 입을 열었다. 냉기와 조롱이 뚝뚝 묻어나는 그 목소리가 너무 혐오스러워서 처음에는 그가 무슨 말을 하는지 귀에 잘 들어오지 않았다. 하지만 이내 그의 목소리가 내 의식을 뚫고 들어왔다.

'당신은 앞으로 수용소에서 부인과 의사로 일하게 될 거요. 의료 기구는 잊어버리시오. … 어차피 당신한테는 아무것도 안 줄 테니까. 당신이 가져온 의료용품은 내가 가져가겠소. 그 희귀한 손목시계도, 논문도 이제 필요 없을 테니 내가 가져가겠소. 이제 나가 보시오.'

그 후로 두 번 다시 그를 보지 못했다."[22]

펄이 쓴 책 내용을 읽어 주자 카페시우스는 당황한 기색이 역력했다.

"기젤라 펄 박사라는 여성은 기억이 나질 않습니다." 짧은 침묵이 흐르고 카페시우스가 천천히 입을 열었다. "하지만 제가 그녀를 모른다고 진술하고 싶진 않습니다." 훨씬 나중에야 카페시우스는 펄의 평판을 떨어뜨리려고 한 기자에게 다음과 같이 말했다. "멩겔레는 [연구차] 배아가 필요했습니다. … 펄은 수많은 낙태 시술을 한 끝에 살아 있는 배아를 구할 수 있었습니다."[23] 펄이 밝힌 사실은 다음과 같다. "그들이(엄마와 신생아가) 연구실로 끌려가 기니피그처럼 연구에 쓰인 다음에 화장장 안으로 던져지게 되리라는 사실을 알았을 때 저는 아우슈비츠에 두 번 다시 임산부가 없게 만드리라 다짐했습니다. … 밤이면 더러운 바닥에서 제 더러운 손만 사용해서 … 제 손으로 조산을 수백 번 시켰습니다. 아무도 그 아기들을 죽여야 했던 제 마음을 헤아리지 못할 겁니다. 하지만 그렇게 하지 않았다면 엄마와 아이는 둘 다 잔인하게 살해당했을 겁니다."[24]

카페시우스는 또다시 침묵에 빠진 채 평정을 되찾으려고 애썼다. 조금 전까지만 해도 펄을 모른다고 잡아뗐던 카페시우스가 갑자기 혐의를 부인했다. "그녀에게서 아무것도 빼앗지 않았습니다. 단언컨대 수감자들의 물건을 빼앗은 적은, 특히 손목시계 같은 것을 개인적으로 사용한 적은 더더욱 단 한 번도 없습니다."

카페시우스는 이제 모든 혐의를 전면 부인하고 나섰다.

"비르케나우 승강장에서 수감자 선별 작업을 한 적도 없습니다. 전에도 말씀드렸다시피 의약품을 받을 때 수감자들이 근처에 서 있던 것뿐입니다. 수감자들에게 '오른쪽으로' 또는 '왼쪽으로'라고 명령하는 소리를 멀리서 듣긴 했습니다. 하지만 제가 선별 작업에 참여한 적은 없습니다."[25]

그러고 나서 카페시우스는 나중에 그의 변론에서 핵심이 된 주장 가운데 하나를 늘어놓았다. 비르케나우에서 선별 작업에 참여하라는 아우슈비츠 주임 의무관의 명령에 카페시우스 본인은 강력히 저항했다는 것이다.

"비르츠 박사는 저도 반드시 선별 작업에 참여해야 한다고 했습니다. 그때가 1944년 여름 아니면 늦여름이었던 것으로 기억합니다. 제가 기억하기로 비르츠 박사는 수용소가 가장 바쁜 시기여서 [당시 헝가리에서 추방된 유대인들이 물밀 듯이 밀려 들어왔기 때문에] 일손이 부족하기 때문이라고 말했습니다. 비르츠 박사에게 선별 작업은 제 임무가 아니므로 참여하고 싶지 않다고 말하자, 그는 화를 내며 자기가 그곳에서 가장 높은 사람이므로 거부하면 아무런 법적 절차 없이 절 쏘아 죽일 수도 있다고 했죠. 진짜로 비르츠 박사가 저를 쏴 죽일까 봐 두려워서 저는 더 이상 고집을 부리지 않았습니다. 저희는 별로 사이가 좋지 않았습니다. SS 장교들이 전부 가는 술 파티에 저는 가지 않았던 탓도 있습니다. 비르케나우로 운전해서 다녔지만 항상 그들과는 거리를 두었습니다. 저는 오직 의약품에만 신경을 썼습니다."[26]

"카페시우스 박사, 당신의 진술은 믿기가 힘들군요." 퀴글러가 말했다. "그 말을 하기 전에는 제복을 입은 남자가 의약품이 담긴 가방을 분류해서 당신에게 건네줬다고 하지 않았습니까. 게다가 수송 차량이 대거 들어오면서 당신도 승강장 선별 작업을 거들어야 했다는 사실을 감안할 때, 다른 의사들은 다 해야 했던 일을 당신 혼자 빠질 수 있었다는 이야기는 믿기가 힘들군요. 그건 어떻게 설명하시겠습니까?"

"그건 어렵지 않습니다. 의사들 가운데 몇몇은 우울감을 견디지 못하고 술을 마시기 시작했고, 그들은 슈납스 한 병을 얻기 위해서라면 뭐든지 하게 되었거든요. 저는 가지고 있던 슈납스를 그들에게 주는 대가로 선별 작업에서 빠질 수 있었습니다."

"그 의사들이 누굽니까?"

"이름은 하나도 기억이 나질 않습니다. 아마 뢰데 박사 아니면 멩겔레 박사였을 겁니다. 둘 중에 한 사람은 떡 벌어진 어깨에 덩치가 커다란 그야말로 거구의 사내였습니다." (나중에 카페시우스는 멩겔레의 키가 162.5센티미터로 자기보다 10센티미터나 작았다고 확실히 묘사했다. 뢰데와 멩겔레 중 하나가 "거구의 사내"라며 헷갈린다는 이전 진술과는 배치되는 대목이다.)

"얼마나 자주 그랬습니까?" 퀴글러가 추궁했다.

"비르츠 박사가 저더러 선별 작업에 참여해야 한다고 말한 건 딱 한 번뿐이었습니다. 그 의사들은 제게서 자주 슈납스를 얻어 갔습니다. 선별 작업에서 빠지려고 그랬던 건[슈납스를 건넸던 건] 그때 한 번뿐이었습니다. 그때 제가 '나는 선별 작업을 못 하겠으니 나 대신 해 달라, 그러면 보답으로 슈납스 한 병을 주겠다'고 넌지시 말했죠."

퀴글러가 화제를 돌렸다.

"치클론 B와 조금이라도 관련이 있었습니까?"

"아니요." 카페시우스는 숨도 쉬지 않고 대답했다.

퀴글러가 추가로 서류를 꺼냈다. 일찍이 아우슈비츠에 수감됐던 정치범 이그나치 골리크의 진술서였다. 카페시우스가 아우슈비츠로 발령받았을 당시에 골리크는 SS 전용 진료실에서 카포로 근무하고 있었다. 골리크는 카페시우스가 조제실 창고에 치클론 B를 보관하는 책임자였으며, 가끔 SS 대원들을 도와서 그 독가스가 들어 있는 깡통을 구급차에 싣고 가스실로 옮기기도 했다고 말했다.

카페시우스는 마치 지금 이 순간을 대비해서 답변을 수도 없이 연습한 것 같았다.

"저는 치클론 B와 아무런 관련이 없습니다. 치클론 B를 다른 목적으로, 예를 들어 병영 소독으로도 사용한 적이 없습니다. 제가 듣기로는 이 독가스는 벙커에 보관되어 있었습니다. 제가 아우슈비츠에 있는 동안 치클론 B가 가스실에서 수감자들을 죽이는 데 사용됐다는 사실도 나중에야 알았습니다. … 다시 한번 말씀드리지만 1944년에 아우슈비츠에서 근무했던 기간 동안 저는 치클론 B와 관련된 일은 전혀 하지 않았습니다."[27]

그렇다면 카페시우스가 가장 아끼는 수감자 약사 중 한 명이었던 프리츠 페터 스트라우흐의 진술은 어떻게 된 걸까? 퀴글러가 물었다. 스트라우흐는 1944년 10월까지 조제실이 치클론 B를 보관하는 일을 담당했다고 진술했다.

"정말로 스트라우흐가 1944년 10월까지라고 말했다면 그건 그의 착오입니다."

카페시우스는 스트라우흐가 치클론 B를 "파리 그린"이라고도 알려진 소금과 구리와 비소 혼합물 "슈바인푸르트 그린"과 착각했을 수도 있다고 주장했다. 이 혼합물은 19세기에 물감으로 사용되다가 독성 때문에 20세기 들어서는 살충제로 널리 사용됐다. 실제로 이 물질은 아우슈비츠에서 다른 SS 장교들의 통제하에 "방충" 목적으로 살포되기도 했다.[28] 확실하진 않지만 슈바인푸르트 그린도 조제실 벙커에 보관되어 있었을지도 모른다고 카페시우스는 주장했다.

퀴글러는 또 다른 기소 혐의로 넘어가, 카페시우스가 의사들에게 생체 실험에 사용할 약물을 제공했는지 물었다. 골리크는 진술서에서 카페시우스가 주로 소위 아우슈비츠의 소독 부대 담당자였던 요제프 클레어에게 페놀을 제공했으며, 페놀은 수감자의 심장에 주입되어 그들을 죽이는 데 사용됐다고 증언했다. 카페시우스는 최근 기사에서 클레어라는 이름을 처음 접했다고 주장했다. "아우슈비츠 수용소에서 근무하는 동안 저는 수감자들에게 약물을 주입했다는 사실을 알지 못했습니다. 아우슈비츠 수용소에서 페놀을 수감자들에게 주입했다는 사실은 오늘 수사관에게 처음 들었습니다."

폴란드 수감자 의사였던 스타니스와프 클로진스키는 카페시우스가 제공한 에비판으로 베르너 뢰데 박사가 어설픈 생체 실험을 진행했고, 그 과정에서 수감자 네 명이 목숨을 잃었다고 진술했다. 카페시우스는 이번엔 뢰데가 모르핀과 에비판, 그리고 커피 1리터를 요청했다는 사실을 시인했다.

"그[뢰데]는 스파이가 용의자를 납치할 때 몰래 커피에 타는 수면유도 물질에 에비판을 추가하면 더 빨리 의식을 잃게 할 수 있는지, 그리고 모르핀을 추가하면 그 지속 시간을 늘릴 수 있는지를 실험하고 싶다고 제게 말했습니다."

카페시우스는 "뢰데 박사가 수감자들을 대상으로 이런 실험을 하려 한다는 사실이 명백했다"고도 인정했다.

그러나 뢰데에게 모르핀이나 에비판을 대용량으로 주지 않았을뿐더러 "조제실에서는 커피와 마취제를 섞지 않았"기 때문에 "당시에는 별로 걱정하지 않았다"고 덧붙였다. 나중에야 그리스인 수감자 한 명이 그가 뢰데 박사에게 제공한 혼합물 때문에 심장마비로 사망했다는 소식을 들었다고 주장했다. "하지만 심장마비를 일으킨 직접적인 원인이 무엇이었는지는 정확히 규명되지 않았습니다."[29]

생체 실험 용도로 약물을 제공한 혐의 말고도 카페시우스가 아픈 수감자에게 필요한 의약품을 제공하지 않았다는 혐의는? 퀴글러는 초기에 아우슈비츠에 수감됐던 독일 반정부 인사 루트비히 뵐이 쓴 진술서를 읽어 내려갔다. 주임 의무관의 진료실에서 일했던 뵐은 카페시우스가 신입 수감자들의 개인 소지품에서 귀중품을 찾는 일에만 혈안이 되어 있다는 사실은 당시에도 널리 알려져 있었다고 진술했다. 또한 카페시우스가 그렇게 찾아낸 의약품을 수감자들에게 "낭비"하길 거부했고 SS 대원에게만 제공했다고 말했다.

카페시우스는 깜짝 놀란 표정을 지었다.

"사실이 아닙니다. 그렇게 습득한 의약품은 SS 대원들에게는 제공되지 않고 오직 수감자들에게만 제공됐습니다." 그 정도로는 충분하지 않다고 느꼈는지 카페시우스는 이렇게 덧붙였다. "심지어 제가 찾아낸 좋은 의약품도 SS 대원들에게는 제공하지 않았습니다."[30]

기나긴 공판의 끝이 가까울 때쯤 판사가 카페시우스에게 덧붙일 말이 있느냐고 물었다. 카페시우스는 기회를 놓치지 않고 또다시 치클론 B를 언급했다.

"제 변론을 덧붙이고 싶습니다. 제가 지금 기억하기로는 뉘른베르크 군사재판에서 주요 피고인은 [카를] 브란트 박사였습니다. 그때 치클론 B가 가스실에서 어떻게 사용됐고 수용소에 어떻게 공급됐는지 대략적으로 밝혀졌습니다. 그 사실에 비춰 보면, 1944년에 아우슈비츠의 약사였던 저는 치클론 B와 전혀 관련이 없다는 사실을 분명히 알 수 있습니다. 해당 사건 파일을 확인하시길 긴급히 요청하는 바입니다."[31]

몇 시간에 걸쳐 이어진 신문과 답변은 14쪽짜리 "검찰 조사" 진술서에 상세히 기록됐고, 카페시우스는 이에 서명했다.[32]

신문 바로 다음 날인 12월 5일, 카페시우스는 형사 두 명과 함께 괴핑겐에서 고속 열차를 타고 프랑크푸르트 함멜스가세 감옥으로 연행됐다. 카페시우스는 외국인 세 명과 같은 감방에 수감되었다. "셋 중에 나이가 많아 보이는 사람은 형법을 속속들이 꿰고 있어서 형량을 최소화할 수 있는 절도만 저지른다고 했습니다." 카페시우스는 그 남자와 나머지 두 조폭에게 "내 결백을 증명하고 싶은데 … 난 자유의 몸으로 걸어 나갈 수 있다"고 말했다.[33]

자신이 잘못 기소된 것이라고 감방 동료들을 설득할 틈도 없이, 함멜스가세에 수감된 지 이틀 만에 카페시우스는 또 다른 사법 심리에 참석해야 했다. 이번에도 요아힘 퀴글러 검사가 동석했다.

심리가 시작되었다. 먼저 카페시우스는 재판관에게 며칠 전 서명했던 14쪽짜리 진술서를 "퀴글러 검사와 괴핑겐 치안 판사가 나에게 각각 한 번씩 낭독해 주었"으며, "진술서 내용은 정확하다"고 알렸다.[34]

카페시우스는 이번에도 질의응답에 동의했다. 이번 기회에 그는 앞서 진술한 내용을 더 정교하게 다듬어서 답변했다. 때때로 카페시우스는 단순히 협조적인 태도를 넘어 도전적인 태도를 보였다. 이번에도 바우어가 기소한 모든 혐의에 대해서 직접적인 책임을 부인했다. 승강장에서 신입 수감자들의 생사를 결정하는 선별 작업을 수행한 혐의에 대해서는, 비르츠 박사가 거부하면 총살할 수도 있다고 자기를 위협하는 바람에 선택권이 없었다는 기존의 주장을 반복했다. 그러나 승강장 선별 작업을 대신해 주는 대가로 이름 모를 의사들에게 술을 주었다는 대목은 수정했다. 원래 진술에서는 뇌물을 건넨 의사가 누구였냐는 퀴글러의 질문에 카페시우스는 다음과 같이 대답했다. "이름은 한 명도 기억이 나질 않습니다. 아마 뢰데 박사 아니면 멩겔레 박사였을 겁니다."

무슨 일이 있었던 건지는 몰라도 72시간 만에 카페시우스의 기억력은 놀랍도록 향상됐다. 이번에는 얼버무리지 않고 헝가리인 친구이자 SS 의사 동료인 프리츠 클라인 박사가 "선별 작업을 대신해 줬다"고 카페시우스는 주장했다.[35] 클라인은 1945년 12월에 전범죄로 처형당했다. 카페시우스가 클라인에 대해서 뭐라고 말하든 이를 입증할 길은 없었다. 며칠 사이에 불현듯 1946년에 클라인과 함께 재판을 받았던 독일인 서너 명이 전해 준 이야기가 기억이 났던 걸까? 영국 측 구금소에서 카페시우스와 우연히 조우한 이 독일인들은 그에게 클라인이 남긴 비밀 이야기를 전했다. 클라인은 "차분하게 죽음을 맞이"했으며 "자신의 중재로 [카페시우스는] 무죄라고 변호할 수 있어서 기쁘다"고 말했다는 것이었다. 카페시우스는 그 말을 승강장 선별 작업과 관련해 클라인이 기꺼이 그의 알리바이가 되어 주겠다는 의미로 해석했다.

그렇다면 승강장에서 카페시우스를 봤다는 목격자들의 증언은

어찌 된 것일까? 카페시우스는 전부 "사실이 아니다"라고 딱 잘라 선을 그었다.[36]

치클론 B에 관해 재차 추궁하자 "그 깡통은 … 단 한 번도 제 소관이 아니었으며 나눠 준 적도 없다"며 원래 주장을 고수했다.[37] 카페시우스가 의약품을 보관하던 벙커와 동일한 장소에 치클론 B 또한 보관되어 있지 않았느냐는 재판관의 질문에는 직접적인 대답을 회피했다. 대신 의약품은 "벙커의 절반만 차지했던 것 같다"고만 대답했다.[38]

재판관은 나머지 절반의 공간에 무엇이 보관되어 있었는지 몰랐다는 카페시우스 주장의 진위를 의심하는 듯했다.

"아우슈비츠에서 8개월에서 9개월 간 약사로 근무했다는 사실을 본인이 직접 시인했습니다. 그 기간 동안 당신이 관리하는 물품을 보관하는 벙커의 나머지 공간에 무엇이 있었는지 전혀 관심을 두지 않았다거나 어떤 식으로도 알아차리지 못했다는 말은 믿기가 어렵습니다."

"저는 정말로 거기에 무엇이 있었는지 모릅니다." 카페시우스는 또다시 설득력이 떨어지는 대답을 했다.

뢰데 박사에게 치명적인 생체 실험에 쓰일 에비판이라는 약물을 제공했다는 혐의에 이르러서는 "치사량에 미달하는 양"이었다는 기존의 주장을 고수했다. 다만 이번에는 "뢰데 박사의 그리스인 수감자가 … 뇌졸중으로 사망했다"고 진술함으로써 심장마비로 죽었다고 했던 며칠 전 진술을 번복했다.[39]

마지막으로 카페시우스는 모든 혐의를 전반적으로 부인했다. “아우슈비츠에서 약사로 복역하는 동안 어떤 식으로든 그 어떤 범죄도 저지르지 않았습니다.”

심리가 진행되는 내내 카페시우스는 차분하고 침착해 보였지만 사실은 체포된 직후 며칠 동안 “충격”에 빠졌었다고 뒤늦게 진술했다. 카페시우스는 독방에 수감됐고, 자살 감시 대상자로 감시를 받았다. 그 시기를 카페시우스는 “독방 수감, 혼자 아니면 사기꾼 및 간첩들과 마당 산책”이라고 묘사했다. 수감 기간이 길어질수록 “신경이 피폐해져 갔다”고도 했다.[40]

독방에서 카페시우스는 아이슬러에게 편지를 썼다. “신 앞에 아무리 결백하다 해도 법정에서는 아무런 소용이 없다”며 “원하는 대로 과장되게 혹은 냉철하게 편지를 써 달라”고 애원했다.[41]

Chapter

18

"악의 평범성"

카페시우스는 실의에 빠진 채 1960년 마지막 날을 감옥에서 맞이했다. 하지만 14년 전 미국 측에 구금됐을 때처럼 증거 불충분으로 기소가 취소되리라는 희망을 갖고 우울한 마음을 달랬다. 이 같은 자신감은 전범죄 방어로 명성이 드높은 변호사 프리츠 슈타인아커와 한스 라테른저를 고용한 데서 나왔다. 마흔 살의 슈타인아커는 독일 폭격기 조종사로 복역한 전 나치 당원이자 주니어 파트너 변호사였다. 라테른저는 뉘른베르크 주요 재판에서 나치 최고 사령부와 국방군 고위급 장성을 변호한 전력이 있는 전설적인 변호사였다. 또한 파르벤 재판에서 막스 일그너의 수석 변호사로 활약했으며, 로마에서 파르티잔 대학살을 지시한 혐의로 전범 재판에 회부된 알베르트 케셀링 장군의 변호를 맡기도 했다. 이들에게 카페시우스는 가장 논란이 되는 의뢰인은 아니었다. 도피 중인 의사 멩겔레의 가족 역시 1959년 기소 건 때문에 두 사람을 변호사로 선임했다.

카페시우스는 현재까지 구속된 피고인 가운데 개인적으로 변호인을 선임할 경제적 여유가 되는 유일한 인물이었다. 아무도, 심지어 그의 변호사들조차 그들이 받는 수임료가 과거 카페시우스가 아우슈비츠에서 훔친 귀중품과 금에서 나왔다는 사실을 알지 못했다. 슈타인아커와 라테른저는 단계별로 적극적인 변론을 준비하고 있으니 걱정하지 말라고 카페시우스를 안심시켰다. 그러나 바우어는 서두르지 않고 유죄판결을 이끌어 내기에 부족한 혐의를 하나하나 꿰맞춰 나갔다. 아우슈비츠에서 근무했던 SS 대원 가운데 실제로 독일 법정에 발을 디딘 사람은 1960년까지 고작 일곱 명뿐이었다. 그중에서도 검찰이 이렇다 할 성과를 거둔 사건은 없었다. 예를 들어 아우슈비츠에서 꾸준히 일기를 썼던 요한 크레머는 1960년에 독일 뮌스터 법정에서 유죄를 선고받았다. 그러나 유죄판결을 받자마자 독일 법정은 크레머가 폴란드 감옥에서 10년 동안 있었던 "복역 기간"을 인정하여 그를 바로 석방해 주었다. 가장 큰 기대를 모았던 카를 클라우베르크의 재판은 자꾸 지체되기만 했으며, 결국 재판이 시작되기도 전에 감옥에서 클라우베르크가 숨을 거두고 말았다.

바우어는 단순히 몇몇 피고인을 기소하는 데 그치지 않고 더 많은 성과를 거두길 원했다. 그는 7,000명에서 8,000명에 이르는 SS 장교가 아우슈비츠에서 행정직으로 복역했다는 사실을 알고 있었다. 그중에 현실적으로 극소수만을 기소할 수밖에 없다는 사실도 깨달았다. 하지만 그 파장은 어마어마할 터였다. 바우어는 나치를 충분히 찾아내서 기소할 수만 있다면, 그리하여 모든 기소 건을 묶어서 단일 재판에 회부한다면 국가적으로 어두운 과거를 시원하게 청산할 수 있는 계기가 될 수 있으리라는 큰 그림을 그렸다. 더불어 그는 아우슈비츠의 하급 살인자들뿐만 아니라 "아우슈비츠 단지"를 창조한 SS 수뇌부도 법정에 세울 생각이었다. 독일 법정에서 독일 검사 및 독일 판사들이 홀로코스트 범죄를 심판하게 하는 것이 바우어의 야심 찬 계획이었다.[1]

카페시우스와 그의 변호인단은 독일 전체에 만연한, 과거를 그만 잊자는 국민 정서에 기댔다. 여론의 지지 없이는 바우어가 이끄는 수사가 재판까지 가지도 못하고 흐지부지 끝날 것이라는 데에 카페시우스는 희망을 걸었다. 하지만 카페시우스 입장에서는 실망스럽게도, 그해 봄에 나치 범죄와 처벌받지 않은 가해자들의 운명에 대한 여론의 관심에 불을 지핀 사건이 일어났다. 베스트셀러 첩보 소설을 그대로 재현한 듯한 비밀 작전을 이스라엘 특공대가 실제로 펼친 것이다. 1960년 5월 11일, 유대인 수백만 명을 죽음의 수용소로 보낸 SS 장교 아돌프 아이히만은 아르헨티나 부에노스아이레스 외곽에 위치한 메르세데스-벤츠 공장에서 일과를 마치고 집으로 가는 버스에 올라탔다. 그의 소박한 집은 가리발디 거리에 자리 잡고 있었다. 버스에서 내렸을 때 근처에서 두 남자가 고장 난 차의 엔진을 고치고 있었지만 아이히만은 크게 신경 쓰지 않았다. 버스 정류장 근처에 남자 셋이 탄 차가 주차되어 있다는 사실에도 별다른 관심을 기울이지 않았다. 그런데 아이히만이 고장 난 차 옆을 지나가던 바로 그때 갑자기 뒷문이 열리더니, 장정 네 명이 튀어나와 아이히만을 붙잡아 강제로 뒷좌석에 밀어 넣었다. 눈 깜짝할 사이에 일어난 일이었다. 손발이 묶이고 입에 재갈이 물리기 직전에 아이히만은 겨우 한마디 내뱉었다. "내 운명을 받아들이겠소."[2]

비밀 특공대는 철통 보안을 유지한 채 아이히만을 이스라엘로 이송했다. 유대인 국가 이스라엘은 아이히만을 집단 학살 및 전쟁범죄로 재판에 부치겠다고 공언했다. 이 짜릿한 소식에 빈에 있던 시몬 비젠탈이나 파리에 있는 세르게 클라스펠트, 베아테 클라스펠트 부부 같은 나치 사냥꾼들은 멩겔레와 트레블링카 수용소 소장이었던 프란츠 스탕글처럼 도피 중인 나치 전범자 수색에 다시 속도를 냈다. 순식간에 최종 해결책이라는 전범죄에 세간의 관심이 집중됐다.

당시엔 아이히만을 이스라엘의 손에 넘기는 데 프리츠 바우어가 뒤에서 핵심적인 역할을 했다는 사실을 아무도 몰랐다. 1957년 9월로 거슬러 올라가, 바우어는 이스라엘 정보국 국장 이세르 하렐에게 아이히만이 아르헨티나에 숨어 살고 있다는 정보를 흘렸다.

"아무도 몰랐던 정보를 바우어가 저한테 알려 줬습니다. 바우어는 [독일] 외무부와 부에노스아이레스 대사관을 믿을 수 없다고 했죠. 아이히만에 관한 정보로 무언가를 할 거라고 믿을 수 있는 사람은 우리뿐이라고 했습니다."[3]

바우어에게 결정적인 돌파구를 제공한 사람은 아르헨티나 시골마을 코로넬수아레즈에 사는 독일계 유대인 로타르 헤르만이었다.

부에노스아이레스 출신의 독일 청년 니콜라스 아이히만은 헤르만의 열여덟 살 된 딸을 쫓아다녔던 것이다. 니콜라스가 딸에게 했던 말을 바탕으로 로타르는 바우어에게 제보 편지를 썼다.

이스라엘 측은 바우어가 흘린 정보의 신빙성을 의심했다. 그리하여 1959년 12월, 카페시우스가 체포됐던 바로 그달에 바우어는 예루살렘으로 날아가 이스라엘 법무부 장관에게 불만을 제기하기에 이르렀다. 바우어는 SS 정보원으로부터 아이히만이 *리카르도 클레멘트*라는 가명을 사용하고 있다는 정보를 입수했다고 밝혔다. 바우어는 이스라엘 비밀 정보기관인 모사드Mossad가 그의 프랑크푸르트 검사실에 잠입해서 아이히만 사건 파일을 복사할 수 있도록 검사실 도면과 열쇠를 넘기기도 했다. 다섯 달 뒤에 아이히만은 붙잡혔다.[4]

아이히만 사건을 계기로 나치 범죄자 사냥이 활기를 되찾긴 했지만 독일 유명 인사들은 여전히 바우어의 공개재판에 반대의 목소리를 표명했다. 그중에는 훗날 독일 총리가 된 헬무트 콜도 있었다. 당시 31세였던 콜은 한창 떠오르는 마인츠주 의원이었다. 콜은 제3제국의 몰락이 역사적으로 새로운 사건이기에 감정과 분노를 떠나서 공정하게 재판하기가 불가능하다는 일반적인 견해를 상세히 설명했다.

독일 정치 지도자들의 반발은 예상했던 바였다. 바우어가 예상치 못했던 것은 새로운 법적 장애물이었다. 1960년 이스라엘 특공대가 아이히만을 포획했던 바로 그해에 분데스타크(연방의회)는 연합국이 제정한 법령의 잔재를 모두 철폐했다. 그로 인해 *고의적 살인*을 입증할 수 있는 경우를 제외하고는 나치 범죄를 기소하기가 훨씬 더 어려워졌다.[5] 새롭게 법이 개정되면서, 피고인이 상부의 명령을 따르기만 한 경우에는 법적인 책임을 한 단계 낮춰서 살인 공모죄만 묻기로 했다. 새로운 독일에서 살인 공모죄는 최대 징역 10년 형을 의미했다. 이 법이 서독에서 서구 정보 요원 서너 명을 살해한 KGB(구소련 체제에서 악명을 떨친 비밀경찰_옮긴이) 암살자에게도 적용되면서, 법원은 살인죄가 암살 명령을 내린 전체주의 정부 고위 관료들에게만 적용될 수 있다고 판결했다. KGB 암살자는 모스크바에서 내려온 명령을 따랐을 뿐이므로 독일 법원은 피고에게 살인 공모죄만을 선고했다. 이 판례로 제3제국 범죄에 대해서도 극소수의 나치 엘리트만이 살인죄를 선고받게 될 것임이 분명해졌다.[6]

살인 공모죄 판결을 피하려면 나치 전범죄로 기소된 이들이 아우슈비츠에서 자유의지로, 즉 명령을 떠나 독자적으로 살인을 저질렀다는 사실을 입증해야만 했다. 그렇지 않으면 애써 기소한 전범자들 또한 살인 공모죄로만 처벌받을 것이 뻔했다.

1960년 한 해 동안 바우어와 그가 이끄는 팀은 쉴 새 없이 일하며 아우슈비츠 살인 체계의 단면을 보여 주는 피고인 명단을 추렸다. 세간에 이름이 널리 알려진 가해자들은 이미 사망했거나 도피 중이었다. 아우슈비츠 수용소 소장을 지냈던 루돌프 회스와 아서 리베헨셸은 1947년 폴란드에서 유죄를 선고받고 교수형을 당했다. 그나마 그해 4월에 잔혹한 SS 구역장이었던 슈테판 바레츠키를 추적해 체포하는 데 성공했다.

이미 체포된 카페시우스와 SS 동료들은 바우어가 거물급 인사를 잡아들인 다음에 기소 절차를 진행하고 싶어 한다는 사실을 잘 알고 있었다. 1960년 6월, 카페시우스는 아우슈비츠의 약사 중 이인자였던 게르하르트 게르버에게 8쪽에 달하는 자필 편지를 보냈다. 이 편지에서 카페시우스는 기소와 관련된 이런저런 문제를 호소했다. 게르버는 여전히 자유의 몸으로서 전쟁이 끝난 뒤 가족과 재회한 다음 약사로 복귀해 일하고 있었다.

카페시우스는 "그들은 아우슈비츠에 관한 여론을 조작하기 위해 이 사건을 공개재판으로 진행하려고 한다"면서 게르버에게 조심하라고 경고했다. "명단에 적힌 950명을 추적 중이다. 조금이라도 혐의가 의심되면 모조리 프랑크푸르트로 데려올 것이다. 지금까지 2년 동안 스물여섯 명을 찾아냈다. 수사는 아무래도 아주 오래 걸릴 것 같다. 체포된 사람 중 아우슈비츠에서 복무할 당시에 나처럼 계급이 높았던 사람은 아무도 없다. 다른 사람들은 모두 계급이 낮았다. 여기 잡혀 있는 사람들 가운데 예전에 아우슈비츠에서 신문을 담당했던 하급 분대 지도자 페리 브로드 한 명만이 너에게 안부 인사를 전해 달라고 한다."[7]

카페시우스는 "여전히 살아 있지만 주소지를 알 수 없는" 유명한 아우슈비츠 의사들의 이름도 일부 열거했다. (그중에는 틀린 정보도 있었다.) 실제로 멩겔레는 여전히 남미에서 도피 생활을 하고 있었고, 브루노 베버 박사는 동독에 숨어 살고 있었다. 카페시우스는 호르스트 피셔와 베르너 뢰데도 언급했지만, 사실 뢰데는 1946년 이미 영국에서 처형당했고 전후에 재판에서 무죄를 선고받은 베버는 1956년에 자연사했다.

"의사, 수용소 소장, 상급 분대 지도자 등 아우슈비츠[에서 복무한] 마흔 명이 [벌써] 교수형을 당했다"고 카페시우스는 게르버에게 말했다. 하지만 "치과 의사들은 자유의 몸이다."라는 말로 게르버를 안심시켰으며, "샤츠 박사, 프랑크 박사와도 이야기했다"는 사실을 알려 주기도 했다. 한 줄기 희망적인 소식은 "위생부 출신 뮌히 박사가 뮌헨 근처에 거주하고 있으며 무죄판결을 받고 풀려나 진료 행위를 하고 있다"는 사실이었다.

아우슈비츠에서 카페시우스 본인과 게르버와 함께 일했던, 그래서 두 사람이 수용소에서 정확히 어떤 일을 했는지 알고 있는 SS 대원들이 어떤 운명을 맞이했는지도 편지에 썼다. "발터 베를리너, [프리츠 페터] 스트라우흐, [폴] 라이헬은 죽었다. 비르츠는 목을 매달아 자살했다. 롤링 박사는 음독자살했다." 또한 "부사관 프라이먼과 분대 지도자 도프르잔스키는 행방이 묘연하다"는 말도 덧붙였다.

카페시우스는 SS 상급 집단 지도자 카를 블루멘로이터는 살아 있다고 이야기했다. 블루멘로이터 또한 약사 출신으로 바펜-SS에 합류했다. 그는 베를린 의료소에서 수용소와 관련된 모든 의약품 관리를 책임졌다. 직무상 아우슈비츠에 있는 카페시우스와도 주기적으로 연락을 주고받았다. 전쟁이 끝나고 영국으로부터 풀려난 뒤 블루멘로이터는 발트해 근처 그로미츠로 이주하여 한 병원 약국 책임자로 취직했다. 전후 독일에서 블루멘로이터와 그 가족이 새 삶을 살고 있는 것을 감안할 때 "그가 '지식 부족'으로 우리에게 유리한 증언을

해 줄 것 같지 않다"고 카페시우스는 편지에 썼다.[8]

그러나 카페시우스가 이런 편지를 단순히 아우슈비츠에서 함께 일했던 전 동료에게 다른 동료의 행방을 알려 주려는 목적으로 쓴 것은 아니었다. 슈타인아커와 라테른저는 카페시우스에게 교도소 측에서 모든 편지를 읽고 검열한다는 사실을 이미 경고했다. 카페시우스는 의도적으로 이 사실을 자기 변론의 기회로 이용했다. 검사 측에 자신은 무죄라는 사실을 강조했을 뿐만 아니라 나중에라도 게르버가 신문을 받을 때를 대비해 두 사람의 이야기가 어긋나지 않도록 자신의 진술 내용을 전달한 것이다.

치클론 B를 보관하고 배포한 혐의에 대해서 카페시우스는 그가 신임했던 수감자 조수 고故 프리츠 페터 스트라우흐가 1949년 아우슈비츠에서 방충 책임자였던 SS 장교 군트룸 플라움에 대한 재판에서 했던 증언 때문에 논란이 됐을 뿐이라며 탄식했다. 카페시우스는 스트라우흐가 "조제실은 안전상의 이유로 추가된 경고제가 제거된 치클론 B를 사용했다고 증언했다"며 "스트라우흐가 죽고 나서도 그게[그의 증언이] 자꾸 내 발목을 잡는다"고 덧붙였다.

그러고 나서 카페시우스는 게르버에게 최선의 변론이 무엇인지 넌지시 암시했다.

"나는 조제실에서 치클론 B를 보관하지 않았고 관리하거나 배포하지도 않았다고 진술했다. 우리 중에는 아무도 … 치클론 B에 접근한 사람이 없으며 … 우리는 거기엔 아무것도 보관하지 않았기 때문에 나는 [혐의 사실을 전부] 부인했다. 너도 답변할 때 이 사실을 분명히 짚어 주길 바란다."

카페시우스는 게르버에게 결국 신문을 받게 되면 아우슈비츠 안에서 있었던 일보다는 수용소 밖에서 보낸 시간을 집중적으로 진술하는 편이 좋을 것이라고 조언하기도 했다.

"쉬는 날이면 우리 둘이서 부코비나 지방의 도르나 와트라에서 아우슈비츠로 이주하여 약국을 운영하던 아르민 럼프네 집에 가서 시간을 보내곤 했다고 진술했다. 그리고 주말에는 샤츠 박사와 함께 스토펠 부부네 체코호바 농장에 방문하곤 했으며 그 가족은 지금 뮌헨에 살고 있다는 이야기도 했다."

카페시우스는 승강장 선별 작업에 참여했다는 사실을 한결같이 부인했다는 사실도 편지에 자랑스레 떠벌렸다. 검사 측이 목격자 증언은 카페시우스의 진술과는 배치된다고 했지만 "그들이 거짓말을 하는 것이며, 우리 쪽 증인이 목격자 증언은 사실이 아님을 바로 증명해 줄 것"이라고도 썼다.

카페시우스는 편지에서 자기 연민을 표출할 수 있는 기회도 놓치지 않았다. 그는 퀴글러 검사에 대해 한탄하며 이렇게 말했다. "내가 가능한 모든 방법을 동원해서 수감자들을 도와줬다고 말하자 [퀴글러 검사는] 나를 나무라면서, 아무리 스스로를 괜찮은 사람으로 포장해 봤자 소용없다고 했다. 여기서 본질은 그게 아니며 내게 아무런 도움이 되지 않을 거라고 말이다." 또한 카페시우스는 퀴글러에 대해 불편한 심기를 드러내기도 했는데, 그가 수용소 치과 의사였던 프랑크 박사와 샤츠 박사를 다시 만났다는 사실을 첫 번째 신문 때

밝히지 않았다는 사실에 퀴글러가 집중하는 것이 마음에 걸렸기 때문이다. "내가 뭔가를 숨기고 있다는 의심하는 것 같다." 카페시우스는 이렇게 썼다. "우리가 금니에서 추출한 금을 나눴다고 의심하는 것 같기도 하다."

편지 말미에서야 카페시우스는 게르버의 눈이 번쩍 뜨일 만한 사실을 털어놓았다. 검사들이 "첫 신문에서" 게르버에 대해 물었다는 것이다. 그러고 나서 카페시우스는 이렇게 덧붙였다. "여기서 유일한 증거는 헤르만 랑바인이 직접 봤다는 1944년 7월 1일부터 10월 15일까지 헝가리에서 유대인들이 대량 이송됐을 당시의 임무 배치표다. 우리 이름이 거기 적혀 있었던 것 같다."

이 정보를 알려 주는 목적은 따로 있었다. 카페시우스는 랑바인이 하는 증언의 신뢰성을 떨어뜨리고 싶어 했다. 카페시우스는 게르만에게 보내는 편지에 랑바인이 "골수 공산주의자"이며 "아우슈비츠 진료실에서 약물 주입으로 살해당할 수감자 명단에서 자기 사람들을 빼고 … 다른 유대인들로 대체했다"고 적었다.

그러고 나서 카페시우스는 도움을 요청했다.

"이와 관련해서 뭐든지 아는 게 있으면 유죄를 입증할 수 있는 짧은 진술이 중요하다. 1960년 6월 20일이면 살인죄 공소시효가 만료되기 때문에 그들이 큰 타격을 받을 리는 없지만, 그래도 프랑크푸르트에서 증인으로서 그들이 갖는 신뢰성은 떨어질 것이다."

카페시우스의 편지로 바우어가 이끄는 검사팀은 게르버를 수사 명단에 추가했다. 그러나 1960년에 게르버는 우선순위 조사 대상에서 한참 밀려났다. 검사 측은 여전히 여론의 관심에 불을 지필 수 있는 고위급 나치 인사 한 명을 찾고 있었다. 11월에 루돌프 회스의 오른팔로 그를 일 년 넘게 보좌했던 상급 돌격 지도자 로베르트 물카를 체포하면서 마침내 돌파구가 열렸다. 바우어는 몇 달 전 운 좋게 물카의 소재를 파악했다. 9월 초에 평검사 한 명이 프랑크푸르트 신문을 읽다가, 로마 올림픽에서 동메달을 딴 조정 팀 명단에서 롤프 물카라는 이름을 발견했다. *물카*는 독일에서 흔치 않은 성이었기에 해당 검사는 바로 롤프의 가족을 조사했다. 그 결과 롤프의 아버지가 전 SS 장교였으며 현재 함부르크에서 수출입 회사를 운영하고 있다는 사실이 드러났다. (2년 뒤에 롤프 물카는 아버지의 재판을 돕느라 조정 선수로서의 경력을 포기했다.)[9]

물카는 지금까지 잡아들인 전 나치 인사 가운데서는 가장 거물급 인사였다. 그러나 누가 뭐래도 피고인 명단의 최상단에 있는 인물은 마지막으로 아우슈비츠 수용소 소장을 역임했던 최고위급 SS 장교 리하르트 베어였다. 살아 있다면 베어는 마흔아홉 살일 것이다. 그러나 전쟁이 끝난 뒤로 베어는 종적을 감추었고 아무도 그의 흔적조차 발견하지 못했다. 1960년 후반에 베어의 사진이 독일 언론에 대대적으로 공개되고 난 뒤에야 마침내 검사 측은 실마리를 찾았다. 19세기 독일을 통일한 전설적인 정치 지도자의 손자 오토 폰 비스마르크가 소유한 대저택의 산림 관리자는 언론에 배포된 사진을 보고 그가 자신의 직장 동료가 아닐까 생각했다. 그는 카를 노이만이라는 이름으로 살고 있었다. 노이만은 사람들과 잘 어울리지 않고 대부분의 시간을 혼자 보냈다. 전쟁에 관한 이야기가 나올 때마다 그저 자신은 독일 공군 수장 헤르만 괴링의 요리사였다고만 했다.

그해 12월에 요아힘 퀴글러 검사는 비스마르크 대저택 근처에 위치한 작은 마을 다센도르프로 차를 몰고 가서, 깊은 숲속에 있던 노이만을 체포했다. 서너 시간 동안 사람을 잘못 봤다고 우기던 노이만은 마침내 자신이 오랫동안 행방불명 상태였던 아우슈비츠 수용소 소장임을 시인했다.[10]

베어 체포는 검찰로서 엄청난 업적이었다. 거물급 인사를 체포하면서 대규모 전범 재판을 추진하려던 계획이 급물살을 타기 시작했기 때문이다. 우연히도 베어가 체포된 날은 카페시우스가 체포된 지 딱 일 년째 되던 날이었다. 조기 석방을 장담하던 카페시우스의 자신감은 사라진 지 오래였다. 연말에는 기소가 기각되고 집으로 돌아갈 수 있을 것이라는 예상도 보기 좋게 빗나갔다.

1961년부터 바우어는 아우슈비츠에서 복역한 전 SS 장교 열세 명을 체포했다. 그중에 일곱 명은 보석금을 내고 풀려났지만 카페시우스는 꼼짝없이 철창신세였다. 그해 봄, 바우어는 본격적인 예비 심사를 준비하기 시작했다. 독일에서는 공식 기소 전에 반드시 거쳐야 하는 절차였다. 그해 7월에 바우어가 제출한 서류에는 카페시우스를 포함한 용의자 스물네 명의 이름이 올라가 있었다.[11] 바우어는 이 스물네 명 전원을 법정에 세울지 말지를 결정해야 했다. 충분한 증거가 확보되어야 가능한 일이었다. 한편 경찰과 수사관은 더 많은 피고인을 법정에 세우기 위해 아우슈비츠에서 복역했던 SS 장교를 계속해서 추적했다.

4월 11일에는 바우어와 그가 이끄는 검사들을 비롯해 수많은 독일인의 이목이 마침내 예루살렘 법정에서 시작된 아돌프 아이히만에 대한 재판으로 쏠렸다. 인도에 반한 죄, 전쟁범죄, 범죄 조직에 가담한 죄로 기소된 아이히만은 그를 위해 특별히 방탄유리로 제작된 피고인석에 앉아 있었다. 아이히만은 변론 순서에 자리에서 일어나 놀라울 정도로 건조하고 감정 없는 말투로 수백만 명을 열차로 호송하고 살해하는 일을 가능케 한 효율적 관료주의에 대해 설명했다. 이 재판을 다룬《뉴요커The New Yorker》커버 기사와 책으로 찬사를 받은 독일 태생의 작가이자 철학자 한나 아렌트Hannah Arendt는 아이히만의 냉정하고 인격이 결여된 관료주의적 태도를 가리켜 "악의 평범성Banality of evil"이라는 표현을 처음 사용했다.[12] 나치 사냥꾼 시몬 비젠탈은 "전 세계는 이제 '책상머리 살인자'가 무슨 뜻인지 이해하게 됐다"고 말했다.

아이히만의 재판이 시작되고 이틀 뒤인 4월 13일에 카페시우스도 변호사 프리츠 슈타인아커를 대동하고 프랑크푸르트 법정에 출두했다. 그날 공판에서 퀴글러 검사는 몇 가지 쟁점을 확실히 짚고 넘어갔다.

첫 번째 쟁점은 치클론 B였다. 1959년 12월에 체포됐을 당시 카페시우스는 치클론 B를 보관하거나 배포하지 않았다고 주장했다. 이번에도 역시 카페시우스는 자신이 "관리하는 약국이나 부속실에서 … 치클론 B를 보관하지 않았으며 반대되는 증언은 모두 거짓말이다."

라는 입장을 고수했다.[13] 카페시우스가 치클론 B를 스무 상자 이상 수령하고 서명했을 가능성을 시사하는 새로운 증거가 제시되자 그는 화들짝 놀라며, 그때는 적십자 위원회에서 아우슈비츠를 방문했을 때이며 상자 안에는 오발틴(우유 음료를 만들기 위한 분유_옮긴이) 대체품이 들어 있었다고 주장했다.[14]

퀴글러는 다음 쟁점인 승강장 선별 작업으로 넘어갔다. 카페시우스는 바이엘 영업 사원 시절부터 알고 지낸 생존자들이 아우슈비츠 승강장에서 자신을 봤다는 증언을 퀴글러가 훨씬 많이 확보했다는 사실을 알고 있었다. 카페시우스는 일단 "단 한 번도 승강장에서 선별 작업을 하지 않았다"는 기존 입장을 반복했다. 그러고 나서 그는 슈타인아커의 조언을 받았음이 여실히 드러나는 새로운 주장을 덧붙이며 결백함을 우회적으로 강조했다. 그는 이렇게 주장했다. "가끔씩 승강장에 나갈 때면 수감자들의 소지품은 벌써 다 치워지고 없었습니다. … 그럼 기다렸다가 수감자들의 짐 가방을 가져가야 했습니다. 그때 승강장에서 절 알아보는 의사들과 가끔씩 이야기도 나누곤 했죠. 이게파르벤에서 일하면서 알게 된 루마니아에 있는 유대인 의사만 약 3,000명 정도입니다."

카페시우스는 혼잣말처럼 어떻게 아우슈비츠의 주임 의무관이 명령을 거부하는 자신을 승강장 선별 작업에 투입했는지, 그리고 어떻게 친구였던 고故 프리츠 클라인이 술을 대가로 선별 작업을 대신해 주었는지를 설명했다.

모든 것을 알고도 뢰데 박사가 주도한 치명적인 생체 실험에 에비판을 공급했다는 혐의로 넘어갔을 때, 카페시우스가 변호사의 도움을 받아 치밀하게 변론을 준비했다는 사실이 더욱 명백해졌다. 카페시우스는 이제 뢰데가 약국으로 커피콩을 가져와서 "의학적 조제법"을 의논했을 뿐이라고 주장했다. 그러나 그는 "수감자에게 약물이 사용될 수 있다"는 사실은 전혀 알지 못했다고 강하게 부인했다.[15] 1959년 체포됐을 때부터 직전까지 했던 증언과는 완전히 반대되는 주장이었다. "그[뢰데]는 … 실험을 하고 싶다고 제게 말했습니다. … 뢰데 박사가 수감자들을 대상으로 이런 실험을 하려 한다는 사실이 명백했습니다."[16]

마지막으로 슈타인아커가 보석금 10만 마르크(미화 약 2만 5,000달러)에 카페시우스의 보석을 요청했지만 거절당했다. 카페시우스는 거의 18개월 가까이 되는 구금 생활을 끝내고 보석으로 풀려나길 기대했었다. 나중에 그는 가족들에게 도주 우려가 너무 크다는 이유로 보석 신청을 거부당했을 때 "무너지는" 기분이었다고 고백했다.

구치소로 돌아온 카페시우스는 침울한 심정으로 아이히만의 재판이 어떻게 진행되는지 지켜봤다. 독일 언론은 앞다투어 아이히만의 재판 소식을 보도했다. 1944년 봄에 헝가리계 유대인을 아우슈비츠로 대량 추방한 책임에 관한 내용이 주를 이루었다. 이때 추방당한 생존자들의 증언이 카페시우스와 그의 변호인단에게 큰 걸림돌이 되고 있다는 사실이 드러났다.

1961년 8월 14일, 아이히만과 검사 사이에 벌어지던 줄다리기는 마침내 끝이 났다. 같은 달에 무결점 판사로 명망 높은 하인츠 뒥스가 수사 판사로 임명되었다. 이를 계기로 바우어가 주도하는 아우슈비츠 수사의 제2막이 열렸다. 독일법상 검사가 기소를 진행할 만큼 충분한 증거를 수집했다고 판단되면 기소 파일을 판사에게 반드시 제출해야 했다.[17] 뒥스의 책임은 막중했다. 그는 경찰, 검찰과는 별개로 독립적인 수사를 진행해야 했다. 검토해야 할 목격자 증언과 증거 서류가 첨부된 두꺼운 서류철만 해도 50개가 넘었다. 서류철을 검토하는 와중에 수백 건의 목격자 면담도 진행해야 했다.[18]

그런데 뒥스가 새로운 업무에 본격적으로 뛰어들기도 전에, 프랑크푸르트 법원에 있는 동료 판사 두 명이 그를 호출했다. 뒥스는 그때 일을 이렇게 회상했다. "그들은 제가 적어도 일부 기소 건에 대한 프랑크푸르트 고등법원의 관할권을 거부하면 업무 부담이 줄어들 거라고 생각했습니다. 이 조언을 따르면 법원 행정처로부터 도움을 받을 수 있었습니다. 하지만 그들의 속셈이 뻔히 들여다보였죠. 그들의 진짜 목적은 제 업무 부담을 덜어 주려는 것이 아니라, 제2차 세계대전이 끝난 지 15년이 넘은 지금에 와서 독일 절멸 수용소의 실체를 파헤치려는 기소 건을 막으려는 것이었습니다."[19]

뒥스는 정중하지만 단호하게 거절했다. 그런 뒤에 새로운 역할을 열정적으로 수행해 나가고 있을 때, 한 변호사가 "공정성"에 의문을 제기하며 뒥스를 음해하려다가 실패했다. 철의장막 뒤에서 목격자 증언을 수집할 수 있게 도와 달라는 뒥스의 요청을 법무부 장관이 거절한 적도 있었다.[20]

바우어의 대대적 수사의 표적이었던 카페시우스와 그의 SS 동료들은 불길한 기운이 감도는 가운데 1961년 연말을 보내야 했다. 12월 12일, 예루살렘 법정에서 판사 세 명이 아이히만에게 전쟁 범죄와 인도에 반한 죄로 유죄를 선고했다. 이들은 아이히만이 단순히 상부의 명령을 따른 것을 넘어서 집단 학살을 주도했다고 판결했다. 사흘 뒤 아이히만은 13년이라는 길지 않은 새 이스라엘의 건국 역사상 최초로 사형을 선고받았다. 독일에는 사형 제도가 폐지되고 없었으나 아이히만의 소식에 수감 중인 아우슈비츠 피고인들은 등골이 서늘해짐을 느꼈다.

프랑크푸르트에서 약 1만 킬로미터나 떨어진 파라과이 열대우림 속에 숨어 있던 요제프 멩겔레조차 매일같이 쏟아지는 아이히만에 관한 언론 보도에 괴로워했다. 도피 생활 중에 쓴 일기에서 멩겔레는 나치 범죄에 관한 법적 관심이 되살아난 배후에는 유대인들이 있을 거라 짐작했다. “독일 잡지에 그런 중상모략이 담긴 글이 버젓이 실리다니 믿을 수 없다. 이 잡지들은 그런 자기 모독을 눈감아 주는 현 독일 정부의 몰인격과 몰상식을 여실히 보여 주는 증거다. 정치적 거짓말이 승리하고, 시간과 역사는 비틀리고 왜곡됐다. 말끝마다 ‘인도주의와 기독교 정신’ 그리고 ‘우리가 믿는 신의 이름으로’ 타령이다. 이 모든 배후에 있는 건 딱 하나다. 바로 영웅적이고 진정으로 우월한 독일인의 의식 세계를 향한 구약의 증오심이다.”[21]

Chapter

— 19

"제게는 명령을 거부할 권한이 —— 없었습니다"

1962년이 시작됐지만 카페시우스는 여전히 침울했다. 구치소에 수감된 지 벌써 2년하고도 한 달이 지났다. 수임료 영수증은 쌓여만 가는데, 바우어가 언제쯤 공식 기소장을 접수할지, 혹은 증거 불충분으로 그를 석방해 줄지 현실적으로 알려 주는 변호인은 아무도 없었다. 그러나 슈타인아커와 라테른저는 현실주의자들이었다. 그들은 카페시우스에게 기소가 기각될 가능성은 희박하다고 말했다. 바우어를 필두로 한 검사들이 이 사건에 너무 많은 시간과 노력을 들이고 있었고, 특히 아이히만 재판이 끝난 뒤 전 세계의 이목이 여기에 쏠려 있는 상황이었다. 슈타인아커는 카페시우스가 재판을 받게 될 가능성이 높다고 말했다.

1월 10일부터 카페시우스는 적어도 지지부진했던 소송이 급물살을 타고 있다는 느낌을 받았다. 슈타인아커가 동행한 가운데 그는 경찰차를 타고 프랑크푸르트 법원으로 이송됐다. 독일법상 피고인은 검사와 수사 판사에게 별도로 각각 한 번씩 신문을 받았다.

재판이 시작되기 전 법정에서 카페시우스가 그를 기소한 생존자 가운데 하나인 요제프 글뤼크와 예상치 못하게 맞닥뜨리면서 잠시 극적인 상황인 연출됐다.[1] 글뤼크는 전쟁이 발발하기 전, 카페시우스가 파르벤에 근무하던 시절에 고객으로 만난 루마니아 방직업자였다. 1944년 6월, 아우슈비츠 승강장에서 카페시우스가 글뤼크를 선발했다. 재판이 있던 수요일 아침 법원에서 피해자와 가해자는 18년 만에 처음으로 조우했다. 한 사람은 접견실을 나오던 참이었고 다른 한 사람은 들어가던 참이었다. 법정 기록은 글뤼크가 극도로 동요하며 "흥분을 감추지 못했다."라는 말로 그 순간을 기록하고 있다. 글뤼크는 당시 이렇게 외쳤다. "카페시우스다! 하나도 안 변했네! 살이 하나도 안 빠졌어요. 한눈에 알아보겠어요!"

이윽고 글뤼크는 감정이 복받쳐 말을 잇지 못했다. 그는 너무나 흥분한 나머지 카페시우스의 능글맞은 미소를 입가에 상처가 난 줄로 오인했다. 카페시우스가 복도 밖으로 사라지자 글뤼크는 "멍하니 있다가 … 와락 눈물을 터뜨렸다."[2]

한편 카페시우스는 동요하는 기색조차 보이지 않았다. 그저 재판이 시작된다는 사실에 들뜬 모습이었다. 오랜 구금으로 축적된 좌절감과 아직도 기소 혐의를 완전히 벗을 수 있다는 근거 없는 자신감이 합쳐진 결과였다.

혐의가 제기될 때마다 카페시우스는 기존의 주장을 반복하면서 중간중간에 새로운 변론을 끼워 넣었다. 그는 종종 확신에 찬 어조로 말했다. "저는 단 한 번도 승강장 선별 작업에 나서지 않았습니다."[3]

뒥스 판사가 승강장 선별 작업을 수행하며 수감자들의 생사를 결정했던 카페시우스를 목격했다는 증인의 이름을 구체적으로 언급하자 카페시우스는 갑자기 기억력 저하를 호소했다. 어떤 목격자에 대해서는 "누군지 모른다"고 주장했고 또 다른 목격자에 대해서는 "기억이 나질 않는다"고 주장했다. 가끔씩 사건 자체를 일절 "부인"하기도 했다. 그토록 수많은 사람들이 승강장에서 자신을 봤다는 증언에 대해서는 다음과 같이 새로운 변명을 늘어놓기도 했다. "제 생각에 목격자 모두가 클라인 박사를 저로 착각한 것 같습니다. 클라인 박사도 헝가리 사람입니다. 그는 심지어 저보다 더 유창한 헝가리어를 구사하죠."[4]

카페시우스가 승강장 선별 작업에 참여하라는 에두아르트 비르츠의 명령에 처음부터 저항했다는 지난번 진술에 살을 붙이면서, 슈타인아커가 심혈을 기울여 변론을 준비해 줬다는 사실이 명백해졌다. 카페시우스는 이제 비르츠가 다음과 같은 이유로 그 어떤 타협도 허용하지 않았다고 주장했다. "저는 군인 체질이 아니었기 때문입니다. 게다가 루마니아에서 받은 군사 교육은 한 달짜리 기초 훈련뿐이었습니다. 어쨌든 저는 약사 일만 했습니다. 그래서 비르츠는 제가 열성적인 SS 장교가 아니라고 생각했던 것 같습니다."[5]

카페시우스는 선별 작업에 참여하라는 명령에 자신이 얼마나 심란했는지를 보여 주고자 기존 진술에 새로운 양념을 슬쩍 끼얹었다. 그는 조제실로 돌아와서 수감자 약사 유라제크에게 탈영을 생각하고 있다는 말까지 한 적이 있다고 주장했다.[6] 탈영을 하지 않을 수 있었던 건 그날 늦게 프리츠 클라인 박사가 자신이 그토록 고민하는 모습을 보고서 안타까운 마음에 선별 작업을 대신해 주겠다고 말해 주었기 때문이라고 덧붙였다. 이 대목에서 아마도 슈타인아커는 클라인이 고작 슈납스 한 병을 받고서 그 소름 끼치는 추가 업무를 대신 해 줬다는 카페시우스의 진술이 별로 신빙성 있게 들리지 않는다고 조언한 듯했다. 그리하여 카페시우스는 이번에는 선별 작업을 대신해 주는 대가로 클라인에게 귀중한 술, 담배, 평소에는 구하기 힘든 음식과 바꿀 수 있는 자기 몫의 특별 보급품 쿠폰 전부를 주겠다고 말한 것처럼 들리도록 진술을 바꿨다.[7]

뮉스 판사는 카페시우스의 증언이 앞서 제출한 진술서와 모순된다는 사실을 알아차렸다. 체포 직후에 작성한 첫 번째 진술서에서 카페시우스는 클라인을 언급조차 하지 않았다. 누군가 그의 선별 작업을 대신해 주었다는 가정 아래 그 의사들이 누구냐는 질문을 받고 카페시우스는 처음에 이렇게 대답했다. "이름은 한 명도 기억이 나질 않습니다."[8] 또한 카페시우스는 언제 클라인에게 접근했고 어떻게 선별 작업을 대신해 달라고 그를 꼬드겼는지에 관한 부분에서 첫 번째 신문과 두 번째 신문 때 서로 다른 진술을 했다.

슈타인아커는 판검사가 이런 모순점을 곧바로 지적하리라는 사실을 알 만큼 노련한 변호사였다. 그래서 바로 해명할 수 있도록 카페시우스를 미리 준비시켰다. 덕분에 카페시우스는 단박에 먼젓번에는 "갑작스레 체포되는 바람에 경황이 없어서 제대로 말을 하지 못했다"고 해명했다. 그런가 하면 그때는 퀴글러가 시키는 대로 일단 진술서에 서명을 하긴 했는데, 사실은 "필기체를 읽지 못하기 때문에" 진술서 내용은 확인하지 못했다고도 했다. 1959년 12월 4일 자 진술서의 경우에는 단순히 "퀴글러 본인이 했던 말"을 적은 것인 줄 알고 서명했다는 믿기 힘든 주장도 덧붙였다.[9]

나중에 카페시우스는 어느 기자에게 이렇게 말했다. "첫 번째 신문에서는 일부러 클라인 박사를 언급하지 않았습니다. 루마니아에 있는 그의 딸들에게 피해가 갈까 봐 두려웠기 때문입니다. 나중에 클라인 박사의 이름을 언급해도 문제가 되지 않을 거라는 말을 듣고 나서야 저는 안심하고 이야기를 했습니다."[10]

가스실로 보내진 유대인들의 소지품에서 귀중품을 훔쳐 개인적인 이득을 챙겼다는 혐의에 대해서는 또다시 중상모략일 뿐이라고 잡아뗐다. 승강장에서 짐 가방 1,500개를 조제실로 가져온 사실은 인정하지만 "괜찮은 원두 약간" 말고 개인적으로 챙긴 물건은 아무것도 없다고 주장했다.[11] 그가 귀중품을 훔쳤다는 증언은 모두 "부정확"하다고 말했으며 "그 정확성에 이의를 제기한다"면서 결백을 강조했다.

조제실에 보관해 둔 페놀로 SS 의사들이 수감자를 살해한다는 사실을 알고 있었다는 혐의 또한 재차 부인했다. 카페시우스는 전쟁이 끝난 후 신문 기사를 통해 이 사실을 알게 됐다고 주장했다.[12] 또한 페놀은 어떤 경우에든 수감자 약사 프리츠 페터 스트라우흐의 소관이었다고 뒥스 판사에게 강조했다. 물론 스트라우흐는 이미 세상을 떠난 뒤였다. 카페시우스는 뢰데 박사가 수감자들을 죽이는 데 사용한 에비판에 대해서도 자신은 전혀 아는 바가 없다고 동일한 주장을 펼쳤다. 그 혼합물 "[또한] 스트라우흐가 준비했습니다. … 스트라우흐에게 책임이 있습니다."[13]

카페시우스는 혼동, 왜곡, 전략적 기억 상실을 적재적소에 잘 활용했고, 이미 죽고 없는 수감자 보조나 SS 동료에게 책임을 잘 전가했노라 스스로 만족했다. 슈타인아커는 아니었다. 그는 여전히 카페시우스가 아우슈비츠에서 저지른 모든 행동이 단순히 상부의 명령을 따랐음을 충분히 피력하는 데 실패했다고 생각했다.

변호사와 의뢰인 사이에 이 같은 대화가 오고 간 지 2주 만인 1월 24일에 두 사람은 뒥스 판사를 다시 만났다. 카페시우스는 폭탄 발언으로 법정을 충격에 빠뜨렸다.

"지난번[1월 11일]에 법정에 출두했을 당시 저는 신체적으로나 정신적으로나 상태가 좋지 않았습니다. 휴정하는 동안에 퀴글러 검사가 제기한 혐의가 각각 무엇이었는지 잊어버렸기 때문입니다. 따라서 제가 드렸던 설명은 제정신에서 나온 것도 아니고 의도적으로 나온 것도 아닙니다. 추후에 계속해서 잘못된 점들을 뒤집으려고 했지만 … 저는 더 이상 중요한 논점을 명확히 설명하거나 제 자신을 변론할 수 있는 상태가 아니었습니다. 따라서 1962년 1월 11일에 서명한 진술을 철회합니다."[14]

이 새로운 공판에서 이제 카페시우스는 치클론 B부터 승강장 선별 작업과 생체 실험에 이르기까지 모든 혐의에 대한 변론을 연습한 대로 줄줄 읊었다. 뿐만 아니라 나중에 자신의 변호인단이 카페시우스가 아우슈비츠에서 했던 일이 단순히 상부의 명령을 따랐을 뿐이라는 변론의 증거로 쓸 수 있을 만한 정보들을 미리 투척해 놓았다. 카페시우스는 "아버지에게서 독일은 질서와 법치주의의 표상이라는 말을 끊임없이 들으며 자랐기 때문에 비록 내 눈에는 잔인해 보일지라도 아우슈비츠에서 일어나는 모든 일이 합법적이라고 여겼다"고 말했다.[15]

가스실로 보낼 사람을 선별하는 일은 어떻게 생각할까? 그것에 대해서도 뒥스가 물었다.

"저는 결코 그런 일이 독일에서 법 없이 가능하다고 생각해 본 적이 없습니다." 카페시우스는 같은 주장을 되풀이했다. 동기 없는 살인죄로 종신형을 선고받지 않으려면 그는 단지 거대한 대량 학살 기계의 작디작은 톱니였을 뿐이라는 사실을 강조해야 한다고 슈타인아커가 단단히 훈련시킨 것이 분명했다. "한마디 더 드리고 싶은 말씀은, 저는 결코 아우슈비츠에서 유대인들을 적대적으로 대한 적이 없다는 사실입니다. 오히려 [일부] 목격자들이 말한 것처럼 … 폴란드인들과 비교하면 저는 유대인들에게 지나치게 잘 대해 주었습니다."[16]

뒥스는 짜인 대본에서 카페시우스를 흔들어 놓으려고 한 번 더 시도했다.

“아우슈비츠에서 일어난 일이 현행법에 비춰 보아도 적합했다고 생각합니까?”

“마음속으로는 아우슈비츠 같은 수용소에 반대합니다. 하지만 제게는 현실을 바꿀 수 있는 권한이 없었습니다. 어쨌거나 저는 아우슈비츠를 빠져나오려고 정말 노력했습니다. 게다가 이미 말씀드린 대로 선별 작업에 배정됐을 때도 거부 입장을 취했고요.”

“단지 명령을 따랐을 뿐”이라는 추후 변론의 초석을 놓는 것을 넘어서서, 카페시우스는 지난번에도 뒥스 판사와 대면했던 사실을 이용해서 수용소 근무 기록을 흐려 놓으려고 시도했다. 예를 들어 아우슈비츠 발령 날짜를 1944년 4월 12일로 바꿔서 진술하는 식이었다. 카페시우스는 최근에 다하우에서 복역하던 중에 엄마, 여동생과 함께 1944년 성주간聖週間을 보낸 기억이 떠오르면서 아우슈비츠로 발령받은 “정확한 날짜”가 기억이 났다고 주장했다. 실제 아우슈비츠에서 복무한 기간에서 거의 4개월을 덜어 내려는 대담한 시도였다. 만약 이 시도가 성공한다면 그 이전에 그를 보았다는 골치 아픈 목격자 증언을 자동으로 삭제할 수 있었다.

법정 서류에 카페시우스가 “1943년 후반”부터 아우슈비츠에서 근무했다는 사실이 명시되어 있었지만 요아힘 퀴글러는 당시에는 그의 주장에 이의를 제기하지 않았다.[17] 나중에라도 카페시우스의 날짜 조작 시도를 밝혀낼 기회는 얼마든지 있었다. 실제로 감옥에서 쓴 개인적인 편지만 봐도 카페시우스는 아우슈비츠에서 근무한 첫

날이 언제인지 정확히 기억하지 못한다는 사실이 드러난다. "내 전임자인 크뢰머 약사의 사망 날짜를 알아보는 것도 좋은 방법이다. 다들 말이 다른데 그중에 제일 빠른 날짜를 말하는 사람은 1943년 가을이라고도 한다. 우리가 바르샤바에 한 달을 있었나 6주를 있었나? 1943년 크리스마스에는 어디 있었나?"[18]

1월 24일 공판은 카페시우스가 그를 변론해 줄 것으로 예상되는 사람 서너 명의 명단을 제시하면서 끝이 났다. 그중에는 스토펠 부부도 있었다. 아우슈비츠에서 근무하던 당시 카페시우스는 주말이면 수용소에서 제법 떨어진 스토펠 부부네 집을 방문해서 시간을 보내곤 했다. 명단에는 오시비엥침에서 약국을 운영하던 독일인 아르민 럼프와 1944년에 함께 짧은 휴가를 떠났던 아우슈비츠의 간호사 로테 릴도 있었다. 아우슈비츠에 와 본 적은 없지만 같은 고향 출신이면서 SS 장교였던 고故 요제프 베커의 아내 빅토리아 레이도 카페시우스와 프리츠 클라인의 외양이 비슷했다는 사실을 증언해 줄 수 있으리라는 판단에서 명단에 넣었다.[19]

카페시우스는 공판을 마치고 다시 구치소로 돌아왔다. 검찰이 카페시우스를 기소할 준비를 체계적으로 해 나가는 동안 카페시우스는 점점 더 커져 가는 고립감을 느꼈다. 외부와의 접촉이라고는 변호사의 방문이 거의 전부였고, 아내와 세 딸을 독일로 데려오려는 시도는 아직까지 아무런 진전이 없었다.

5월 31일에 카페시우스와 다른 피고들은 우울한 소식을 전해 들었다. 이스라엘 고등법원에서 아돌프 아이히만의 상고를 기각한 것이다. 자정을 몇 분 앞두고 아이히만은 라믈라 교도소에서 교수형을 당했다. (그의 유해는 나중에 이스라엘 영해 너머에 있는 먼바다에 뿌려졌다. 신나치 세력이 그의 유해가 뿌려진 지점을 성지로 만드는 것을 방지하기 위해서였다.)

며칠 뒤 카페시우스에게 아이히만을 까맣게 잊게 하는 더 큰 문제가 닥쳤다. 프리츠 슈타인아커가 요아힘 퀴글러를 면담했다. 슈타인아커는 아돌프 뢰그너가 무죄를 입증해 줄 목격자들을 찾아 주는 대가로 카페시우스에게 금품을 갈취하려 한다고 신고했다. 아우슈비츠 카포 출신인 뢰그너는 전과가 많은 데다가 위증죄로 유죄판결을 받은 인물이었다. 그의 제보로 SS 장교 빌헬름 보거가 체포되기도 했다. 검찰은 즉각 뢰그너가 이런 일을 벌인 데는 복수심, 평판, 금전 등 여러 가지 동기가 복합적으로 작용했다고 판단했다. 뢰그너가 생존자들에게 접근해, 카포 출신으로서 아우슈비츠에서 수감자들 사이에서도 존재하던 또다른 가해자-희생자의 역학 관계를 이용하여 카페시우스와 다른 피고들에게 유리한 진술을 받아낸 다음 돈을 받고 팔아넘길지도 모른다는 사실을 알게 된 이상 퀴글러는 가만히 있을 수 없었다. 퀴글러는 즉시 뢰그너를 소환하고 지금 당장 그만두지 않으면 체포하겠다고 말했다. 그 뒤로 뢰그너는 더 이상 카페시우스에게 접근하지 않았다.[20]

남은 1962년은 조용히 흘러갔지만 카페시우스는 답답해 미칠 지경이었다. 기약 없는 공식 기소를 기다리는 가운데 구속 기간만 길어지자 그의 초조함은 커져만 갔다. 카페시우스는 변호사들에게 연일 사건 진행을 앞당길 수 있는 방법은 없는지 질문 세례를 퍼부었다. 때때로 교도소 당국이 그의 편지를 검열하고 있다는 사실은 안중에도 없는 사람처럼 지인들에게 연달아 편지를 보내기도 했다. 처남에게 쓴 편지에는 이런 내용도 있었다. "내 결백은 증명됐다. … 더 이상 나는 이 사건과 관련이 없다. 하지만 이 사실은 너만 알고 있어라."[21] 스토펠 부부에게 보낸 편지에서는 놀랍게도 법정에 출두했을 때 증언할 내용을 정확히 제시하기까지 했다. 카페시우스는 스스로를 삼인칭으로 지칭하며 다음과 같이 증언하라고 썼다. "카페시우스 박사는 언제나 아우슈비츠의 전체적인 분위기가 그를 얼마나 우울하게 하는지 스트레스를 호소하곤 했습니다. 가끔씩 의사들이 가져온 짐 가방을 가지러 승강장이라는 곳까지 내려갈 때면 새로 도착하는 열차를 흘긋 쳐다보기도 했고 그 이야기를 우울하게 꺼내기도 했습니다."[22]

카페시우스는 스토펠 부부에게 그들이 얼마나 자주 아우슈비츠에 있는 조제실을 방문했는지와 더불어 수감자 보조들과 "자주 담소를 나누었다"는 사실도 이야기하라고 당부했다. "갈 때마다 그들이 상사와의 관계에 아주 만족하고 있다는 인상을 받았습니다. 특히 스트라우흐는 카페시우스를 입이 닳도록 칭찬했습니다. 모두들 영양상태도 좋아 보였고 언제나 좋은 대우를 받고 있었습니다. 카페시우스는 수감자들에게 친절했습니다."

카페시우스가 스토펠 부부에게 스트라우흐를 강조하라고 한 것은 우연이 아니었다. 스트라우흐는 이미 죽고 없어서 그와 관련해 어떤 말을 해도 반박할 수 없었을 뿐만 아니라 앞선 전범 재판에서 카페시우스가 치클론 B와 관련이 있다고 증언한 인물이기도 했다. 카페시우스는 스토펠 부부에게 자신의 "사교적인 성격"에 대해서도 언급해 주고, 루마니아 군대가 당도하기 직전에 자기들이 아우슈비츠를 빠져나갈 수 있도록 도움을 준 "카페시우스 박사에게 갚을 은혜가 있다"는 말도 빼먹지 말라고 당부했다.

마침내 검찰이 스토펠 부부를 증인으로 소환했을 때, 그들은 카페시우스가 뻔뻔하게 편지에 써 준 내용 그대로 진술했다.[23]

1962년에 카페시우스에게 전해진 유일한 좋은 소식은 법적 문제와는 아예 별개였다. 큰돈을 지불했던 "패밀리 바이백" 프로그램이 드디어 성과를 내기 시작했다. 막내딸 크리스타에게 서독 이주 허가가 떨어진 것이다. 아내와 다른 두 딸 멜리타와 잉그리드는 여전히 대기 명단에 있었지만 이제 나머지 세 사람에게 이민 허가가 떨어지는 건 시간문제였다. 카페시우스는 둘째 딸 잉그리드가 클루즈 대학에서 생물학 학위를 받았다는 기쁜 소식도 전해 들었다. 이제 잉그리드에게는 서독에서 많은 기회의 문이 열릴 터였다. 카페시우스는 오랜 세월이 흘러 드디어 딸아이를 만나게 됐는데 하필 그 장소가 감옥이라는 사실에 좌절감을 느끼기도 했으나, 그래도 언젠가 자유의 몸으로 걸어 나가는 그날에 온 가족이 그를 반겨 주리라는 희망의 끈을 놓지 않았다.

Chapter

20

"살인 가해자"

하인츠 뒥스 판사는 2년 가까이 진행된 수사가 드디어 완료됐다는 보고로 1963년 새해를 맞이했다. 그는 독립적으로 수사를 진행하면서 미국, 러시아, 이스라엘, 브라질, 유럽 전역에 흩어져 살고 있는 생존자 수백 명에게서 수천 장에 달하는 진술서를 받아냈다. 단일 판사가 수집한 수사 기록으로는 역대 최대 분량이었다. 바우어에게는 마침내 공식 기소를 진행할 수 있게 됐다는 청신호였다. 그때 독일에서는 살인죄 공소시효를 연장하느냐 마느냐를 놓고 열띤 논쟁이 벌어지고 있었기 때문에 바우어는 마음이 조급했다. 살인죄 공소시효가 당시 법대로 20년으로만 유지된다면 1965년 이후에는 분데스타크가 법을 개정하지 않는 한 아우슈비츠 피고인들을 기소하기란 불가능했다. 검찰 측은 불확실한 정치적 결과에 재판의 운명이 좌우되

길 원치 않았다.[1]

4월 4일에 프리츠 바우어는 그토록 기다리고 기다리던 기소장을 발부했다. 일부 법조계 석학들은 첫 번째 용의자를 체포한 이후로 몇 년 동안이나 공식 기소를 미룬 탓에 재판에 대한 관심도 시들해졌을 것이라 예측했다. 그러나 피고인 스물네 명에 대한 광범위한 혐의를 기재한 장장 698쪽에 달하는 기소장은 독일 사회에 엄청난 파장을 불러일으켰다. 첫 장부터 195쪽까지는 주로 제3제국에서 존경받던 소수의 역사학자에게 의존해서 아우슈비츠의 역사를 낱낱이 기술한 내용을 담고 있었다. 아우슈비츠의 역사는 피고인들이 저지른 범죄가 수용소의 관료주의와 불가분의 관계에 있음을 증명하는 단초가 됐다. 200명이 넘는 증인들의 증언이 각 피고인의 혐의를 상세히 뒷받침했다. 피고인들을 바라보는 검사 측 입장은 명확했다. 그들은 단순히 상부의 명령을 실행한 일개 하수인이 아니라 열정적으로 최종 해결책을 주도한 적극적 가해자들이었다.

바우어는 이 기소장을 바탕으로 과거사 청산을 둘러싼 공론의 장이 마련되길 바랐다. 5년간의 수사 내용을 종합한 기소장에는 상상을 초월하는 충격적인 사실도 수록되어 있었다. 일례로 아우슈비츠 수송부에서 근무했던 바펜-SS 장교 리하르트 뵈크는 가스실의 참상을 다음과 같이 생생하게 진술했다. “그 비명 소리는 어떻게 설명할 수가 없습니다. 비명은 8분에서 10분쯤 이어지다가 갑자기 모든 것이 고요해졌습니다. 수감자 몇 명이 조금 더 기다렸다가 가스실 문을 열면 거대한 시체 더미 위로 여전히 둥둥 떠다니는 파란 안개를 볼 수 있었죠. 장기나 신체 일부가 누구 것인지 구분조차 안 될 정도로 시체는 한데 뒤엉켜 있었습니다. 한번은 어느 희생자의 집게손가락이 다른 희생자의 눈구멍 안으로 몇 센티 정도 들어가 있는 모습을 보았습니다. 최후의 순간에 그 고통이 이루 말할 수 없을 정도로 끔찍했음을 짐작할 수 있었죠. 너무 메스꺼워서 구토가 나올 뻔했습니다."[2]

이 같은 끔찍한 진술들은 광범위하고 상세한 기소 내용과 더불어 대중의 관심을 사로잡았다.

카페시우스 외에 다른 피고인들도 아우슈비츠의 여러 단면을 대표하는 인물들이었다. 아우슈비츠의 마지막 소장이었던 리하르트 베어가 그중에 계급이 가장 높았다. 베어의 부관이었던 카를 회커와 루돌프 회스의 부관이었던 로베르트 물카도 있었다. 나머지 피고인 가운데는 경비대 수장(프란츠 호프만)과 그의 핵심 수하 두 명(오스발트 카두크, 슈테판 바레츠키), SS 의사(프란츠 루카스), 카페시우스와 친한 SS 치과 의사 두 명(빌리 프랑크, 빌리 샤츠), 게슈타포/정치부 소속 SS 장교(빌헬름 보거, 클라우스 딜레프스키, 페리 브로드, 요한 쇼베르트, 한스 슈타르크), 구역장 및 관리인(하인리히 비쇼프, 브루노 슐라게), 의료병(요제프 클레어, 에밀 한틀, 헤르베르트 셰르프, 게르하르트 노이베르트, 한스 니에츠비키), 수감자 소지품 관리인(아서 브라이트비저), 수감자 카포(에밀 베드나레크)가 있었다.

놀랍게도 이 중에 서너 명은 예전에 이미 재판에 회부되어 유죄 선고를 받은 적이 있었다.

예를 들어 아서 브라이트비저는 1946년 폴란드에서 열린 대규모 아우슈비츠 재판에서 사형을 선고받았다. 1948년에 종신형으로 감형을 받았는데 복역한 지 11년 만에 폴란드 정부는 그를 서독으로 추방했다. 다시 민간인의 삶으로 복귀해 회계사로 일하던 브라이트비저는 1961년에 바우어에게 체포됐다.

하지만 피고인 대부분은 프랑크푸르트 검찰이 수사에 착수하기 전까지 전쟁 전의 직업으로 복귀해 실명으로 버젓이 살아가고 있었다. 카를 회커는 고향 아인게르스하우젠으로 돌아와 다시 은행업을 시작했다. 카페시우스의 친구이자 아우슈비츠 치과 의사였던 빌리 프랑크와 빌리 샤츠는 각각 슈투트가르트와 하노버에서 성공적으로 치과를 개업했다. 부인과 전문의인 프란츠 루카스 박사는 엘름스혼에 있는 한 병원에 의료 보조원으로 취직했다가 의료 부실장을 거쳐 마침내 부인과 과장으로 승진했다. 1963년에 그가 아우슈비츠에서 복역한 사실이 신문에 보도되면서 병원은 사임을 요구했지만, 바우어에게 체포되기 전까지는 개인 병원을 개업해서 승승장구했다. 그중에서도 가학적인 카포였다는 사실을 철저히 숨기고 희생자인 척 배상금까지 받아낸 에밀 베드나레크의 사례는 실소를 자아낸다.

피고인들은 모두 가장 심각한 혐의인 "살인 가해자"로 기소됐다. 피고인 가운데 일부는 검찰이 희생자를 특정할 수 없었던 관계로 일반적인 혐의로 기소됐다. 일반적인 혐의란 아우슈비츠의 전반적인 대량 학살에 관여한 죄를 뜻한다. 예를 들어 수용소 부관이었던 로베르트 물카는 목격자는 없지만 "절멸 수단의 준비 및 실행을 전담"한 혐의로 기소됐다. 바우어는 독일법상 일반적인 혐의는 증명하기가 어렵다는 사실을 알고 있었다. 피고 측 변호인은 즉시 이 점을 물고 늘어졌다. 물카의 변호사는 독일법에는 "직무상 유책성functional culpability"이라는 개념이 없다는 점을 지적하며 "기소장에서 일반적인, 때로는 논쟁적인 내용을 모두 제외하고 나니 … 피고의 유죄를 입증할 수 있는 구체적인 행동은 하나도 남지 않는다"고 주장했다.[3]

이와는 달리 기소장에 살인 피해자의 이름을 명시하고 특정 피고인에게 해당 살인 혐의를 결부한 경우도 있었다. 예를 들어 오스발트 카두크는 "8번 구역에서 수감자를 구타하고 지팡이를 목에 대고 그 위에 밟고 올라서서 숨통을 짓눌러 교살"한 혐의로 기소됐다. 카두크는 이런 방식으로 다수를 살해했는데, 그중에는 전 앤트워프 유대인 의회 서기를 역임했던 다이아몬드 판매상 모리츠 폴라케비츠도 포함되어 있었다.[4]

그러던 6월 17일, 검찰은 가장 거물급 피고인이었던 리하르트 베어가 감옥에서 심장마비로 급사하면서 큰 타격을 입었다. 역사학자 데이비드 펜다스는 다음과 같이 썼다. 베어의 죽음은 "프랑크푸르트 재판의 화제성 상실 그 이상을 의미했다. 베어의 죽음으로 아우슈비츠의 전 계급을 아우르는 재판을 진행하려던 계획은 우두머리 없이 진행할 수밖에 없게 됐다."[5] 예기치 못한 베어의 죽음은 피고 측 변호사들에게는 선물이었다. 변호사들은 베어의 죽음으로 명령 체계에 관한 쟁점을 흐려서 개인 책임 대 단순 명령 복종의 문제로 책임 소재에 의문을 제기할 수 있다는 사실을 깨달았다. 이는 아주 중요한 문제였다. 독일법에서는 명령이 불법이라는 사실을 알면서도 해당 명령을 수행했을 경우에만 유죄를 선고할 수 있었기 때문이다. 명령이 불법인 줄 모르고 수행했을 경우에는 해당 명령을 내린 지휘관에게만 유책성이 인정됐다.[6]

재판이 시작되기도 전에 또 다른 타격이 검찰 측에 날아들었다. 독일에서 기소는 적법한 혐의에 대해 법원에 심사를 검토해 달라는 제안의 의미에 그쳤다. 프랑크푸르트 고등법원 형사3과는 피고인 전원을 가장 심각한 혐의인 살해 가해자로 법정에 세워야 한다는 검찰 측 제안을 받아들이지 않았다. 그해 초여름 고등법원은 피고인 절반에 대한 기소 혐의를 살인죄에서 살인 방조죄로 낮추어 승인했다. 이는 곧 최대 형량이 징역 10년에 그친다는 사실을 의미했다.[7]

피고 측 변호인들은 고등법원의 이 같은 결정을 두 손 들고 환영했다. 그러나 카페시우스와 고액의 수임료를 지불한 그의 변호인단은 이 기쁨에 동참하지 못했다. 카페시우스에게는 여전히 "살인 가해자" 혐의가 적용된 상태였다. 카페시우스는 최대 종신형을 선고받을 수 있는 일곱 명의 피고인 중에 한 명이었다. 설상가상으로 카페시우스는 치명적인 생체 실험에 가담한 혐의로 기소된 유일한 피고인이었다.[8]

피고인들의 법적 유책성을 묻는 어느 기자의 질문에 프리츠 바우어 수석 검사는 한 치의 망설임도 없이 이렇게 대답했다. "저는 개인적으로 그 질문을 이렇게 바꿔야만 비로소 대답을 할 수 있다고 믿습니다. 아우슈비츠에 있었던 이들은 열성적인 나치 당원이었기 때문에 그곳에 있었습니까? 대부분은, 특히 아우슈비츠에 있었던 이들은 더더욱 이 질문에 긍정적으로 대답해야 합니다. … 이건 낯설거나 이질적인 범죄가 아닙니다. 가해자들은 대부분 소위 국가사회주의 세계관을 승리로 이끌겠다는 신념 아래 당시에 그들 스스로가 옳은 일을 하고 있다고 믿었던 사람들입니다. 그들은 제 눈에는 그저 히틀러와 함께 그들이 옳다고 믿었던 '유대인 문제의 최종 해결책'을 실행에 옮긴 가해자일 뿐입니다."[9]

비록 바우어는 자신의 의견을 표출하는 데 주저함이 없었고 수년에 걸친 수사를 주도한 원동력이었지만 재판에서는 직접적으로 나서지 않았다. 대신에 한스 그로스만을 필두로 요아힘 퀴글러, 게르하르트 비제, 게오르크 프리드리히 포겔 이렇게 가장 유능하고 젊은 검사 네 명을 임명했다. 네 사람 다 1945년 이후에 법조계에 입문했기 때문에 제3제국의 영향을 받았다거나 편견이 있다거나 하는 의심에서 자유로울 수 있었다.

수사가 시작된 지 5년이 훌쩍 넘어가던 1963년 12월 20일, 아우슈비츠 재판이 마침내 시작됐다. 때마침 두 달 전에 카페시우스의 아내 프리치와 둘째 딸 잉그리드는 루마니아에서 서독 이민을 허가받았다. 두 사람은 카페시우스의 인생이 걸린 재판을 지켜볼 수 있게 됐다.[10]

Chapter

21

무감각한 관료들

재판은 20개월이 소요될 것으로 예상됐다. 독일은 프랑크푸르트에 피고인, 변호사, 검사, 법원 직원과 판사, 그리고 엄청나게 몰려들 것으로 예상되는 방청객과 취재진을 모두 수용할 수 있는 규모의 뷔르거하우스 갈루스Bürgerhaus Gallus라는 특별 법정을 지었다. 개정 시점에 아직 건물이 완공되지 않아서 첫 재판은 대규모 인원을 수용할 수 있는 유일한 정부 건물인 시청에서 열렸다.

판사 세 명이 재판을 진행했다. 아주 유능하고 현실적인 인물로 알려진 59세의 한스 호프마이어가 주임 판사로 임명됐다. 호프마이어 이전에 주임 판사로 거론된 한스 포레스터가 있었는데, 그의 가족 중에 나치로부터 목숨을 잃은 사람이 있기 때문에 개인적 이해관계가 상충한다는 이유로 물러나야 했다. 그러나 독일 정보장교였을 뿐만 아니라 나치 군사 법정 판사였던 호프마이어를 임용하는 데에는 아무도 끝까지 반대하지 않았다. 그토록 중대한 재판을 주관할 수 있는 자격을 갖춘 비슷한 나이대 선임 판사 중에 제3제국과 무관한 경력을 지닌 사람을 선출하기란 불가능했기 때문이다. 호프마이어는 나치 법원이 거의 독립성 없는 기관이었다는 주장으로 전쟁 중 이력을 최대한 축소하려고 했다. "국가사회주의독일노동당NSDAP과 그 조직이 법정을 손아귀에 넣고 권력을 휘둘렀다."[1] 주임 판사라는 사람이, 상부의 명령을 기계적으로 수행했을 뿐이라는 피고 측 변론에서의 핵심 주장과 동일한 논리로 자신의 과거를 정당화하는 것이 모순적이라고 생각한 사람은 몇몇 법정 참관인뿐이었다.

그러나 동독 언론은 호프마이어가 제3제국에 가담한 이력을 집중 조명했다. 공산당 공식 일간지 《노이에스 도이칠란트Neues Deutschland》는 호프마이어를 "나치 야전 판사"라고 반복해서 지칭하며, 그가 수석 재판관으로 임용된 이유는 "피고 측 죄를 깊이 파고들지 않을" 인물이기 때문이라고 비난했다.[2] 동독 언론은 아우슈비츠 심판의 결정판을 표방하는 이번 재판에 이게파르벤 임원은 단 한 명도 포함되지 않았다는 사실을 맹비난했다. 특히 전문증인(자신이 직접 보고 들은 것이 아니라 다른 사람에게 전해 들은 것을 법원에 진술하는 증인_옮긴이)이 동독의 후원을 받아 진행한, 전쟁 중 파르벤의 역할에 관한 연구를 증거로 제출했지만 호프마이어가 재판과 직접적인 관련이 없다는 이유로 채택을 거부하면서 동독 언론의 비난은 더욱 거세졌다.[3]

호프마이어 외에 나머지 두 명의 판사는 요제프 페르세케와 발터

호츠였다. (이 세 명의 판사 가운데 한 명이라도 아프거나 재판에 참석할 수 없게 될 경우를 대비해 미리 지명해 둔 예비 판사도 두 명 있었다.) 반대 신문과 증인 신문이 검사와 변호사의 독점 영역인 미국과 영국의 형사재판과는 달리 독일에서는 사실상 판사가 이를 주도했다.

주부 3명, 사무직 근로자 1명, 육체노동자 1명, 석탄 거래상 1명으로 이루어진 6명의 배심원단도 있었다. 예비 배심원도 3명 있었는데 모두 주부였다. 그토록 오랜 시간 동안 재판장에서 자리를 지키고 있을 전문가를 찾기란 쉽지 않았다. 독일에서는 배심원들이 판사와 함께 심의한다. 이때 배심원은 법과 사실에 근거한 문제를 결정하는 일에는 참여하고, 증거 인정이나 목격자 증언의 범위에 관한 심사에서는 배제됐다.[4] 권위에 복종적인 독일 사회에서 대부분의 방청객들은 복잡한 법 해석이 중요한 소송 및 심의 과정을 판사가 주도하고 배심원단의 개입은 최소화되길 기대했다.

아우슈비츠 재판은 소련을 필두로 한 동유럽 국가들과 미국을 중심으로 한 서구 연합국들 사이에 냉전이 한창일 때 열렸다. 독일은 그라운드 제로(대재앙의 진원지를 비유하는 말_옮긴이)였다. 동독은 1961년에 베를린 장벽을 세웠다. 아우슈비츠 재판이 시작되기 바로 전해인 1962년에 역대 가장 많은 인원(22명)이 동독에서 서독으로 탈출하려다가 총살당했다. 1960년대 초반부터 중반까지 동독과 서독 사이에는 항상 팽팽한 긴장감이 감돌았다. 양쪽 다 서로의 무력 침략을 대비했다. 형사재판에 기소된 피고로부터 민사상 피해를 입은 원고를 대리하여 변호사가 재판에 참석할 수 있도록 허락한 독일법도 아우슈비츠 재판의 피고들에게 압박을 더했다. 아우슈비츠 재판에서 해당 원고 측 변호사는 반대 신문과 증거 제출을 할 수 있었다.

재판이 아직 시작되기도 전에 피고 측 변호인단에 첫 번째 위기가 닥쳤다. 동독의 유명 변호사 프리드리히 카를 카울이 아우슈비츠에서 친척을 잃은 동독인 9명을 대리하여 재판 참석을 요구하는 신청서를 제출한 것이다. 나치 시절에 어머니가 유대인이라는 이유로 변호사 활동을 금지당했던 카울은 당시 동독의 인기 방송에 출연한 적이 있으며 베스트셀러 탐정 소설 시리즈를 출간한 유명한 변호사였다. 아우슈비츠 운영에서 대량 학살이라는 나치의 목표, 거대 기업 파르벤의 금전적 이익, 그리고 SS의 이해관계가 서로 어떻게 맞물려 있었는지 카울이 사사건건 물고 늘어질 것은 불 보듯 뻔했다.

피고 측 변호인단은 카울이 대변하는 원고들의 친척이 본 재판의 피고인 22명 가운데 어느 누구의 손에 죽었다는 사실도 증명할 수 없다며 카울의 배석을 단호히 반대했다. 그럼에도 불구하고 상당한 법적 논쟁이 벌어진 끝에, 판사들은 마지못해 형평성 차원에서 카울의 참석을 허락했다.[5] 서독 전체가 카울이 일으킬 불가피한 선동의 물결에 대비했다.

법원은 재판 일정을 월요일, 수요일, 금요일로 잡았다. 화요일과 목요일은 법률적 요청과 절차적 업무를 처리하기 위해 비워 뒀다. 첫날 22명이 기소됐다. 두 사람은 건강상의 이유로 제외됐다. 22명 가운데 6명은 주요 피고인, 즉 의도적이고 고의적인 살인 가해자로 기소됐다. 카페시우스도 그중 하나였다.

그날 아침 여덟 시에 폭스바겐 밴 세 대가 앞뒤로 경찰차를 대동하고 피고인들을 수송하기 위해 함멜스가세에 도착했다. 앞으로 재판이 열리는 동안 날마다 벌어질 풍경이었다. 차에서 내린 피고인들은 경찰의 안내를 따라 법정으로 들어갔다. 몇몇 피고인은 그 짧은 거리를 걸어가는데도 선글라스를 착용했다. 조간신문을 접어서 얼굴을 가리는 피고인도 있었다. 카페시우스는 심지어 법정에서도 선글라스를 벗지 않았다.

변호사의 조언에 따라 피고인들은 모두 수수한 검은 양복에 흰색 셔츠를 입고 검은색 넥타이를 맸다. 유행하는 스타일이나 값비싼 양복을 입은 사람은 아무도 없었다. 고가의 손목시계를 착용한 사람도 없었다. 구두는 깨끗이 닦아 광이 났지만 대기업 임원들이 신는 세련된 가죽 구두가 아닌 우체부나 가게 점원이 신을 법한 평범한 것들이었다. 겉모습에서 부자라거나 지위가 높은 사람이라는 인상은 풍기지 않았으며 그들에게서 어떠한 특권 의식도 찾아볼 수 없었다. 오히려 반대로 그들이 흉내 내려 한, 길에서 흔히 스쳐 지나갈 법한 평범한 사람처럼 보였다.

피고 측 변호사들은 의뢰인들이 독창성과는 거리가 먼 관료처럼 보이는 편이 낫다고 생각했는데, 그들이 그 어떤 중추적인 역할도 하지 않고 상부에서 내려온 명령만을 수행했다는 주장을 뒷받침하기에 유리하다는 사실을 잘 알고 있었기 때문이다. 어쩌면 의뢰인들을 잘 포장하기만 하면, 그들이 국가를 위해 옳은 일을 하고 싶었을 뿐인데 고위 나치에게 납치당해 살인 기계 속으로 끌려 들어가 아무런 통제권도 행사할 수 없었고 반대도 할 수 없었던 준準희생자처럼 보이게 만드는 일도 가능할지 모른다고 몇몇 변호사들은 생각했다. 확실히 평범한 독일인들로 구성된 배심원단이 수용할 수 있을 만한 개념이었다. 그렇게 되면 전쟁을 겪은 모든 세대의 독일인들에게, 극소수의 정신이상자들이 홀로코스트라는 끔찍한 범죄를 저지른 것이며 나머지 국민들은 그저 자유의지에 반하여 명령을 따랐을 뿐이라는 메시지를 전달할 수 있었다.

법정에 들어선 피고인들은 원래는 지방의회 의원들이 앉는 나무 벤치에 착석했다. 각 피고인의 오른쪽에는 경찰관이 한 명씩 동석했다. 모든 피고인 앞에는 각자의 고유 번호가 적힌 번호판이 눈에 잘 띄게 놓여 있었다. 목격자가 증언할 때 어느 피고인에 관한 증언인지 지칭하기 쉽도록 하기 위함이었다. 피고인들 뒤로 보이는 널찍한 유리창 앞에는 아우슈비츠 I과 비르케나우의 상세 도면이 붙은 커다란 게시판 두 개가 나란히 서 있었다.

방송국 카메라는 재판 첫날에만 15분 동안 입장을 허가받았다. 카메라가 돌아가는 동안 카페시우스는 고개를 숙인 채 한 손으로 얼굴을 가렸다. 텔레비전에서 카페시우스를 본 롤란트 알베르트 같은 옛 동료들은 전쟁 중에 봤을 때보다 훨씬 더 살이 오른 그의 모습에 놀랐다. 머리카락이 희끗희끗해지긴 했지만 기름을 발라 뒤로 넘긴 모습은 여전했다.

첫날 특이했던 점이 딱 하나 있었다. 피고인의 가족들을 위한 자리도 준비되어 있었고 취재진을 위한 자리도 크게 마련되어 있었다.

호기심 많은 방청객들을 위한 자리도 60석이 마련되어 있었다. 사실 경찰은 그보다 훨씬 더 많은 사람들이 몰릴 것으로 예상했다. 독일 역사의 어두운 모습을 더 깊이 알고 싶어 하는 독일인들이 몰려들 것으로 예상하고, 이들이 자리에 서서라도 재판을 방청할 수 있도록 30미터까지 연장된 자리를 마련해 두었다. 다음 날 미국 신문을 장식한 헤드라인 "수백만 명을 살인한 죄로 재판장에 선 21인"의 밑에는 "채워지지 않은 프랑크푸르트 법원 방청석이 보여 준 무관심"이라는 부제가 붙었다.[6] 피고 측 변호사인단은 전혀 놀라지 않았다. 그들이 받은 편지의 90퍼센트가 전쟁이 끝난 지가 언젠데 뒤늦게 처벌을 위한 처벌을 하냐며 재판을 반대하는 내용이었기 때문이다.[7] 이와 같은 무관심과 국민 여론은 재판이 진행되는 와중에도 바뀌지 않았다.

이후 현대 독일 역사에서 가장 긴 재판 가운데 하나로 기록될 재판이 이어졌다. 아우슈비츠 재판은 1965년 4월까지도 끝나지 않았다. 그때 그 시점까지 19개국에서 온 증인 359명이 법정에 섰다. 그 중에 211명은 아우슈비츠에서 살아남은 생존자들이었고, 85명은 전 SS 대원이었다. 많은 생존자들은 과거의 끔찍했던 기억을 되살리는 일을 괴로워했으며, 공격적인 피고 측 변호사들에게 증언의 신빙성과 기억의 정확성을 시시때때로 의심받는 일은 특히나 더 힘들고 어려워했다. 게다가 생존자들은 이런 증언을 하기 위해 직접 독일로 와야 했다. 난생처음 히틀러와 최종 해결책을 탄생시킨 국가를 방문한 증인들도 있었다. 그들은 20년 만에 자신을 그토록 괴롭혔던 가해자들을 대면해야 했다. 심지어 재판은 독일에서 열린 데다가 살인자들의 언어로 진행됐다.

한편 전 SS 대원이었던 85명의 증인은 아무런 어려움 없이 재판에 임하며 증인이 처한 상황과 극명한 대조를 이뤘다. 이들은 아무것도 몰랐고 아무것도 보지 못했으며 모든 것을 잊었다. 이들은 일말의 수치심이나 죄책감도 내비치지 않았으며 단 한 번도 아우슈비츠에서 복무했다는 사실에 대해 후회하는 기색을 내비치지 않았다. 행여나 자신들에게 죄를 물을까 우려되어, 그들은 아우슈비츠에서 일어난 일이 끔찍해 보일 수는 있어도 1964년 독일에서는 나치의 법과 규칙에 따른 것이었다는 사실을 강조했다. 때때로 SS 출신 목격자들이 어찌나 무신경해 보이는지 피고인들조차 그들이 기소된 적도 없이 자유롭게 살아가고 있다는 사실에 분노를 표출했다.[8]

Chapter

22

"이건 웃을 일이 아닙니다"

처음 몇 주 동안은 지금까지 피고인을 수사하는 과정에서 드러난 증거가 공개됐다. 피고인들이 검사와 예비 조사를 맡은 치안판사에게 무엇이라고 진술했는지 대중이 처음으로 알 수 있는 기회였다. 재판 다섯째 날인 1964년 2월 7일, 한 독일 교수가 첫 번째 증인으로 법정에 섰다. 그는 SS의 조직 체계를 설명했다.[1] 일주일 뒤에는 오토 발켄 박사가 첫 목격자로 법정에 섰다. 빈 출신 의사인 발켄은 아우슈비츠에 수감되어 있던 18개월 동안 일기를 썼고, 이 기록은 전쟁이 끝나고도 살아남았다.

그러나 앞으로의 증인들에게 본보기가 되어 줄 것으로 예상되며 많은 방청객들의 기대를 모은 사람은 두 번째 증인 헤르만 랑바인이었다. 랑바인은 그 기대를 실망시키지 않았다.

3월 6일 금요일, 51세의 랑바인이 증인석으로 들어섰다. 호리호리한 체격에 장신인 랑바인은 등을 살짝 구부리고서 단단히 깍지 낀 두 손을 모은 채 증인석에 앉았다. 곧 SS 주임 의무관의 수감자 비서로서 랑바인이 목격했던 아우슈비츠의 끔찍했던 실상에 대한 침착하고 상세한 묘사가 이어지자, 법정의 모든 이들이 순식간에 빠져들었다.

중간에 검사가 끼어들어 피고인 가운데 아는 사람이 있느냐고 물었다. 피고인석으로 걸어가 가까이서 얼굴을 확인해도 좋다는 판사의 허락이 떨어졌다. 판사의 명령에 따라 피고들은 모두 자리에서 일어났다. 모두가 숨을 죽인 가운데 랑바인이 걸음을 옮겼다. 몇몇 피고인은 고개를 숙이고 눈을 피했다. 랑바인은 개의치 않고 집요한 눈길로 피고인 한 명 한 명을 살폈다. 이 재판은 지난 18년간 끈질기게 나치를 추적하고 증인을 찾아내고 증거를 수집했던 그의 노력이 마침내 결실을 맺는 순간이었다.

랑바인은 잔혹하기로 악명 높았던 키 190센티의 SS 하사 오스발트 카두크 앞에 멈춰 섰다.

“다시 만나다니 반갑군요.” 랑바인이 인사를 건네자 카두크가 이를 꽉 깨물었다. “그것도 다른 데도 아니고 여기서 말입니다!”

“당신이 날 아는 건 맞소만 여기서 나에 대해 이야기한 것들은 죄다 헛소리요!” 갑자기 카두크가 큰소리로 외쳤다.

“희망 사항이겠죠.” 랑바인은 차분하게 대꾸하고 나서 다시 다른 피고들을 찬찬히 살피기 시작했다.

랑바인의 걸음이 또다시 멈춰 선 곳은 카페시우스 앞이었다. 판사가 전 아우슈비츠의 약사에게 선글라스를 벗으라고 명령했다. 카페시우스는 땀을 비 오듯 흘리고 있었다. 이마가 땀에 젖어 번들거렸다.

"여기 선량한 카페시우스 박사님도 계셨군요. 잘 지내십니까, 박사님?"

"저는 당신이 증언한 것처럼 가스실로 보낼 수감자를 선별하는 작업에 결코 참여한 적이 없습니다."

카두크와 달리 카페시우스의 목소리는 살짝 떨렸다.

"확실히 참여하셨고 당신도 그 사실을 알고 있습니다."

드넓은 장내에 들리는 소리라곤 나무 바닥에 끌리는 랑바인의 구두 소리와 랑바인과 피고인 사이에 오가는 짧은 설전뿐이었다. 15분 남짓한 짧은 시간에 피고인 8명을 알아본 랑바인은 그들 모두가 "아우슈비츠라는 살인 공장이 제대로 돌아가게 만든" 장본인이라고 말했다.[2]

랑바인이 피고들과 당당히 대면하는 모습은 랑바인 본인과 다른 여러 생존자들에게 카타르시스를 선사했지만, 피고 측에는 반발심만 불러일으켰다. 실제로 이후 재판이 진행된 15개월 동안 SS 대원들의 의리는 더욱 견고해졌다. 아무도 서로에게 불리한 증언을 하지 않았고, 판사가 탄원서를 제출하거나 질문에 답하라고 요구하는 경우를 제외하고는 어느 누구도 자기 변론에 나서지 않았다.

대신에 피고인들은 그들의 운명을 오롯이 변호사들의 손에 맡겼다. 그중에 카페시우스의 변호사 한스 라테른저가 가장 적극적이었다. 프리츠 바우어는 카페시우스와 그의 두 치과 의사 친구 빌리 프랑크, 빌리 샤츠 이렇게 세 사람만 그토록 수임료가 비싼 유명 변호사를 선임할 수 있었던 것은 우연이 아니라고 생각했다. 바우어는 아우슈비츠에서 치과용 금을 훔치고 1947년에 다시 만나 그 끔찍한 약탈물을 나눠 가진 용의자 셋이 바로 그들이라고 생각했다. (라테른저의 주니어 파트너 변호사 프리츠 슈타인아커는 SS 대원 브로드와 딜레프스키를 대변했다.)

일각에서 "우익 나치 동조자"라는 평가를 받던 라테른저는 의뢰인을 위해서라면 무엇이든 다 한다는 그 명성이 거짓이 아님을 확실히 보여 주었다.[3] 거침없고 화려한 언변을 자랑하는 라테른저는 단순히 "상부의 명령을 따랐다"는 변론을 넘어서 더 큰 전략을 가지고 있었다. 라테른저는 트라우마 탓에 과장이 심하다거나 세월이 많이 흘러 기억의 신빙성이 떨어진다는 식의 발언으로 증인들을 흔들었다. 가장 결정적인 증언이 나오면 복수심으로 각색이 많이 이뤄졌다고 맞섰다.[4] 공산주의 국가에서 온 목격자들의 증언을 두고서는 서독을 망신 주려는 공산당의 교활한 음모의 일환이라며 일축해 버리기도 했다.[5]

승강장에서 카페시우스에게 선택받은 엘라 뵘을 비롯해서 다른 수많은 생존자들은 증언석에 서기 전에 신경안정제를 맞아야 했다. 엘라 링겐스 박사는 증언 전후로 몇 주 동안 악몽에 시달렸다.[6]

"원수의 땅에서 그 나라 사람들 앞에 서는 일은 저희에겐 아주 힘든 일이었습니다. 날아드는 돌에 맞아 울었고 날아드는 말에 상처

입었죠. 저희는 아주 심한 화상을 입은 어린아이들이나 다름없었습니다."[7] 뵘이 회상했다. 라테른저의 신문은 그녀에게는 너무 가혹했다. "법정에서 한 시간 넘게 증인 신문을 받았습니다. 라테른저가 저희를 대하는 태도는 아주 무례했어요. 그는 제가 오해하기 쉬운, 혼란스러운 질문을 퍼부었습니다. 제 문신 번호가 무엇이었냐는 질문에 이제 더 이상 기억이 나질 않는다고 답하자, 라테른저는 제게 경멸 어린 눈길을 보냈습니다. 무엇보다 다음 날 아침에 《프랑크푸르터 알게마이네Frankfurter Allgemeine》(독일 보수 일간지_옮긴이)는 제가 연극을 하는 것 같았다고 보도했습니다."[8] 생존자들을 가혹하게 밀어붙이는 라테른저를 보면서 재판을 참관한 많은 방청객들은 희생자들이 또다시 희생당하고 있음을 느꼈다.

문제를 더욱 복잡하게 만든 것은 목격자들이 무슨 말을 하든 전혀 개의치 않는 듯한 피고인들의 태도였다. 대표적으로 수감자였던 증인이 수감자들을 구타하고 차례로 권총으로 쏴 죽였던 오스발트 카두크에 대해 소름 끼치도록 자세히 묘사하는 동안에 당사자는 마치 남 이야기를 듣듯 만년필을 돌리고 앉아 있었다.[9]

피고인들이 재판에 집중하고 있다는 사실을 확인할 수 있는 유일한 순간은 그들이 가끔씩 목격자를 흘깃 쳐다볼 때뿐이었다. 일부 생존자 가족의 변호를 맡았던 헨리 오르몬트는 다음과 같이 회상했다. "보거나 카두크, 카페시우스와 클레어의 얼굴을 쳐다보다가 그들이 가끔 증인들 쪽으로 흘끔거리는 모습을 봤습니다. 특히 증인들 입에서 유죄를 입증하는 증언이 나올 때면 그들이 이렇게 말하고 싶어 한다는 느낌을 떨칠 수 없었습니다. '널 살려 둔 게 실수다. 가스실로 보내 버렸어야 했는데 살려 뒀더니 그게 화근이 되어 지금 날 괴롭히는구나.' 그들의 얼굴에서 후회의 흔적이라곤 전혀, 전혀 찾아볼 수 없었습니다."[10]

한편 침착함에서 카페시우스를 따라올 사람은 아무도 없었다. 피고인들 사이에서 카페시우스가 유독 눈에 띄었던 이유는 그가 중간중간에 미소를 짓거나 웃음을 터뜨린 유일한 피고였기 때문이다. 카페시우스는 다른 피고들과 그를 응원하러 온 가족과 친구들을 바라보며 계속 환한 웃음을 지어 보였다. (재판이 중반쯤 진행됐을 무렵인 1964년 10월에 세 딸 중에 마지막으로 29세 멜리타가 서독으로 이민을 왔다.) 카페시우스는 특히 그의 유죄를 입증하는 증언이 나올 때 더욱 환한 미소를 지어 보였다. 그의 친구들조차 부적절하다고 생각할 정도였다. 판사가 질문을 할 때도 마치 억지로 노력해야 겨우 집중할 수 있는 사람처럼 그는 한눈을 팔았다. 명확한 답변을 하는 데 어려움을 겪거나 수시로 깜박깜박하는 모습을 보이기도 했으며 한시도 가만히 있지 못하고 꼼지락거리기도 했다.

아무도 이처럼 이상한 행동의 이면에 있는 동기가 무엇인지 확실히 알지 못했다. 그는 결백하므로 재판에 대해서 별로 걱정이 되지 않는다는 사실을 보여 주려고 미소를 지었던 걸까? 아니면 그에게 불리한 증거를 우스갯소리로 폄하하려고 가끔 소리 내어 웃음을 터뜨렸던 걸까? 어떤 사람들은 카페시우스가 혹시라도 제정신이 아닌 모자란 사람처럼 보이면 감형을 받을 수 있을지도 모른다는 희망으로 연기를 한다고 생각했다.

독일 언론조차 카페시우스의 행동을 가리켜 "이상하고 부적절하다"고 보도했다. 호프마이어 판사가 수감자들의 심장에 주입되어 그들을 사망에 이르게 한 페놀산을 제공한 혐의에 대해 재차 물었을 때, 카페시우스는 기회를 놓치지 않고 자신의 미심쩍은 행동을 해명했다. "존경하는 재판장님, 지난 월요일 아침에 저는 심하게 긴장한 상태였습니다. 나중에는 약간 정신이 없는 상태였고, 이를 본 사람들은 제가 무의식중에 계속 미소를 지은 것 때문에 절 비난하기도 했습니다. 그때 제가 전혀 미소 지을 기분이 아니었다는 것은 확실합니다. 그저 제가 4년 넘게 독방에 갇혀 있었다는 사실을 말씀드리는 것 말고는 달리 해명할 길이 없습니다. 한 가지 덧붙이면, 여기 모인 모든 사람들과 모든 전등 불빛이 저의 정신을 산만하게 합니다. 그래서 제가 무슨 말을 하는지도 잘 모르겠습니다."[11]

하지만 아무도 카페시우스를 동정하지 않았다. 그때는 이미 수많은 목격자들이 카페시우스에게 불리한 증언을 한 뒤였고, 그들 중 대부분은 증언의 신빙성을 의심하는 라테른저의 공격에도 꿈쩍하지 않았다.

엘라 뵘은 아우슈비츠에 도착했을 때 승강장에 서 있던 카페시우스를 어떻게 알아봤는지 증언했다. 소아과 의사였던 그녀의 어머니는 당시 카페시우스가 신입 수감자들을 오른쪽이나 왼쪽으로 분류했다는 사실을 다시 한번 확인해 줬다. 전쟁이 일어나기 전에 카페시우스와 일 때문에 교류했던 마우리티우스 베르너 박사도 승강장에서 그를 알아보고 쌍둥이 딸을 살려 달라 애원했지만 소용이 없었다는 가슴 아픈 이야기를 털어놓았다.

카페시우스에 관한 증언은 다른 피고들에 관한 증언과는 사뭇 달랐다. 전쟁이 일어나기 전부터 다른 피고들과 알고 지냈다는 증인은 아무도 없었다. 그러나 전쟁이 일어나기 전부터 카페시우스와 알고 지냈다는 증인은 넘쳐 났다. 그중에는 루마니아에서 파르벤/바이엘의 주요 고객이었던 요제프 글뤼크도 있었다. 글뤼크는 카페시우스가 아우슈비츠에서 그를 선택했을 뿐만 아니라 멩겔레와 함께 수시로 수용소를 돌면서 수감자들을 골라내 가스실로 보냈다고 증언했다. "그들은 소리 내어 웃으면서 이런 짓을 저질렀습니다. 아이들이 엄마를 찾으며 울부짖는 소리가 그들에게는 아마도 커다란 즐거움인 것 같았습니다."[12]

수많은 증인들이 차례로 파르벤/바이어에서 일할 때부터 알고 지냈던 카페시우스를 아우슈비츠 승강장에서 맞닥뜨렸던 순간에 대해 증언했다. 그중에는 유대인 약사 폴 파요르, 카페시우스 때문에 가스실로 가게 된 엄마를 바라봐야만 했던 아드리안네 크라우츠, 전쟁이 일어나기 전 부쿠레슈티에서 카페시우스의 가족과 같은 건물에 살았던 사라 네벨, 카페시우스의 선택으로 아내를 잃은 러요시 슐링거, 카페시우스 때문에 가족 모두를 가스실에서 잃어버린 또 다른 파르벤 고객 알베르트 에렌펠트도 있었다.

요아힘 퀴글러 검사는 법정에서 카페시우스를 향한 이 증언들이 왜 유독 강력하게 유죄를 입증해 주는지 그 이유를 설명했다. "카페시우스를 둘러싼 이 상황에서 정말 끔찍한 부분은 희생자들이 그저 이름 모를 불특정 집단이 아니라 그전부터 사적으로나 업무적으로 알고 지낸 사람들이라는 점입니다. 그들은 카페시우스를 전혀 의심하지 않았고 아우슈비츠에서 그를 다시 만나게 되어 행운이라고 생각했습니다. 카페시우스를 믿었던 겁니다. 도대체 이 카페시우스 박사는 어떤 인간이기에 손짓 한 번으로 왼쪽에 보내 버린 사람들이 한두 시간 뒤면 이 세상 사람이 아닐 거라는 사실을 뻔히 알면서도, 오랜 친구와 직장 동료를, 그들의 아내와 아이들을 친근한 미소와 다정한 말로 안심시켜 놓고서 아무렇지 않게 죽음의 길로 보내 버릴 수가 있단 말입니까?

도대체 어느 정도의 정서적 잔인성과 악마 같은 가학성과 무자비한 냉소주의를 지녀야 이 괴물처럼 행동할 수 있단 말입니까? 이 SS 최상급 돌격 지도자가 그가 죽인 수많은 사람들의 일부인 여기 극소수의 사람들을 살리는 데 필요했던 건 고작 말 한마디, 손짓 한 번이었다는 사실을 기억하십시오."[13]

카페시우스에 대해 증언한 사람들 전부가 그를 전쟁 전부터 알고 지냈던 건 아니었다. 아우슈비츠에서 카페시우스를 처음 본 사람도 많았다. 비르케나우 수용소에서 열쇠공으로 일했던 체코 출신 유대인 에리히 쿨카는 수감자들을 빽빽하게 싣고 들어오는 기차를 수없이 목격했다. 피고인 가운데 승강장에서 선별 작업을 수행한 사람이 있냐는 질문에 쿨카는 보거, 바레츠키, 브로드, 카두크, 물카의 이름을 댔다. 그러더니 또다시 오른팔을 뻗어 손가락으로 누군가를 가리켰다. "저기 18번 신사분도요."

"그의 이름을 압니까?"

"아니요."

18번 신사는 바로 카페시우스였다. 카페시우스는 앉은자리에서 얼어붙었다.

"법원으로서는 18번이 승강장에서 선별 작업을 했던 사람 중 한 명이 맞다고 확신하는지 아는 것이 매우 중요합니다." 호프마이어 판사가 말했다.

"18번을 자주 봤어요. 남자들과 여자들이 줄줄이 그의 앞을 지나쳐 갔습니다. 18번은 그들이 어느 쪽으로 갈지 결정했습니다. 얼굴이 거의 변하지 않아서 분명히 알아볼 수 있습니다."[14]

쿨카 같은 수감자들의 증언 외에도 카페시우스가 조제실을 운영할 때 많이 의존했던 수감자 약사들도 있었다. 이들의 증언이 카페시우스의 유죄를 입증하는 데 가장 결정적이었다. 카페시우스가 가장 신뢰했던 조수 빌헬름 프로코프와 얀 시코르스키의 증언을 통해 카페시우스가 치클론 B를 관리 감독한 혐의와 시체에서 채취한 치과용 금을 포함하여 수감자들의 개인 소지품을 대량으로 절도한 혐의가 사실임이 확정됐다. 법정에서 보인 기이한 행동처럼 카페시우스가 이들의 증언에 보인 반응도 당혹스럽기 이를 데 없었다. 예를 들어 카페시우스는 치클론 B가 보관된 방 "열쇠를 관리"했다는 프로코프의 증언에 큰 소리로 웃음을 터뜨렸다. 프로코프는 말을 멈추지 않고, 카페시우스가 치아가 가득 들어 있는 짐 가방을 손으로 헤집는 장면을 우연히 목격했던 일, 그리고 이를 누구에게든 발설하면 가만두지 않겠다고 생명을 위협한 일을 이야기했다. 이 대목에서 카페시우스는 또다시 웃음을 터뜨렸다.

"카페시우스 박사, 이건 웃을 일이 아닙니다. 이건 살해 협박에 관한 이야기입니다."[15]

카페시우스는 법정에서 자신에 관한 어떤 증언이 나와도 전혀 당황하지 않았을 뿐만 아니라 동료 피고인들에게 무슨 일이 일어나든 말든 무신경한 태도로 일관했다. 한번은 증인으로 나선 어느 피해자가 수감자의 겉옷 단추가 열려 있다는 이유로 오스발트 카두크에게 무자비하게 구타당했다고 증언한 적이 있었다. 호프마이어가 카두크에게 증인을 알아보겠느냐고 물었더니 카두크가 대답했다. "존경하는 재판장님, 목격자 얼굴이 낯이 익습니다. 하지만 아우슈비츠에는 1만 7,000명에 달하는 수감자가 있었고, 저희는 그들이 규칙을 따르도록 관리해야 했습니다." 카두크는 가끔씩 수감자들을 때리기도 했다는 사실을 인정했다. "하지만 어떤 수감자들은 제가 손만 들어 올려도 바닥에 쓰러지곤 했습니다. 연기를 한 거죠." 그 말에 카페시우스가 참을 수 없다는 듯 웃어 댔다.[16]

그러나 자신에 관한 충격적인 증언이 다음 날 신문 1면을 장식했을 때만큼은 카페시우스도 웃지 않았다. 충격적인 이야기일수록 신문 판매 부수와 뉴스 시청률이 올라가게 마련이다. 독일에서 아우슈비츠 재판에 관심이 있는 사람이라면 대부분 타블로이드 신문 《빌트 차이퉁Bild-Zeitung》에서 재판 소식을 접하곤 했다. 가령 끔찍한 아우슈비츠 사진첩이 증거로 제출된 재판 118일 차에는 독일 언론이 해당 사진으로 도배가 됐다. 이 사진첩은 가학적 열정에 불타 수용소의 참상과 죽음을 사진으로 남기고 싶어 했던 SS 하사 베른하르트 발터의 작품이었다.

어떤 평론가들은 이 같은 선정적인 보도를 가리켜 "공포의 포르노"라 이름 붙이는가 하면 어떤 학자는 이 끔찍한 사진첩이 언론에 여과 없이 공개되면서 "일반 대중이 재판의 피고인들과 거리감을 느끼게 하는 계기가 됐다"고 평을 했다.[17] 어쨌든 프리츠 바우어의 기대는 무너졌다. 바우어는 이번 재판이 전쟁 세대에게 자아 성찰과 재평가를 촉발하는 계기가 되는 동시에 미래 세대에게는 최종 해결책에 대해 교육할 수 있는 기회가 되길 바랐다.

4월에는 수감자 간호사 루트비히 뵐의 증언이 있었다. 그는 카페시우스의 친구 한 명이 자기에게 찾아와 누구든 치클론 B가 주임 약사의 소관이 아니었다고 증언해 주면 그 대가로 5만 마르크를 주겠다고 제안했다는 증언을 했다. 다음 날 "아우슈비츠 재판에서의 뇌물 의혹!"이라는 헤드라인이 일간지를 장식했다.[18] 6월에 얀 시코르스키가 증언한 다음 날의 헤드라인은 "지킬과 하이드였던 아우슈비츠의 약사"였다.[19] 역시 6월에 빌헬름 프로코프가 금을 찾아 썩어 가는 살점이 붙은 틀니 더미를 손으로 헤집던 카페시우스에 관해 증언한 다음 날, 헤드라인은 "금니를 보관한 약사"와 "나치 수용소에서 일어난 끔찍한 약탈"이었다.[20]

1964년 8월에는 요제프 글뤼크가 아우슈비츠에서 목숨을 잃은

16세 조카의 사진을 주머니에서 꺼내며 눈물을 터뜨렸고, 다음 날 "피로 쓰인 아우슈비츠 이야기"라는 헤드라인이 신문을 장식했다. "아이들은 팔에 상처를 내서 그 피로 이름을 남겼다."[21] 역시 8월에 베르너 박사가 카페시우스가 어떻게 그의 아내와 딸을 가스실로 보냈는지 증언하고 난 뒤에 신문을 장식한 헤드라인은 "가족을 죽인 나치 밑에서 일했던 의사의 증언"이었다.[22] 베르너가 증언하고 나서 일주일 뒤에 증인석에 오른 나치 생존자 마그다 서보는 수감자를 향해 카페시우스가 다음과 같이 소리를 질렀다고 증언했다. "나는 트란실바니아에서 온 카페시우스다. 나에게서 악마를 보게 될 것이다."[23] 다음 날 조간신문에는 "스스로를 악마라 칭한 나치!"라는 제목의 기사가 실렸다.[24]

증언이 끝날 때마다 호프마이어 판사는 카페시우스에게 하고 싶은 말이 있느냐고 물었다. 그럴 때마다 카페시우스는 음모론과 다를 것 없는 해명만 내놓았다. 예를 들어 마그다 서보의 증언에 대해서 카페시우스는 변호사의 변론 가운데 하나를 끄집어내, 동독 출신 목격자들은 모두 공산당의 음모에 가담하고 있다는 주장을 펼쳤다. 서보가 거짓말을 하고 있으며 다른 목격자들과 짜고 카페시우스를 모함하고 있다는 것이다. 호프마이어 판사는 목격자가 실체 없는 도당의 무리라는 주장에는 그 어떤 경우에라도 "격렬히 반대한다"며 즉시 카페시우스를 향해 엄중하게 경고했다.[25] 카페시우스는 들은 척도 하지 않았다. 사라 네벨이 1930년대 부쿠레슈티 아파트에 거주할 때부터 카페시우스와 알고 지냈으며 아우슈비츠 승강장에서 그녀를 선발한 사람도 카페시우스라고 증언하자 카페시우스는 이렇게 선언했다. "나와 같은 나라 출신 사람들이 똑같은 말을 반복해서 증언해 봤자 증거가 되지 않습니다. 다 루마니아에서 만들어진 음모니까요."

호프마이어는 모든 게 공산당의 음모라는 카페시우스의 주장을 일축했다. "증인은 이스라엘에서 왔습니다."[26]

카페시우스는 마치 자신이 속임수에 당했는지 확인하려는 사람처럼 주위를 둘러보았다. 그 모습을 지켜보던 카페시우스의 변호사 라테른저는 인상을 찌푸렸다.

약사 폴도 카페시우스가 파르벤/바이엘에서 일할 때부터 알고 지냈을 뿐만 아니라 아우슈비츠에서 그를 선발한 사람도 카페시우스였다고 증언했다. "제게서 4~5미터쯤 떨어진 곳에 카페시우스 박사가 서 있었습니다. 헝가리어로 저를 불러서 선발했습니다. 카페시우스가 선별 작업을 한 것은 100퍼센트 확실합니다. 그런 사실은 잘 잊히지 않으니까요."

호프마이어가 카페시우스에게 말했다. "우리는 무엇보다 당신이 승강장에서 신입 수감자를 대상으로 선별 작업을 했는지 여부를 알고 싶습니다. 증인의 말은 매우 신빙성 있어 보입니다."

"그렇게 들릴 뿐입니다." 카페시우스가 반박했다. 그는 공산주의 국가 루마니아가 1946년 초반부터 어떻게 그에게 죄를 덮어씌우려 했는지 맹비난했다.[27]

또 다른 목격자가 전쟁이 일어나기 전에 카페시우스에게 받은 연하장을 증거로 제출하자 호프마이어가 카페시우스에게 그의 필체가 맞는지 물었다. 카페시우스는 맞다고 대답했다. 며칠 뒤 그는 이전에 모든 루마니아인이 거짓말을 하고 있다고 주장했던 사실이 기억났는지 갑자기 그 연하장의 필체가 자신의 것이 아니라고 말을 바꿨다.

이후에도 카페시우스는 전쟁 전에 그들 중 누구도 만난 기억이 없으며 그들이 아우슈비츠 캠프에서 프리츠 클라인 박사를 자신으로 착각한 것 같다는 진부하고 터무니없는 주장을 일관되게 고수했다. 하루는 어떤 목격자가 자기들끼리는 뒤에서 카페시우스를 돼지상 또는 뚱뚱보라는 뜻을 가진 별명으로 불렀다고 증언했다. 그러자 카페시우스는 기다렸다는 듯이 자신은 돼지상이 아니며 클라인 박사가 그렇다고 주장했다. 듣다 못한 원고 측 변호사 헨리 오르몬트가 끼어들어 베르겐-벨젠 재판 당시 클라인 박사를 직접 만난 적이 있는데 "카페시우스만큼 클라인 박사와 닮은 구석을 찾기 힘든 사람도 없다"고 반박했다.[28] 멩겔레 밑에서 일했던 수감자 의사 엘라 링겐스는 다음과 같이 증언했다. "당시(1944년)에는 클라인 박사의 나이가 지금(1964년) 카페시우스의 박사의 나이와 같았습니다. 두 사람은 서로 조금도 닮지 않았습니다. … 클라인 박사는 억양이 없는 고급 독일어를 구사했습니다. 저는 클라인 박사가 루마니아 사람이라는 사실을 전혀 눈치채지 못했죠. 두 사람의 말투도 전혀 비슷하지 않았어요. 클라인 박사는 독일 본토 사람처럼 말했습니다. 그의 독일어를 들어보면 어머니가 독일 사람인 것 같다는 생각이 들었습니다. 슈바벤 지역 사투리가 살짝 섞인 것 같긴 했지만요. 트란실바니아 사투리로 말할 때는 꼭 제가 빈 사투리를 쓰는 것처럼 말했습니다. 하지만 카페시우스 박사는 부모 한쪽이 루마니아 사람인 것 같은, 더 외국인 같은 독일어를 구사했습니다."[29] (카페시우스의 어린 시절 친구이자 증인 중 한 사람인 빅토리아 레이는 클라인을 알리바이로 앞세운 변론에 힘을 실어 주고자, 1944년에 자신이 클라인을 만난 적이 있으며 그때 클라인 입으로 자신이 "카페시우스의 불쾌한 업무를 모두 대신해 줬다"는 사실을 털어놓았다고 증언했다. 호프마이어가 진술의 진위 여부를 추궁하자 레이는 결국 그녀가 읽은 신문 기사를 바탕으로 핵심적인 내용을 증언했다고 고백했다.)[30]

카페시우스는 왜 그처럼 계급이 높은 장교가 하급 장교에게 시키지 않고 직접 승강장에 나가서 짐 가방과 의료품을 수거했는지에 대해서도 충분한 설명을 제시하지 못했다. 더구나 그의 주장대로 승강장에 나가는 일이 그토록 싫었다면 말이다. 그런가 하면 한번은 검사가 선별 작업이 한창인 장면이 담긴 사진 한 장을 보여 주자 카페시우스는 무슨 사진인지 모르겠다며 오리발을 내밀었다. 판사들은 질문을 회피하는 카페시우스의 이해할 수 없는 태도에 당황한 듯 보였다. 계속되는 추궁에 카페시우스는 자포자기한 사람처럼 두 팔을 들며 외쳤다. "거기가 어떻게 생겨 먹었는지 저는 알지도 못합니다!"[31]

카페시우스는 법정에서 벌어지는 일들에 별로 개의치 않는 척했지만, 변호사들은 언론이 계속해서 다른 피고 중 한 명인 프란츠 루카스 박사를 "선량한 독일인"이라고 보도하는 것을 두고 카페시우스가 특히 짜증스럽게 생각한다는 사실을 알고 있었다. 루카스는 1944년에 5개월 동안 아우슈비츠에 있으면서 "결코 명령을 어긴 적은 없지만 피하려고 최선을 다했다"고 주장했다.[32] 카페시우스는 선별 작업을 피하려고 노력한 자신 또한 언론의 조명을 받아야 한다고 생각했다. 루카스만 언론의 사랑을 받는 것 같아서 짜증이 났다. 더 큰 굴욕은 프리츠 바우어와 검사들이 나치의 시체 약탈을 대표하는 인물로 카페시우스를 전면에 내세운 것이었다.

"카페시우스는 체계적으로 그리고 무자비하게 아우슈비츠의 현실을 이용했으며 의도적으로 자신의 물질적 이익을 추구했습니다. 증거는 그가 어떻게 이미 죽은 사람들의 재산을 강탈 또는 갈취했는지가 아니라 죽은 사람들을 상대로 어떻게 이토록 끔찍한 형태의 약탈을 자행했는가를 보여 줍니다. 증거는 피고 카페시우스가 아우슈비츠에 남아, 살인 행위가 이어지는 동안에 지극히 개인적인 이득을 챙겼다는 사실을 입증해 줍니다. 이는 법적으로 매우 중요한 사실로, 피고의 진짜 의도가 무엇인지를 드러내 줍니다. 아우슈비츠에서는 수감자로부터 압수한 귀중품을 수용소로 옮기는 과정에서 일부 SS 대원들이 나중을 대비한 보험 차원으로 개인적인 몫을 챙기는 관행이 있었습니다. 그러나 저희가 조사한 바에 의하면, 본 재판의 피고인들 가운데 업무적 효율을 추구하면서까지 비양심적으로 이러한 관행에 편승한 사람은 카페시우스가 유일했습니다."[33]

제3제국에서는 인간 이하로 취급했던 유대인을 살해했다는 혐의를 받은 것도 치욕적이지만, 도굴꾼보다 나을 것 없는 인간 취급을 받으며 공개적으로 낙인찍힌 것이 더 치욕적이라고 카페시우스는 생각했다.

그러나 카페시우스는 속앓이를 할지언정 겉으로는 절대 당황한

티를 내지 않았다. 분노와 수치심을 숨기려는 이 같은 노력 때문에 민망한 순간이 연출되기도 했다. 1964년 6월에 수감자 약사 빌헬름 프로코프가 카페시우스가 시체에서 채취한 금을 찾아서 "허리를 숙이고 턱뼈를 헤집기 시작했다"고 증언하는 대목에서 법정은 충격에 빠졌다. 그러자 카페시우스가 큰 소리로 웃어 대기 시작했고, 호프마이어가 "멈추시오!"라고 고함을 지르고 나서야 웃음을 멈췄다.

프로코프의 증언이 끝나고 호프마이어는 카페시우스에게 할 말이 있느냐고 물었다. 카페시우스가 얼굴에서 웃음기를 싹 지운 채 피고석에서 일어났다. "저는 결코 치아에서 금을 분리한 적이 없습니다. 딱 한 번 치아를 살펴봤는데 금은 이미 사라지고 없었습니다."[34]

라테른저조차 의뢰인의 발언에 당황한 듯 보였다.

재판이 진행될수록 카페시우스는 자신만의 세계에 빠져드는 듯했다. 그는 감옥에서 대부분의 시간을 자기 연민에 빠진 채 아우슈비츠에 관한 책을 읽고, 필기를 하고, 변호사에게 전략을 제안하며 보냈다. 감옥에서 쓴 편지를 보면, 카페시우스는 재판을 계기로 아우슈비츠에서 저지른 행동을 반성하는 대신에 외로움부터 시작해서 감옥에서 제공하는 식사의 형편없는 질과 성적 박탈감에 이르기까지 모든 것에 대해 끊임없이 불평불만을 늘어놓았다.

"여기서는 형을 선고받기 전에 구류된 사람들에게 5킬로그램짜리 크리스마스 소포 한 개만 허용한다. 반면에 형을 선고받은 수감자한테는 가족들이 다달이 면회를 올 때마다 치킨 반 마리와 케이크 한 조각을 허용한다. 구류 중인 우리는 자판기에서 기껏해야 콜라 한 병만 뽑아 마실 수 있는데, 그러면서 탈출을 못 하게 막을 수 있다고 생각하는 건가?" 카페시우스는 "내 [아우슈비츠] 수감자들이 더 잘 얻어먹었다"고도 했다. 형편없는 음식 때문에 한때 카페시우스는 체중이 18킬로그램이나 줄기도 했다. 그는 다음과 같이 주장했다. "성적인 욕구가 사라진 발기불능 상태가 됐다. 아내나 애인과 섹스를 할 수 없으니 각자 알아서 해결해야 한다. 그러나 신경이 항상 긴장된 상태에서 오랫동안 이런 생활을 하다 보면 성적 고통을 받게 되거나 적어도 욕구불만이 생긴다. … 아우슈비츠에서도 임시방편으로 매음굴은 마련해 줬었다."[35]

카페시우스는 또 "친구도 없고 말동무도 없는 … 독방 생활에서 오는 온갖 어려움"도 호소했다. "집에는 부양해야 할 사람들이 있다"며 이제 막 서독에 도착한 아내와 가족들로부터 "소외"된 상황에 대해서도 불평을 늘어놓았다. "아이들은 여전히 아빠도 없는 데다가 셋 다 이전 학력을 인정받지 못하거나 부분적으로만 인정받은 채로 아직도 학교에 다니고 있다. 아빠가 감옥에 갇힌 수감자가 아니라 자유의 몸이었다면 딸아이들의 상황은 많이 달라졌을 것이다. 아빠가 증거 불충분으로 … 풀려났다면 상황은 또 달라지지 않았을까?"

카페시우스의 유죄를 입증하는 목격자 증언과 증거에 대해서는 뭐라고 불평했을까? "물론 평화로운 양심이 큰 위안이 되지만, 거짓말로 혐의가 부풀려진 사실을 알게 됐을 때는 세상을 더 이상 이해하기가 힘들다. 첫 번째 평결에서 증인의 증언이 인정되지 않았는데도 그는 모든 책과 극장에서 온갖 주목을 독차지한다. '스크립타 마넨트(scripta manent, 라틴 속담으로 "말은 날아다니고 글은 남는다"는 뜻)'라더니, 내가 어린이 1,200명을 가스실로 보냈다는 혐의만 남았다."[36]

카페시우스는 그가 선임한 변호사들에 대해서 칭찬 일색이었지만 "돈과 재산은 사라지고 빚만 쌓여 간다"는 글을 남기기도 했다. 결과적으로 카페시우스는 변호사 비용으로 10만 마르크를 지출했다.

재판이 막바지에 이르자 카페시우스는 기분이 좋아졌다. 법정 바깥에서 들려오는 뜻밖의 소식들은 희망적이었다. 독일에서는 점점 더 전쟁범죄를 용서하자는 쪽으로 국민 정서가 기울고 있었다. 화학자이자 파르벤 임원으로서 파르벤 재판 당시 7년 형을 선고받았던 하인리히 뷔테피슈는 독일 주요 화학 기업 이사회에 성공적으로 복귀했다. 당시 유죄 선고를 받았던 동료 임원들도 다르지 않았다. 모두 독일 산업계에서 최고의 위치로 복귀했다. 1964년 후반에는 독일 대통령이 뷔테피슈에게 국가가 공공 부문에 종사하는 민간인에게 수여하는 최고의 영예인 십자공로훈장을 수여하면서 달라진 분위기를 입증했다. 유죄 선고를 받은 전범자도 십자공로훈장을 받을 수 있다는 사실에 거센 반발이 일었다. 뷔테피슈는 한참 후에 훈장을 반납하긴 했지만, 아우슈비츠 재판이 끝나 가는 시점에서 카페시우스에게는 그저 또 다른 길조로 보일 뿐이었다.

Chapter

23

최종 판결

1965년 5월 7일, 최종 변론이 시작됐다. 카페시우스는 혐의를 전면 부인하며 무죄에 한 걸음 가까워졌다고 생각했다. 그 무렵 두 명의 피고 하인리히 비쇼프와 게르하르트 노이베르트는 건강 악화로 인해 별도로 재판을 받게 됐다. 검사 측, 원고 측 변호사, 남은 피고 20인의 변호사들이 각각 최종 변론을 마치기까지 3개월이 소요됐다. 검사 측은 아우슈비츠가 어떻게 최종 해결책을 실행하는 주요 살해 거점으로 기능했는지 재차 강조했을 뿐만 아니라 각 피고인에 대한 핵심 증거를 요약해서 제시했다.[1]

원고 측 변호사인 헨리 오르몬트는 최종 변론에서 카페시우스를 가리켜 "가장 큰 구울(서양 전설에 등장하는 시체 먹는 악귀_옮긴이) 중에 하나"라고 칭했다.[2]

6월에는 한껏 기대를 모았던 카페시우스와 다른 의뢰인들을 위한 한스 라테른저의 최종 변론이 있었다. 독일 일간지 《프랑크푸르터 알게마이네 차이퉁Frankfurter Allgemeine Zeitung》은 라테른저의 최종 변론을 가리켜 "모순적이고 모욕적이지만 대단히 논리적이고 영리했다"고 평가했다. 라테른저는 20년 전에 일어난 그토록 끔찍한 사건을 정확하게 기억하는 것은 "인간의 능력을 벗어나는" 일이라며 모든 목격자 증언의 신뢰성을 폄하했다. 특히 공산주의 진영 출신 증인들의 경우 복수심과 정치적 선동이라는 복합적인 동기가 작용해 그 신뢰성에 의문을 제기할 수밖에 없다고 덧붙였다.[3] 그의 전매특허인 증인 침해 전략을 구사해, 증인의 절반 이상이 외국인이므로 독일에서는 기소가 불가능하다는 점도 지적했다.

그러나 무엇보다 대중의 관심을 사로잡은 건 선별 작업이 범죄가 아니라 자비로운 행동이었다는 라테른저의 비틀린 주장이었다. 아우슈비츠는 죽음의 수용소였기 때문에 생존자들은 승강장에서 자신들을 선택해 준 SS 장교들에게 목숨을 빚졌다는 것이다. 라테른저의 독특한 관점에서 보면 선별 작업은 유럽에서 모든 유대인을 제거하라는 제3제국의 지시에 반기를 든 행동이었다. 선별 작업은 살인 방조 행위가 아니라 살인 방해 행위였다고 라테른저는 주장했다. 피고인들은 아우슈비츠 승강장에서 생명을 죽이는 쪽이 아니라 살리는 쪽을 선택했다는 것이다. "선별 작업에 참여한 이들은 선택받은 사람들의 구원자 역할을 했으며, 따라서 히틀러의 계획을 뒤엎었다"

고 주장했다.[4]

라테른저의 파트너 변호사 프리츠 슈타인아커는 이 재판 자체가 정치적 희극에 불과하다고 주장했다. 슈타인아커는 모두가 아무리 불쾌하게 여긴다고 해도 최종 해결책은 제3제국 지도층의 합법적 명령에 의해 시행됐다는 점을 끈질기게 피력했다. 의뢰인들은 그저 국가에 의무를 다한 평범한 사람들일 뿐이었다는 사실을 강조했다.

1965년 8월 6일, 재판이 시작된 지 180일째 되던 날에는 피고인들의 공식 답변이 있었다. (독일법상 공식 답변은 재판 첫날이 아니라 마지막날에 이루어진다.) 카페시우스는 이날만큼은 트레이드마크였던 말더듬증과 건망증을 자제했다. 공식 답변을 수없이 연습한 티가 났다. 카페시우스는 "반半유대인 여자와 결혼한 루마니아 장교이자 루마니아 시민으로서 … 그전에는 존재조차 몰랐던 아우슈비츠의 주임 약사가 된 것"은 오직 "불운한 환경" 탓이라고 항변했다.

카페시우스의 뒤에 있던 몇몇 방청객과 기자들이 유대인 여자Jewess라는 단어에 얼굴을 찌푸렸다. 제3제국에서만 통용되던 유대인 여성을 낮잡아 이르는 단어였기 때문이다.

"존경하는 재판장님! 저는 아우슈비츠에서 그 누구에게도 해를 끼치지 않았습니다. 저는 누구에게나 예의 바르고 친절하고 유익한 사람이었습니다. 수용소 약국으로 가져올 의사들의 짐 가방을 챙기기 위해 승강장에 여러 번 나가긴 했습니다. 그러나 결단코 선별 작업은 한 적이 없음을 강조하는 바입니다. 약사로서 제 능력 안에서 상황이 허락하는 한 저는 제 일에 최선을 다했습니다 … 저는 아우슈비츠에서 어떠한 범죄도 저지른 적이 없습니다. 저에게 무죄를 선고해 주시길 요청하는 바입니다."[5]

여러 독립적인 증언으로 볼 때 카페시우스가 승강장에서 선별 작업을 했다는 사실은 확정적인 듯 보였지만 무조건 부인해야 했다. 한 번이라도 했다고 인정하는 순간에 그의 법적 운명은 수십 차례 했다고 하는 것과 마찬가지로 간주될 것이기 때문이었다.

그날 재판이 끝을 향해 달려가면서 모든 피고인이 구금에서 풀려났다. (빌리 샤츠와 페리 브로드는 그 당시 이미 보석금을 내고 풀려난 뒤였다.) 이제 판사와 배심원단의 최종 판결만을 남겨 놓고 있었다. 어느 쪽이든 판사는 세 명, 배심원은 여섯 명이었으므로 과반수인 5표 이상이 나와야 했다.

논의 초반에는 배심원 서너 명이, 사건이 일어난 이후로 너무 많은 시간이 흘러 증인들의 신뢰성이 떨어지므로 그들의 증언만을 근거로 판결을 내릴 수는 없다는 생각을 밝혔다. 그러나 판사들은 증언을 뒷받침해 주는 서류가 있다는 사실을 지적했다. 무엇보다 판사와 배심원과 변호인단 전원이 재판 후반(1964년 12월 14일부터 16일까지)에 아우슈비츠를 직접 방문하여 목격자 증언 대부분이 사실임을 확인했다. 열흘 후에 마침내 각 피고인들에 대한 혐의의 유죄 여부가 표결에 부쳐졌다. 법원 규칙에 따라 배심원단이 판사들보다 먼저 투표했으며 나이가 어린 순서대로 투표했다.

1965년 8월 19일 목요일에 최종 판결이 나왔다. 재판 참관인들은 피고인 전원에 대한 수많은 혐의에 대한 판결이 불과 12일 만에 나왔다는 사실에 놀랐다. 법정은 사람들로 가득 찼다. 전 세계에서 다시 몰려든 취재진뿐만 아니라 방청객들로 자리는 만석이었다. 설문조사에서는 독일 국민의 절반 이상이 어떤 매체를 통해서도 재판의 추이를 살피고 있지 않은 것으로 드러났지만, 재판 마지막 날 갑자기 모든 사람이 역사적 순간에 동참하고 싶어진 듯했다.[6]

오전 8시 30분에 피고인들이 법정에 들어섰다. 회커와 바레츠키도 카페시우스를 따라 선글라스 뒤로 얼굴을 감췄다. 9시 정각이 되기 전에 판사 세 명이 입장했다. 호프마이어 판사가 지난 20개월 동안 매일 반복했던 "물카 외 피고인들에 대한 재판을 시작합니다."라는 말로 개정을 선언했다. 모든 피고인이 마지막으로 자리에서 일어났다.

호프마이어가 판사석에서 판결 요약문을 읽겠다고 선언했다. 이 판결 요약문은 사실상 "각 피고인의 공소 사실에 대한 판결을 뒷받침하는 구체적인 추론과 증거"를 포함하는 457쪽짜리 최종 결정에 대한 "구두 요약본"이었다.[7] 이 구두 요약본을 읽는 데만 꼬박 이틀이 걸렸다.

호프마이어는 먼저 법원의 판결이 아우슈비츠에 관한 어떠한 역사적 의미를 내포할 의무가 없다고 판단했다고 설명했다. "본 재판은 '아우슈비츠 재판'이라 불리며 본토를 넘어 전 세계의 주목을 받았지만 결국 물카 외 피고들에 대한 소송입니다. 다시 말해 본 법원에서는 오직 피고인들의 죄만 고려했습니다. 본 법원은 과거사 통달을 위해 소집된 것이 아닙니다. 또한 본 재판이 그러한 목적에 부합해야 하는지 여부를 결정할 필요도 없습니다. 본 법원은 여론 조작용 재판은 물론이거니와 정치적 재판을 하지 않습니다."[8]

이어서 호프마이어는 아우슈비츠에서 복무한 모든 사람이 그곳에서 일어난 범죄의 공범자라는 검사 측 주장을 날카롭게 반박했다. 호프마이어 주임 판사는 단지 SS 대원이라는 사실과 죽음의 수용소에서 복무했다는 사실에 근거하여 피고인들에게 유죄를 선고한다면 본 재판은 "몇 시간 만에 끝났"을 것이며 서독 법원은 "아우슈비츠에서 시행된 법치보다 더 나을 게 없"을 것이라고 말했다.[9]

그러나 호프마이어는 피고들이 "책상에서 유대인 절멸 계획을 고안해 낸 사람들만큼이나 이를 실행하는 데 중요한 역할을 했"기 때문에 이들이 "소시민"으로 간주되어 혜택을 받는 일은 없을 것이라는 점을 분명히 했다.

최종 판결에 이르러서 호프마이어는 사건이 발생한 지 오랜 세월이 지났다는 사실을 감안할 때 목격자 증언의 신뢰성 문제를 놓고 고심했다고 밝혔다. "본 법원은 신중하고 냉정하게 모든 증인의 증언을 검토했으며 그 결과 기소장에 제시된 모든 혐의에 대해서 유죄판결을 내릴 수는 없다는 결론에 도달했습니다." 호프마이어는 나치가 범죄의 "모든 흔적을 제거"한 데다가 "본 재판에 큰 도움이 됐을지도 모르는 문서를 파기"해 버렸으며 피고들 또한 "진실을 찾는 데 도움이 될 만한 단서를 전혀 제공하지 않고 여러 쟁점에 대해 침묵을 지키며 대체로 진실을 말하지 않았"기 때문에 증언의 정확성을 교차 점검할 수 있는 본 법원의 능력에는 한계가 있었다고 설명했다.

이어서 호프마이어는 스무 명의 피고인 각각에 대해 재판 중에 앉아 있던 순서에 따라 판결 내용을 읽어 내려가기 시작했다. 이 말은 곧 카페시우스는 다른 피고인 열일곱 명의 판결을 듣고 나서야 자신의 운명을 알 수 있다는 뜻이었다. 그 열일곱 명 가운데 열다섯 명이 1급 살인죄나 그보다 낮은 살인 방조죄 및 교사죄로 유죄를 선고받았다. 카페시우스의 친구 빌리 샤츠 박사는 무죄를 선고받았다. 이에 카페시우스는 법원이 자신의 변론에도 설득당해 결백을 인정해 줄지 모른다는 희망을 품었다.

자신의 차례가 되자 카페시우스는 자리에서 일어났다. 호프마이어 주임 판사는 먼저, 루마니아에 살고 있었기 때문에 아우슈비츠에서 일어난 일이 보편적 범죄라는 사실을 완전히 이해하지 못했다는 카페시우스의 주장을 일축했다. 이어서 아우슈비츠에서 카페시우스가 저지른 행동은 "잔인"하고 "악의적"이었다고 묘사했다. 나중에 카페시우스는 친구에게 판사석에서 흘러나온 그 단어들이 자신을 가리키는 말이라는 사실이 믿기지 않았다고 말했다. 법원은 카페시우스가 승강장 선별 작업에 참여했으며 따라서 "루마니아 출신 동료 시민 최소 8,000명을 죽음"에 이르게 한 책임이 있다고 결론 내렸다. 법원은 카페시우스가 승강장에서 그의 역할을 인정하지 않고 끈질기게 거부한 것이 "선별 작업이 절멸 계획을 실행에 옮기고 희생자의 죽음에 한몫하고 있다는 사실을 아주 잘 알고 있었다"는 사실을 보여 주는 반증이라고 판단했다.[10] 또한 카페시우스가 "치클론 B 투입을 감독했다는 점을 고려할 때" 살인 혐의가 인정된다고 호프마이어는 말했다.

다만 수감자를 죽이는 데 사용된 페놀을 배포한 혐의에 대해서는 해당 생체 실험이 그가 주임 약사가 되기 전에 완료됐기 때문에 카페시우스에게는 책임이 없다고 판결했다. 또한 여자 수용소에서 구타를 하고 선별 작업을 했다는 혐의에 대해서도 이를 뒷받침하는 목격자 진술에 신빙성이 떨어진다고 판단해 무죄를 선고했다.[11]

그러나 호프마이어의 결론은 단호했다. 법원은 "피고가 살해당한 희생자들의 재산으로 자신의 부를 챙겼다는 사실은 경멸스럽다"고 판결했다.

그 순간에 참관인들은 카페시우스의 온몸에서 산소가 빠져나가는 듯한 모습을 보았다. 카페시우스는 어깨를 축 늘어뜨리고 고개를 떨군 채 양손으로 피고인석 탁자 모서리를 짚었다. 판사의 말이 끝나자 변호사가 카페시우스에게 이제 다시 자리에 앉을 시간이라고 말했다.

그날 아침은 카페시우스에게 초현실적인 악몽처럼 느껴졌다. 전쟁이 끝난 지 20년이 흐른 지금에 와서 독일 법원이 그에게 아우슈비츠에서 벌어진 살인에 대한 법적 책임을 묻고 있는 현실이 온전히 받아들여지지 않았다. 지난 20년 동안 카페시우스는 죄를 물을 때마다 부인에 부인을 거듭하며 이제는 스스로가 단지 운명과 불운의 희생자일 뿐이라고 완전히 믿게 된 상태였다. 1959년에 체포된 이후에도 형사 책임은 남의 일로만 여겨 온 그였다. 그런데 지금 호프마이어의 입에서 쏟아져 나오는 말을 들으며 카페시우스는 법원이 자신의 역경을 인정해 주지 않았다는 사실을 이해할 수 없었다. 유죄판결의 순간에도 카페시우스는 마침내 올 것이 왔다고 생각하지 않았다. 그저 자신의 처지가 불쌍하게 느껴질 뿐이었다. 카페시우스는 그 또한 나치에게 끌려가 바펜-SS가 될 수밖에 없었던 '희생자'인데, 서독 법원이 그런 자신의 통제 밖인 범죄에 대한 죄를 물음으로써 또다시 희생자를 만들고 있다고 생각했다.[12]

카페시우스는 라테른저가 외투를 잡아끌자 그때서야 정신을 차렸다. 호프마이어 판사가 최종 판결문 낭독을 끝마쳤다. 피고인 가운데 열일곱 명이 일부 또는 모든 혐의에 대해 유죄를 선고받았다. 세 사람(브라이트비저, 샤츠, 쇼베르트)은 모든 혐의에서 무죄를 선고받았다. 카페시우스는 침울했지만 라테른저는 만족했다. "고의적 살인 가해자"로 기소된 피고인 일곱 명 가운데 그의 의뢰인만이 유일하게 "살인 방조죄"를 선고받았기 때문이었다.

호프마이어는 이제 형량을 발표했다. 고의적 살인죄를 선고받은 여섯 명(보거, 카두크, 클레어, 호프만, 바레츠키, 베드나레크)은 법정 최고형인 종신형을 선고받았다. 살인 방조 및 교사죄를 선고받은 나머지 피고는 감형을 받았다. 적게는 3년 형(프란츠 루카스 박사)부터 많게는 14년 형(물카)이 선고됐다. 카페시우스는 9년 형을 선고받았다. 카페시우스는 방금 들은 숫자가 맞는지 확인하려는 듯 고개를 돌려 라테른저를 바라봤다.[13]

"이로써 본 재판이 끝이 났습니다." 호프마이어 판사가 선언했다. "본 재판이 진행된 20개월 동안 본 법원은 관련 당사자들이 받았던,

아우슈비츠라는 이름과 영원히 결부되어 기억될 고통과 고문을 다시 체험했습니다. 우리 중에는 아우슈비츠에서 마지막 길을 간 아이들의 공허한 눈, 그리고 의문과 두려움으로 가득 찬 눈을 마주하지 않고서는 앞으로 행복하고 천진난만한 아이의 눈을 오랫동안 들여다볼 수 없을 것 같은 사람들이 있을 겁니다."[14]

호프마이어는 배심원단과 검사들과 변호사들에게 감사 인사를 한 다음 유죄 선고를 받은 피고인 전원을 재구류하라고 명령했다.

이어서 방금 형을 선고받은 피고들에게로 눈길을 돌렸다. "모든 피고인은 자리에서 일어나 주십시오. 방금 최종 판결을 들으셨습니다. 제게는 여러분에게 법적 조언을 드릴 의무가 있습니다. 여러분은 본 판결에 항소를 제기할 수 있습니다. 그러나 법원의 판결이 사실에 근거하고 있지 않다는 주장에 의거해서가 아니라 오직 본 판결이 법에 위배된다는 사실에 의거해서만 항소할 수 있습니다. 항소는 반드시 일주일 안에 제기해야 합니다."

호프마이어가 마지막으로 의사봉을 내리쳤다.

"이로써 재판을 마칩니다."

프리츠 바우어는 최종 판결에 크게 실망했다. 바우어는 이번 판결이 독일의 과거사 대면 의지가 없음을 보여 주는 또 다른 예라고 생각했다. 일부 피고들에 대해 혐의를 살인 방조 및 교사죄로 낮춰 준 것은 법원이 "전체주의 국가 나치의 통치 기간의 책임은 소수에게 있고, 나머지는 그저 공포에 질린 추종자 혹은 개성과 인격을 빼앗긴 채 원래 본성에 완전히 반하는 행동을 강요당한 소시민에 불과하다는 환상"을 충족시켜 준 것뿐이라고 말했다. "독일은 과거에도 그랬듯이 나치즘을 옹호한 사회가 아니라 나치라는 적에게 점령당한 나라일 뿐이었다. 그러나 이는 역사적 현실과는 동떨어진 착각이다. 그들['잔챙이들']이야말로 열렬한 민족주의자였고 제국주의자였으며 반유대주의자이자 유대인 혐오자들이었다. 그들 없는 히틀러는 상상조차 할 수 없었다."[15]

바우어는 집단 학살과 대량 학살을 금지하는 1954년 법을 나치에게 소급 적용하는 것을 거부한 점이 독일 사법제도의 근본적인 실패라고 생각했다. "나치 치하 유럽에서 유대인을 몰살하라는 명령이 있었다. 살해 도구는 아우슈비츠, 트레블링카 등이었다. 이 살인 기계를 작동한 사람은 누구든지 살인 혐의에 대해서 유죄다. … [누군가가 그저] 강도단의 일원이라는 사실만으로도 책상에 앉아 살인 명령을 내렸는지 권총을 나눠 줬는지 직접 총으로 쏴 죽였는지 여부에 상관없이 그는 살인죄에 대해 유죄다."[16]

일주일이 지나기 전에 모든 피고가 판결에 불복하여 항소를 제기했다. 독일법에서는 검사들도 항소를 제기할 수 있었다. 검사 측은 빌리 샤츠의 무죄 선고 철회 및 카페시우스, 물카, 회커, 딜레프스키, 브로드, 슈타르크, 슐라게에 대한 재심을 요청했다.[17] 해당 피고들에게 내려진 형이 너무 가벼우며 종신형이 적절하다고 주장한 것이다.

재판 판결에 맥이 빠진 사람은 검사들만이 아니었다. 이제 브뤼셀에 있는 또 다른 생존자 단체인 강제수용소국제위원회Comité International de Camps의 사무총장이 된 헤르만 랑바인은 복합적인 감정을 느꼈다. 피고 17인이 유죄 선고를 받은 것은 기뻤지만 막상 법원이 선고한 형은 너무 관대하다는 생각이 들었다. 랑바인은 아우슈비츠의 두 부관 회커와 물카가 법정 최고형을 면했다는 사실을 이해할 수 없었다. 게다가 카페시우스에게 살인죄가 아닌 살인 방조죄가 적용되었다는 사실은 랑바인과 다른 생존자들을 분노하게 했다. "대량 학살에서 뻔뻔하게 개인적 이득을 챙긴 사람은 대량 학살을 원했으며 기꺼이 동참한 것이나 다름없다"고 랑바인이 한 기자에게 말했다.[18]

그렇게 생각한 사람은 랑바인뿐만이 아니었다. 취리히와 파리와 런던 신문은 일제히 가벼운 양형 선고를 비난하며 대표적인 인물로 카페시우스와 물카를 집중 조명했다.[19] 동독 일간지 《노이에스 도이칠란트Neues Deutschland》는 "이번 판결은 아우슈비츠에서 죽은 이들에 대한 모독이다."라고 보도했다.[20] 이듬해 극작가 페터 바이스는 아우슈비츠 재판의 증언을 바탕으로 한 4시간짜리 기록극 〈수사The Investigation〉를 무대에 올렸다. 카페시우스는 다시 한번 솜방망이 처벌을 받은 인물로 그려졌다.

카페시우스는 가족에게 보낸 편지에서 이렇게 썼다. "세상에서 존중이란 것이 사라졌다. 언론의 뭇매를 맞는 걸로도 모자라 바이스라는 작자가 그 시답잖은 연극에서 실제로는 [프리츠] 크라인이 한 말을 가지고 내가 한 말이라며 '한 시간 내로 다시 볼 수 있을 걸세.'라는 대사를 썼다고 한다. … 재판에 관한 책이 쏟아져 나오고 심지어 전혀 상관없는 내용을 다룰 때도 모든 기사들이 아우슈비츠에 대해 언급한다. 그런데 이 마녀사냥이 여러 나라에서 판촉에 도움이 된다고 한다."[21]

아우슈비츠 재판으로 얻은 이 부정적인 명성은 카페시우스에게 뜻밖의 긍정적인 결과도 가져다줬다. 단순히 호기심 많은 사람들과 진심으로 그를 지지하는 사람들 사이에서 입소문을 타면서 괴핑겐에 있는 마르크트-아포테케는 나날이 번창했다.[22]

Chapter

24

"그냥 악몽을 ——

—— 꾼 거야"

재판은 공식적으로 끝이 났지만 랑바인을 비롯한 생존자들은 여전히 활동을 이어 나갔다. 1964년 9월, 랑바인은 오스트리아 빈대학에 카페시우스의 약학박사 학위를 취소할 것을 요구했다. 랑바인이 누군지 몰랐던 빈대학은 간단히 거절해 버렸다. 그러자 랑바인은 꿈쩍도 않는 관료주의의 저항과 관성에 부딪칠 때마다 해 왔던 행동을 이번에도 실행에 옮겼다. 랑바인은 능수능란하게 강력한 연대를 조직해서 다시 한번 대학 측에 철회를 요구했다. 시몬비젠탈센터와 전 문직 헝가리 및 루마니아 이민자협회, 이스라엘에 거주 중인 유명한 생존자 의사 서너 명, 오스트리아 주재 이스라엘 대사까지 동참했다. 결국 그해 11월에 빈대학은 카페시우스의 박사 학위를 박탈했고, 카페시우스는 분노했다.[1] (랑바인은 치과 의사 빌리 프랑크와 내과 의사 프란츠 루카스의 의학박사 학위도 성공적으로 무효화했다.)

아우슈비츠 재판은 랑바인을 비롯한 생존자들의 이 같은 투쟁에 불을 지폈을 뿐만 아니라 의도치 않은 또 다른 선한 결과를 낳았다. 재판 중에 나온 증언을 토대로 아우슈비츠에서 카페시우스의 동료이자 동독에서 의사로 활동하고 있던 호르스트 피셔 박사의 실체가 드러난 것이다. 동독 법원은 피셔를 체포했고 법원은 그에게 유죄를 선고했다. 피셔는 1966년에 처형되어 독일에서 단두대의 이슬로 사라진 최후의 인물이 됐다.

프랑크푸르트 재판은 프리츠 바우어에게 관련 수사 몇 건을 마무리할 동력을 제공했다. 1966년부터 1971년까지 바우어가 아우슈비츠와 파르벤/모노비츠에서 복역했던 주임 카포들을 대상으로 연달아 공소를 제기하면서 아우슈비츠 재판의 축소판이라고 할 수 있는 재판이 세 건이나 열렸다. 이 시기에 바우어가 잡아들인 나치 전범자 가운데 가장 거물급 인사는 아우슈비츠 여성 병원에서 끔찍한 불임 시술 실험을 자행했던 호르스트 슈만 박사였다. 슈만은 1966년 11월까지 수사망을 피해 가나에서 도피 생활을 하다가 마침내 독일로 인도됐다. (재판이 시작된 지 6개월 만에 그는 '건강 악화'로 석방됐고, 이후 11년을 자유롭게 살다가 죽었다.)

아우슈비츠 재판으로 수년 동안 질질 끌어온 나치 범죄의 공소시효 폐지를 둘러싼 논쟁에 다시 불이 붙었다. 1945년 이후 서독에서 살인죄 공소시효는 20년이었다. 이에 따라 1965년에 나치 범죄의 공소시효가 만료됐지만, 바우어가 제기한 사건을 모두 다루기 위해 임시로 연장됐다. 그러나 바우어는 아우슈비츠 재판에서 나온 광범위한 역사적 기록을 바탕으로, 나치 시대에 자행된 살인 행위에 대해서는 공소시효를 폐지해야 한다고 강력히 주장했다. (1979년에 비로소 전 범죄에 대한 공소시효가 폐지됐다.)

한편 카페시우스는 감옥에서 항소심을 준비했다. 그러는 사이 아내와 세 딸이 정기적으로 면회를 왔고 스토펠 부부 같은 오랜 친구들도 찾아왔다. 그러나 재판이 진행 중일 때와 마찬가지로 카페시우스와 통화를 제일 많이 하는 사람은 변호사였다. 카페시우스는 변호사들과 함께 검사 측에서 자신을 상대로 제기한 사건을 검토하고 판결을 무효화할 수 있는 근거를 찾으면서 하루하루를 보냈다.

1968년 1월 24일, 9년 형을 선고받고 복역한 지 2년 반이 채 되지 않았을 무렵에 독일 고등법원은 아직 항소 대기 상태에 있던 카페시우스를 갑자기 석방하라는, 거의 모든 사람이 기함할 만한 결정을 내렸다. 법원은 카페시우스의 사업이 번창하고 있으며 독일에 가족들이 살고 있다는 점을 고려할 때 도주 우려가 없다고 판단했다. 그리하여 체포 시점부터 형을 선고받기까지 총 4년 반 동안 구류되어 있었다는 사실을 고려해 달라는 카페시우스 변호인단의 인도주의적 요청을 받아들였다.[2] 카페시우스는 61세 생일을 몇 주 앞두고 감옥에서 나왔다. 항소는 여전히 진행 중이었다. 바우어의 사무실과 생존자들과 대부분의 언론은 불같이 분노했다.

카페시우스는 승리의 순간을 만끽했다. 카페시우스가 두 번 다시 감옥으로 돌아올 일은 없을 거라는 변호사 한스 라테른저의 예언은 적중했다. 항소법원이 기존의 유죄판결을 뒤집고 무죄를 선고하면 더할 나위 없이 좋았겠지만 카페시우스는 선고받은 9년 형 가운데 3년을 채우지 않고 지금 당장 나왔다는 사실만으로도 커다란 위안을 받았다.

석방되고 나서 카페시우스가 처음으로 공개 석상에 모습을 드러낸 것은 어느 날 저녁에 가족과 함께 괴핑겐에서 열리는 클래식 음악회에 참석했을 때였다. 카페시우스가 공연장 안으로 걸어 들어오자 그곳에 모여 있던 관중은 자발적으로 자리에서 일어나 열렬한 기립 박수로 그를 환영했다.[3]

줄곧 독일이 낯설기만 했던 카페시우스의 아내 프리치는 처음으로 타지에서 더 나은 삶을 꾸려 나갈 수 있겠다고 생각했다. 프리치는 고향인 트란실바니아로 돌아가고 싶은 마음이 간절했지만 그건 불가능했다. 1946년에 카페시우스에게 내려진 사형선고가 여전히 유효했기 때문이다. 무엇보다 카페시우스가 독일을 떠나길 원치 않았다. 훌훌 털고 떠나 버리기에는 재판을 받느라 너무 많은 것을 포기한 데다가, 이미 독일은 그에게 새로운 고향이 되어 버렸다. 이웃들의 따듯한 환대와 더불어 그해 여름에 프리츠 바우어가 심장마비로 64세의 나이에 세상을 떠났다는 예상치 못한 소식은 카페시우스에게 독일에 머무르기로 한 결정이 옳았다는 확신을 심어 주었다.

무엇보다도 그는 그토록 오랜 세월 동안 떨어져 있었던 아이들과 또다시 헤어지고 싶지 않았다. 딸아이들은 이미 서독에 뿌리를 내리고 있었다. 맏딸 멜리타는 슈투트가르트 공과대학에서 공학을 공부하는 중이었다. 전쟁이 끝나고 카페시우스가 지원했던 바로 그 학교였다. (멜리타는 기계공학 학위를 취득하고 나서 이듬해 루트비히스부르크에 있는 제조 공장인 만앤휴맬에 취직했다.) 카페시우스가 감옥에 있는 동안 둘째 딸 잉그리드는 독일에서 가장 유서 깊은 에버하르트 카를스 튀빙겐대학에서 생물학 박사 학위를 받았다. 카페시우스가 자유의 몸으로 새로운 삶에 적응하는 사이에 잉그리드는 박사 후 연구원으로 학업을 이어 나갔다. (카페시우스가 석방되고 나서 바로 다음 해에 잉그리드는 하이델베르크대학 생물학부에 교수로 취직했다.) 막내딸 크리스타는 아빠의 뒤를 이어 약학 학위를 받았다. (이후 부모님 댁에서 북쪽으로 한 시간 정도 떨어진 슈와비시홀에 있는 약국에 취직했다.)

카페시우스의 세 딸도 아버지가 독일에 머무르기를 바랐다. 성인이 되고 나서 아버지를 감옥 아니면 재판장에서밖에 보지 못했기 때

● 멜리타 카페시우스는 1992년 만앤휴맬에서 퇴직한 후 독일에서 가장 큰 루마니아 출신 독일인 문화 단체인 트란실바니아색슨족협회 지부장으로 취임했다. 엄마인 프리데리케가 적극적으로 활동했던 단체였다. 멜리타는 2013년에 세상을 떠났다. 잉그리드 에시그만-카페시우스는 1980년 하이델베르크대학 생물학과 전임 교수로 임명된 후 20년간 재직했으며 논문 활동도 활발히 했다. 세 딸 가운데 유일하게 결혼 후에 카페시우스라는 성을 버린 크리스타 아이자는 약사로 일하다가 2014년에 퇴직했다. 나는 잉그리드와 크리스타의 소재를 파악해 연락을 취했으나 두 사람은 인터뷰뿐만 아니라 어떤 도움도 주지 않으려고 했다. 하지만 잉그리드는 거절 의사를 표하면서 "과거의 발언이 거짓으로 드러났다."라는 말을 포함해 몇 가지 의미심장한 발언을 남겼다. 잉그리드는 세 자매가 자란 도시 클루지에서는 "서로 다른 인종이 조화롭게 어울려 살았다"고 말했다. 이런 주장도 했다. "아빠는 거기[아우슈비츠]에 있고 싶지 않으셨을 것이다. 아빠는 사람들을 도와주려고 노력했다." 잉그리드는 이름은 기억나지 않지만(프리츠 페터 스트라우흐를 가리켜 한 말이었다) 아빠가 가장 신뢰했던 수감자 조수 가운데 한 명이 유대인이었으며 만약에 살아 있었다면 재판에서 아빠에게 유리한 증언을 해 줬을 것이라고 말했다.

문이었다. 카페시우스가 자유의 몸이 되었다는 것은 그의 세 딸에게는 마침내 아버지를 알아 갈 수 있는 기회가 생겼음을 의미했다.●

이후 1985년 3월 20일에 78세를 일기로 자연사할 때까지 17년 동안 카페시우스는 1950년대 초반에 구입해 둔 괴핑겐 자택에서 아내와 함께 여생을 누렸다. (프리치는 1998년에 세상을 떠날 때까지 계속 그 집에서 살았다.) 두 사람은 예전처럼 약국과 전문 피부 관리실을 운영하며 살았지만 카페시우스가 약학 박사 학위를 박탈당하는 바람에 단독으로 처방전을 발급하지는 못했다.

그러나 두 사람을 찾아온 많은 사람들은 향수병에 시달리는 프리치와 전쟁 중에 저지른 행동을 계속 정당화하려고 애쓰는 카페시우스를 보았다. 친구들이 보기에 카페시우스는 자유의 몸이었지만 여전히 아우슈비츠에서 벗어나지 못하는 것처럼 보였다.

전쟁 전부터 카페시우스 가족과 알고 지냈던 루마니아 시인 디터 슐레작은 카페시우스에 관한 소설을 집필하던 중인 1978년에 자료 조사차 카페시우스와 프리치 부부를 방문했다. 슐레작은 두 사람이 기억을 되살리면서 이름과 장소를 너무 자주 혼동하는 모습을 보고 깜짝 놀랐다.

슐레작은 나중에 이렇게 기록했다. "트란실바니아 억양이 묻어나는 카페시우스 특유의 나긋나긋하고 가식적이지만 태평스러운 목소리는 누구도 무시 못 할 정도로 신경에 거슬렸다. 수용소에서 명령할 때는 위압적인 목소리로 말했을 것이 분명하지만, 지휘관에서 수감자로 전락하는 과정에서 성격이 변했는지 지금은 말하는 투가 정신없고 꼭 불평 많은 노인네 같았다. 테이프에 녹음된 그의 목소리를 듣고 어머니가 깜짝 놀라며 말씀하셨다. '빅토르는 배운 사람 아니었니. 지금 말하는 것 좀 들어 보렴. 아무래도 머리가 어떻게 된 것 같구나.'"[4]

슐레작을 비롯해서 그의 이야기를 듣고 싶어 하는 친구들과 지인들에게 카페시우스는 그에게 내려진 유죄판결이 왜 오심인지를 몇 시간이고 끝없이 설명했다. 그가 승강장 선별 작업에 참여하고 치클론 B를 관리 감독하는 모습을 봤다는 목격자 증언에 대해서는 뭐라고 했을까?

"그들은 외국인이고 매수당했지. 전부 음모야. 그들은 나를 중상모략하고 공산주의 선동을 해야 했어. … 공산주의의 음모에 엮여든 거야 … 그들 손에 넘어갔으면 지금쯤 죽은 목숨이었을 거야!"[5]

때때로 카페시우스는 눈물이 그렁그렁한 눈으로 자기 연민에 빠지곤 했다. 프리치는 빈에서 함께 수학하던 시절 자신이 사랑했던 이 남자가 재판에서 다뤘던 그런 범죄를 저질렀을 리가 없다고 절실하게 믿고 싶었다. 그녀는 카페시우스가 혐의를 부인할 때마다 옆에서 거들곤 했다. 프리치는 재판 이후로 카페시우스가 "심각한 우울증을 겪고 있다"고 주장했다. 또한 카페시우스가 "정신이 혼란스럽지 않았다면 … 독방에서 보낸 4년이라는 시간과 갑자기 그를 둘러싼 수많은 사람들과 조명 때문에 정신이 흐트러지지만 않았다면 … 흐트러진 집중력 때문에 자기도 모르게 웃지만 않았다면" 무죄를 받았을 것이라고 확신했다.[6]

승강장 선별 작업에 대해서는 뭐라고 했을까?

"명령을 받으면 무조건 해야 했으니까. 집에서처럼 군소리 없이." 카페시우스가 말했다.

"그러니까요. 하지만 당신은 '선별 작업'을 거부했잖아요." 프리치가 옆에서 거들었다.

"그랬지." 카페시우스가 쐐기를 박았다.[7]

아우슈비츠에 대해서는 뭐라고 했을까? 카페시우스의 주장대로 그곳으로 발령받은 것이 그토록 싫었다면 왜 동부 전선으로 전근을 신청하지 않았을까?

"동부 전선에는 지원할 수 없었어. 나이가 너무 많았으니까."

실제로 시도는 했을까?

"아니. 불가능하다고 했어. 동부 전선에서는 우리가 필요 없다고 했어. 우리는 후방에서만 쓸모가 있었지."

누군가 친구인 롤란트 알베르트는 동부 전선으로 전근을 신청해서 성공하지 않았느냐고 물었다.

"롤란트는 1944년 11월에 재배치를 받았고 그때는 이미 모든 것이 끝나 있었지." 같은 시기에 카페시우스가 재배치를 신청했다면 마지막 3개월은 아우슈비츠에 있지 않아도 됐을 것이다.

"끔찍해요. 빅토르는 가끔씩 모든 것이 악몽 같았다고 말해요. 그이가 꿈꾸던 것이 아닌, 다른 사람이 꾼 악몽이요."

결국 카페시우스는 선택의 여지가 없었다는 판에 박힌 변론으로 되돌아가 과거에 저질렀던 행동을 변명하고 정당화했다.

"도망칠 순 없었냐고? 없지, 당연히! 탈영하면 바로 잡혔을걸! 그러면 가장 가까운 기둥에서 교수형을 당했겠지. 일개 개인이 저항할 수 있는 방법은 아무것도 없었어. … 체제에 맞설 순 없었지. 규율이 최고의 가치였지. 그게 전쟁이야."

아우슈비츠 재판에서 원고 측 변호사 중 한 명이었던 헨리 오르몬트는 이 변론이 새빨간 거짓말임을 증명했다.

"지난 몇 년 동안 명백한 역사 조작으로 밝혀진 명령에 의한 강요Befehlsnotstand라 불리는 신화 또는 상사의 명령에 대한 강제적 순종의 의무에 대해 몇 마디 해야겠습니다. 1958년 루트비히스부르크에 나치 범죄 수사본부가 설립되면서 이 문제를 보다 철저하게 조사하기 시작했고, 여기저기로 이송되어 재판을 받은 증인들과 그 진술을 한층 더 면밀히 검토하기 시작했습니다. 그 결과, 그들이 SS나 경찰 법정에 끌려가거나, 그들이 좋아하는 표현을 빌리자면 총살을 당하거나, 교수형을 당하거나, 가스실로 보내질 수도 있었다는 사례는 단 한 건도, 다시 한번 강조하지만 단 한 건도 입증되지 않았다는 사실이 밝혀졌습니다. 간단히 말해 어쩔 수 없이 살인에 동참했다고 선언한 이들은 명령에 따르지 않아도 처벌받지 않을 것이라는 사실을 예상할 수 있었다는 말입니다!"[8]

그건 외부에서 보기에 단지 그렇게 보일 뿐이라고 카페시우스는 주장했다.

"아우슈비츠의 방식과 재판은 모든 것이 달랐다니까."

에필로그

1963년부터 1965년까지 진행된 아우슈비츠 재판은 수십 년간 독일 사법 역사에서 그다지 중요한 위치를 점하지 못했다. 홀로코스트를 바라보는 역사학자들의 시각에도 별다른 영향을 미치지 못했으며 일반 독일 국민들에게 자기 성찰을 촉발하는 계기를 제공하지도 못했다. 그 이유는 재판 기록 자체가 소실된 지 오래인 데다가 아무도 들여다보려 하지 않았던 탓이 크다. 아우슈비츠 재판에서는 판사와 배심원단이 심의 중에 들을 수 있도록 각 증인의 증언 내용을 테이프에 녹음했다. 원래 모든 관련 파일과 증언을 녹취한 테이프는 최종 판결이 나온 뒤에 폐기할 계획이었다. 이유는 아직까지도 명확히 알려지진 않았지만, 호프마이어 판사는 기록을 폐기하는 대신 이를 1995년까지 보호 관리하에 30년 동안 봉인했다. 증언 녹취 테이프는 프랑크푸르트 검찰청 지하실에 보관되어 있었고, 그러다 1993년 지역 방송국이 망가져 가던 이 테이프들을 발견했다. 그때부터 2년간 이 녹취록을 디지털화하는 프로젝트가 시작됐다.

1995년에 아우슈비츠 재판 기록이 공개되면서, 바우어의 이름을 딴 홀로코스트 기록 보관소인 프리츠바우어연구소는 500시간이 넘는 법정에서의 증언을 문서화하는 엄청난 작업에 착수했다. 재판 기록을 문서화하여 열람 가능하게 만들어 둔 덕분에 역사 교수 데이비드 펜다스와 레베카 비트만은 2006년과 2012년에 아우슈비츠 재판과 그 여파를 학술적으로 재조명한 논문을 완성할 수 있었다.[1]

2011년에 독일 법원은 존 데마뉴크에게 소비보르 절멸 수용소에서 가학적 경비원으로 복무하면서 수감자 2만 8,000명을 죽인 혐의로 징역 5년 형을 선고했다. 이 재판은 세간의 주목을 끌었다. 오하이오 출신 자동차 공장 노동자였던 데마뉴크는 수년간 미국에서 독일로의 강제 송환을 피해 다니던 인물이었기 때문이다. 법학자들은 이 사건이 다른 나치 전범자를 붙잡는 것보다 잠재적인 영향력이 훨씬 클 것이라는 사실을 알고 있었다. 프랑크푸르트 아우슈비츠 재판에서 증명됐듯이 피고와 특정 살인 사이의 연관성을 입증하지 못하면 살인죄로 유죄판결을 이끌어 내기가 불가능했기 때문이다. 데마뉴크 재판에서는 뮌헨 검사 측이 소비보르에서 복역한 사람 누구든지 대량 학살에서 필수적인 역할을 수행하지 않았다고 보기는 불가능하다고 판사를 설득하는 데 성공했다.

이 같은 판결 덕분에 그동안 개별 행위를 증명할 수 없다는 이유로 덮어 두었던 수용소 경비원들에 대한 수사 수십 건을 다시 독일 전역에 있는 검사들이 진행할 수 있는 기회가 열렸다. 《뉴욕 타임스》는 이 새로운 세대의 검사들을 "손주 세대"라고 지칭하며, 이들은 "전쟁 중에 저지른 범죄의 유책성에 대해 비교적 덜 상충적인 견해를 가지고 있다"고 보도했다.[2]

데마뉴크 판결이 나온 지 6개월 만에 루트비히스부르크에 있는 나치 범죄 수사본부는 아우슈비츠 박물관으로부터 전 수용소 경비원 50인의 명단을 입수했다. 독일을 떠나 미국, 오스트리아, 브라질, 크로아티아, 폴란드 등지에 살고 있는 용의자 일곱 명의 신원도 추가로 확보했다. 2013년 9월까지 루트비히스부르크 수사본부는 지역 검사에게 현재 나이 86세부터 97세에 이르는 전 아우슈비츠 경비원 30인에 대한 사건을 송치했다.

"이 같은 범죄의 끔찍함을 고려할 때 생존자들과 희생자들을 생각해서라도 '과거는 지나갔으니 그만 묻어 두자'는 말은 함부로 해서는 안 된다는 것이 제 개인적인 의견입니다." 2000년 이후로 프리츠 바우어처럼 나치 시대 범죄를 추적해 기소해 온 쿠르트 슈림 주임 검사가 말했다.[3] "개개인에게 적용할 수 있는 혐의가 무엇인지에 상관없이 그들이 살인 공모죄로 유죄판결을 받도록 만드는 것이 우리 일이라고 생각합니다."[4]

슈림은 아우슈비츠에서 복역했던 나치들이 유일한 목표물은 아니지만 첫 번째 목표물이라는 사실을 분명히 밝혔다. 슈림은 SS 특수작전 집단 아인자츠그루펜Einsatzgruppen 소속 대원들뿐만 아니라 전

경비원들에 대한 추적 범위를 벨제크, 헤움노, 마이다네크, 소비보르, 트레블링카 이렇게 다섯 개의 절멸 수용소로 확대하겠다고 약속했다.

마지막 남은 나치들을 모조리 기소하고야 말겠다는 이 같은 공격적인 행보는 널리 환영을 받았다. 그중에는 시몬비젠탈센터 소속의 유명 나치 사냥꾼인 에프라임 주로프도 있었다. "이는 나치를 법의 심판대 앞에 세우려는 노력에서 정말로 중요한 이정표입니다. 근래에 이런 일은 없었습니다."[5]

많은 사람들이 이 새롭게 불어닥친 기소 열풍을 두고, 수십 년간 씨름했던 독일 사법제도가 마침내 살아남은 가해자들을 법의 심판대 앞에 세울 수 있는 방법을 찾았다는 사실을 보여 주는 것이라고 생각했다.

"늦더라도 하지 않는 것보단 낫다." 나치 범죄를 연구해 온 애머스트 대학 소속 법학자 로런스 더글러스는 이렇게 결론 내렸다.[6]

이 새로운 수사 열풍 속에 2015년에 열린 첫 번째 재판에서 아우슈비츠의 회계원이었던 95세의 오스카어 그뢰닝은 30만 명의 살인을 방조한 혐의로 기소되어 징역 4년 형을 선고받았다. 지난 2년 동안 또 다른 세 건의 재판이 예정되어 있었다. 그중에 아우슈비츠에서 2년간 복무한 혐의로 기소된 93세의 나치 돌격대원은 2016년 4월로 예정된 재판을 앞두고 사망했다. 아우슈비츠 의무병이었던 또 다른 피고 역시 건강이 위중하다는 의사 소견에 따라 재판이 유보됐다. 그러나 2016년에 전 SS 경비원인 94세의 라인홀드 하닝에 대한 재판이 극적으로 열렸다.[7] 하닝은 아우슈비츠에서 18개월 동안 복역하면서 17만 명의 살인을 방조한 혐의로 기소됐다.

재판이 시작되고 나서 첫 두어 달 동안 하닝은 단 한 마디도 하지 않았다. 그러다가 2016년 4월 29일에 마침내 침묵을 깨뜨렸다. 휠체어에 앉아 기력이 쇠한 목소리로 하닝이 법정을 향해 입을 열었다.

"그런 범죄 조직의 일원이었다는 사실을 가슴 깊이 후회하고 있다는 말씀을 드리고 싶습니다. 눈앞에서 불의를 보고도 이를 멈추려는 노력을 전혀 하지 않았던 제 자신이 부끄럽습니다. 저의 행동을 사과드립니다. 정말, 정말 죄송합니다."[8]

많은 생존자들에게 하닝의 사과는 충분하지 않았다. 7월에 하닝의 유죄가 인정되어 법원이 징역 5년 형을 선고하면서 보다 나은 정의가 실현됐다. "평생을 악몽이었던 아우슈비츠에서의 시간을 잊으려고 노력하며 보냈다"던 하닝은 이제 여생을 감옥에서 보내게 됐다. "수많은 죄 없는 사람들을 죽이고, 이루 헤아릴 수 없이 많은 가정을 파괴하고, 희생자들과 그들의 가족들에게 고통과 고난을 안겨 준 범죄 조직의 말에 귀 기울였던 것을 가슴 깊이 후회합니다."[9]

하닝은 단순히 죽음의 수용소에서 근무했다는 사실만으로도 대량 학살에 가담한 혐의를 인정했다. SS 대원이 아우슈비츠에서 일어난 일에 대해 사과하고 잘못을 인정하기는 처음이었다. 양심의 가책 따위는 느끼지 않았던 빅토르 카페시우스가 언제나 피해 왔던 정직한 심판이었다. 그 대신 카페시우스는 무덤까지 자신의 결백을 주장하는 길을 택했다. 그렇게 해서 카페시우스는 스스로 유죄 선고를 받은 살인자이자 도굴꾼일 뿐만 아니라 아우슈비츠에서 저지른 행동에 대한 모든 책임을 회피한 비도덕적 인물이 되기를 자처했다. 카페시우스는 대외적인 이미지를 중요하게 생각한 평범한 인간이었다. 그러나 다른 수많은 나치들과 마찬가지로 결코 평범하지 않은 죄를 저지른 인간이기도 했다. 결국 카페시우스는 비겁한 인간이 되는 길을 택했고 평생 자신의 죄를 부인하며 살다가 죽었다. 부끄러움은 영원히 그의 몫이다.

©아우슈비츠 재판소

연방기록물보관소 소장 / 헤센 방송국 제공

● 전쟁 전에 찍힌(1928년경) 이 희귀한 사진 속에는 당시 21세였던 빅토르 카페시우스(왼쪽)가 루마니아 고향 마을 시기쇼아라에 있는 공용 수영장에서 뵘 씨네 가족과 함께 휴식을 즐기는 모습이 담겨 있다. 당시 8세였던 엘라(카페시우스 바로 옆)는 카페시우스를 약사 삼촌이라고 불렀다. 16년 뒤(1944년 5월), 뵘 씨네 가족은 2,000명에 가까운 이웃들과 함께 나치에 의해 아우슈비츠로 끌려갔다. 죽음의 수용소에 도착하자마자 소아과 의사였던 기젤라 뵘(맨 오른쪽)과 엘라는 SS 장교가 되어 승강장에 서 있는 카페시우스를 알아보고 충격에 빠졌다.

●● 1943년 바펜-SS에 합류하기 전에 카페시우스는 루마니아에 있는 이게파르벤 제약 분야 자회사에서 영업 사원으로 근무했다. 프랑크푸르트에 본사를 둔 파르벤은 당시 세계에서 네 번째로 큰 기업으로 히틀러, 제3제국과 떼려야 뗄 수 없는 협력 관계였다. 이게파르벤의 자회사인 바이엘은 카페시우스와 같은 대부분의 약사가 일하고 싶어 하는 회사였다. 바이엘 연구실은 화학 및 의학 분야에서 노벨상 수상자를 네 명이나 배출하는 기염을 토했다. 파르벤/바이엘에서 근무하는 동안 카페시우스는 루마니아 전역으로 출장을 다니며 의사, 약사, 방직업자 등 수많은 유대인 고객과 함께 일했다.

©야드 바셈 박물관

● 이게파르벤이 보유한 합성고무 및 석유 생산 기술에 관한 특허는 군수물자 자체 조달이라는 히틀러의 꿈을 실현하는 데 필수적이었다. 파르벤은 아우슈비츠 근처에 대규모 공장을 설립했다. 1941년 SS 수장 하인리히 힘러(왼쪽에서 두 번째)는 건설 현장에서 파르벤 엔지니어들을 만났다. 파르벤은 인근 폴란드 마을 이름을 따서 시설을 모노비츠 수용소라고 명명했다. 나중에 힘러는 모노비츠 역시 나치가 세운 죽음의 수용소의 확장된 일부라는 뜻에서 아우슈비츠 III으로 개명했다.

●● 파르벤은 10억 라이히스마르크(2015년 기준 미화 약 550억 달러)라는 천문학적인 비용을 들여 아우슈비츠 III을 건설했다. 수백만 평에 달하는 이 수용소 시설을 운영하는 데 드는 전기 사용량이 베를린 전체 전기 사용량보다 더 많았다. 강제 노역에 동원된 수감자 30만 명 가운데 약 2만 5,000명이 사망했다.

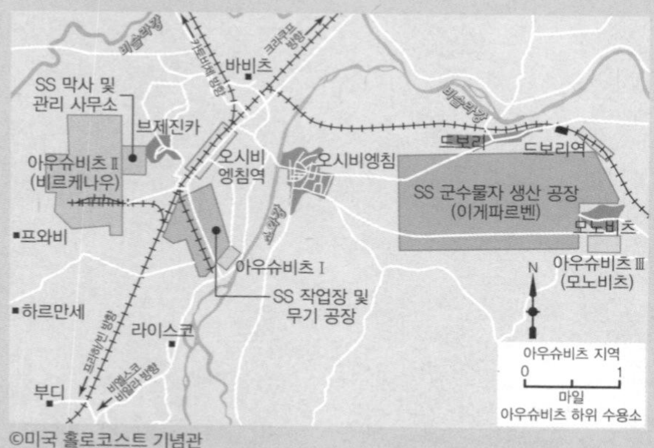

©미국 홀로코스트 기념관

©야드 바셈 박물관

● 카페시우스가 발령을 받고 도착했을 무렵에 아우슈비츠는 주요 수용소 세 개로 구성된, 전체 면적이 1,000만 평에 달하는 거대 단지가 되어 있었다. 아우슈비츠 I에서는 주로 행정 업무가 이뤄졌지만, 생체 실험 장소였던 10번 구역은 여기에 있었다. 수감자 대부분은 아우슈비츠 II(비르케나우)에 수감되어 있었고 가스실도 이곳에 있었다. 아우슈비츠 III(모노비츠)은 이게파르벤의 강제 노역 수용소였다.

●● 아우슈비츠 II-비르케나우에서는 유럽 전역의 유대인을 가득 실은 열차가 도착하면 승강장에 서서 기다리고 있던 SS 의사들이 누구를 죽이고 누구를 살릴지 선별하는 작업을 했다. 카페시우스도 선별 작업을 했던 SS 장교 가운데 하나였다. 아우슈비츠로 추방당한 유대인 150만 명 가운데 110만 명이 도착하는 즉시 가스실로 보내져 죽임을 당했다. 신체 건강한 나머지 유대인들은 강제 노역에 동원되어 대부분 인근 파르벤 공장에서 노역했다. 이 희귀한 사진에서는 SS가 수용소에 막 도착한 유대인들을 남녀로 나누어 줄 세운 모습을 볼 수 있다.

©미국 홀로코스트 기념관

● 파르벤은 수감자 노동력을 꾸준히 공급받는 대가로 SS에게 수백만 달러를 지불했다. 숙련 노동자의 경우 하루에 4라이히스마르크(당시 기준 약 1.6달러, 2015년 기준 20달러), 비숙련 노동자는 3라이히스마르크, 어린이 노동자는 1.5라이히스마르크(60센트)를 지불했다. SS는 6.5킬로미터쯤 떨어져 있던 파르벤 공장으로 수감자들을 매일 실어 날랐다. 위 사진은 강제 노역에 동원되고 있는 여성 수감자들의 모습이다.

●● 아우슈비츠 I에서 모노비츠(아우슈비츠 III)로 이동 중인 수감자들을 찍은 몇 안 되는 사진 가운데 하나다. 나치는 새벽 4시 점호를 한 뒤에 공장으로 떠난 강제 노동자 전원에게 저녁 점호에도 반드시 참석하도록 강제했다. 이 때문에 노동자들은 그날 일과 중에 사망한 동료의 시체를 질질 끌고 돌아와 점호에 참석해야 했다.

©야드 바셈 박물관

● 아우슈비츠로 추방당할 때 유대인들은 1인당 최대 50킬로그램까지 개인 소지품을 가져갈 수 있었다. 나치가 점령한 동유럽 강제 노역 수용소로 재이주를 하는 것이라 믿었던 유대인들은 나치의 눈을 피해 가장 값비싼 귀중품을 짐꾸러미에 숨겨서 들고 갔다. 아우슈비츠 승강장에는 기차 바로 옆에 그렇게 가져온 개인 소지품이 산더미처럼 쌓여 있었다. 그중에 유대인 의사들이 가져온 가방 속에 들어 있는 의약품 및 의료 기구를 찾아내는 것이 카페시우스가 맡은 임무 가운데 하나였다.

●● 기존 수감자들은 신입 수감자들이 가져온 개인 소지품을 비르케나우에 있는 거대한 창고로 옮겨 분류했다. 현금, 다이아몬드, 각종 보석은 외투, 원피스, 양복 안감이나 화장품 통 속 혹은 짐 가방 속 비밀 공간 안에 숨겨져 있는 경우가 많았다. 얼마 지나지 않아 나치는 희생자들이 숨겨 놓은 귀중품을 찾는 데 도사가 됐다.

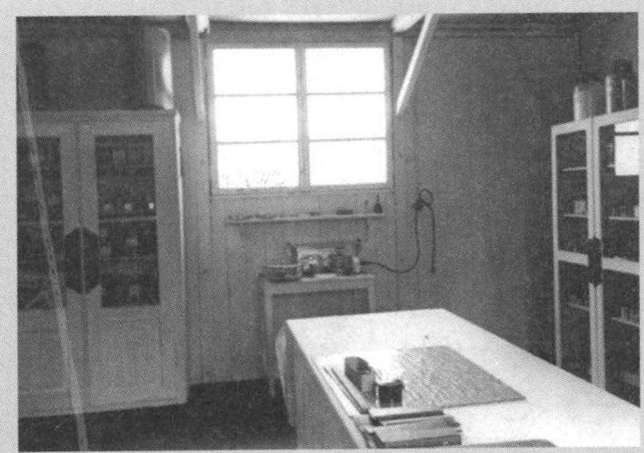

©야드 바셈 박물관

©위키피디아 커먼스

©아우슈비츠-비르케나우 기념관

● 카페시우스를 비롯한 의료 인력이 주로 사용하던 진료실 사진. 아우슈비츠 의료 단지 내부에 있다. 아우슈비츠 내에 최초의 의무실이 들어선 것은 1940년의 일이다. 이후 수감자 병동, SS 전용 외래 진료실, 치과, 조제실이 차례로 추가됐다. 수감자 사이에서 병원은 곧 "화장장 대기실"로 통했다.

●● 아우슈비츠의 주임 약사였던 카페시우스는 시안화수소를 기반으로 한 살충제 치클론 B의 보관 책임을 맡고 있었다. 원래 수감자 막사 및 의복을 소독하는 데 쓰였던 치클론 B는 나중에 가스실에서 수감자를 대량 학살하는 약물로 사용됐다. 전쟁이 일어나기 전 카페시우스가 근무했던 파르벤이 치클론 B 특허를 소유한 회사를 경영하고 있었다. 아우슈비츠에서 치클론 B에 대한 수요가 급증하면서 파르벤은 엄청난 수익을 창출했다.

●●● 생체 실험에 사용된 파르벤/바이엘의 신약 물질을 포함해 의약품을 배분하는 것 또한 카페시우스의 책임이었다. 파르벤/바이엘은 돈을 지불하고 SS 의사들에게 수감자들을 생체 실험용 기니피그로 제공했다. 생체 실험에 투입된 수감자 대부분은 끔찍한 부작용에 시달리거나 사망했다. 바이엘에서 발진티푸스 치료제로 개발 중이던 신약 물질 B-1034(오른쪽)도 수감자들을 대상으로 한 생체 실험에서 치명적인 결과를 초래했다.

©미국 홀로코스트 기념관

©야드 바셈 박물관

● 아우슈비츠에서 근무했던 치과 의사 빌리 프랑크 박사와 빌리 샤츠 박사가 근무했던 치과 진료실은 카페시우스가 근무했던 조제실과 같은 건물에 있었다. 이들은 수감자 치과 의사들이 가스실에서 나온 시체에서 발치해서 가져온 금니를 보관하는 책임을 맡았다. 시체에서 발치한 금니를 포함해 동전, 손목시계, 담뱃갑, 보석 등 아우슈비츠에서 매일 수확되는 금은 약 30~35킬로그램에 달했다. 이 모든 것을 한데 모아 녹인 다음 동전으로 제조해 베를린으로 보냈는데, 금니는 예외로 프랑크 박사와 샤츠 박사가 책임지고 보관했다.

●● 치과용 금이 담긴 커다란 트렁크는 조제실 다락방에 보관되어 있었다. 카페시우스와 프랑크 박사, 샤츠 박사는 결국 유혹을 이기지 못하고 이 중 일부를 훔쳐서 외부에 사는 친척에게 빼돌렸다. 카페시우스 밑에서 일했던 수감자 약사 중 한 명은 이렇게 회상했다. "카페시우스는 트렁크 쪽으로 걸어가곤 했습니다. 그 안에는 치아와 턱뼈로 가득했는데 잇몸이며 뼈가 아직도 붙어 있는 상태였습니다. 모든 것이 부패하면서 지독한 악취가 났습니다. 섬뜩한 광경이었습니다. … 그는 맨손으로 끔찍한 악취를 풍기는 내용물을 헤집기 시작했습니다. 그러더니 틀니 하나를 꺼내 그 가치를 가늠했습니다. 저는 그 자리를 도망치다시피 빠져나왔습니다."

©야드 바셈 박물관

©미국 홀로코스트 기념관

● 카페시우스는 주말 동안에는 수용소 인근 루마니아 출신 독일인 친구들 집으로 가서 함께 어울리며 보내곤 했다. 그중 한 명은 오시비엥침에서 약국을 운영하던 친구 아르민 럼프네 집이었다. 카페시우스는 친구의 집을 두고 이렇게 말했다. 럼프네 집은 아우슈비츠 수용소와 너무 가까워서 그 집 "발코니에서는 밤이면 커다란 불길을 볼 수 있었다. … 여기서 그게 시체 태우는 불길이라는 사실을 모르는 사람은 아무도 없었다. 자칫 바람이 이쪽으로 불어올 때면 그 특유의 냄새도 맡을 수 있었다."

●● 아우슈비츠에서 근무했던 많은 SS 대원들이 아우슈비츠에서 29킬로미터 정도 떨어진 소와 강변에 위치한 SS 전용 여가 시설인 소와휘테 리조트에서 정기적으로 휴가를 보내곤 했다. 1944년 여름, 소장의 부관이었던 상급 돌격대 지도자 카를-프리드리히 회커는 아우슈비츠 수용소와는 완전히 동떨어진 세상에 사는 사람들처럼 각종 사교 모임을 즐기는 SS 대원들의 모습을 담은 경악스러운 사진첩을 만들었다.

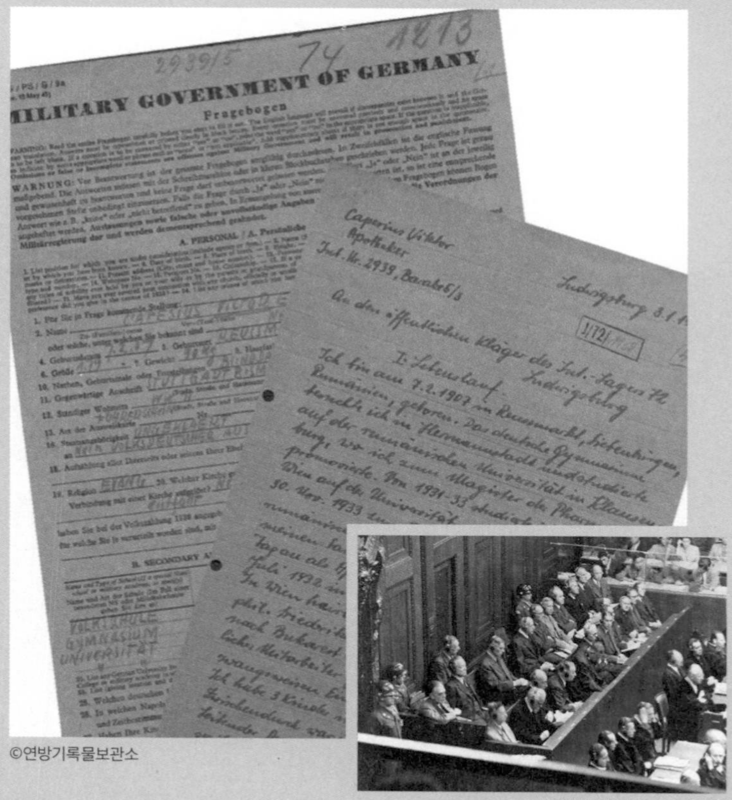

©연방기록물보관소

©미국 홀로코스트 기념관

● 1945년 5월 5일, 영국군은 독일 북부에서 카페시우스를 체포해 구금했지만 일 년 후 공식 기소 없이 석방했다. 1946년 8월에는 미군이 한 아우슈비츠 생존자의 신고로 뮌헨에서 카페시우스를 체포했지만 증거 부족으로 또다시 일 년 후 석방했다. 독일 재판부가 제3제국에서 복역했던 사람들에게 잘못을 묻기로 결정하면서 카페시우스 역시 1947년 탈나치화 공판을 위한 각종 서류를 제출해야 했다. 영국과 미국이 개발한 일련의 설문지와 재판소에 제출한 자필 편지에서 카페시우스는 거짓말을 하거나 아우슈비츠에서 복역한 사실을 고의로 누락했다.

●● 미국은 1947년에 카페시우스를 석방했다. 같은 해에 카페시우스가 전쟁 전에 근무했던 곳인 파르벤의 고위급 임원 스물네 명에 대한 재판이 시작됐다. 피고인 가운데는 카페시우스가 조제실에 보관했던 독가스 치클론 B의 제조사를 운영한 임원 세 명이 포함되어 있었다. 아우슈비츠에서 시행된 일부 생체 실험을 후원한 임원 한 명도 있었다. 이 가운데 열 명이 무죄를 선고받았고 나머지도 가벼운 형을 선고받았는데, 그나마도 나중에 형을 감면받았다는 소식에 카페시우스와 다른 SS 동료들은 안도했다.

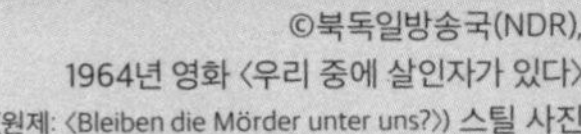

©북독일방송국(NDR),
1964년 영화 〈우리 중에 살인자가 있다〉
(원제: 〈Bleiben die Mörder unter uns?〉) 스틸 사진

● 카페시우스는 1950년 독일의 작은 마을 괴핑겐에 약국을 개업할 만큼 충분한 양의 금니를 아우슈비츠에서 훔쳤다. 1952년에는 이 약국에서 벌어들인 수입으로 이웃 마을에 전문 피부 관리실을 개업했다. 입구에는 '카페시우스의 처방으로 아름다워지세요.'라는 광고 문구가 붙어 있었다.

©쉰들러포토 오버우르셀
(Schindlerfoto Oberursel)

● 1950년쯤에 카페시우스는 자신이 아우슈비츠에서 저지른 죄에 대한 처벌을 받지 않고 무사히 넘어갔다고 생각했다. 카페시우스는 당시 그를 포함해 전 나치 당원을 전범죄로 기소하려고 벼르는 두 남자의 존재를 알지 못했다. 아우슈비츠에서 주임 의무관 밑에서 일했던 수감자 헤르만 랑바인(왼쪽)은 전쟁이 끝난 후 최대 규모의 생존자 단체를 조직했다. 랑바인은 끈질기게 목격자를 찾아내 증언을 확보한 뒤, 전후 독일에서 일상적인 삶을 누리고 있는 전 나치 당원들의 전범죄 수사를 재개하라고 독일 당국에 촉구했다.

●● 프리츠 바우어(오른쪽)는 법학자로서 강제수용소에 잠시 수감됐던 경험이 있다. 1956년 독일 역사상 유대인으로서는 최초로 검사장이 됐다. 바우어는 열정적으로 전범죄 조사에 나섰다. 바우어의 목표는 아우슈비츠에서 복역한 SS 고위 장교들을 추적해 최종 해결책에 가담한 죄를 공개적으로 묻는 것이었다.

©쉰들러포토 오버우르셀(Schindlerfoto Oberursel)

©엘란 슈타인베르크(Elan Steinberg) 제공

● 빅토르 카페시우스의 모습

●● 1959년 12월 4일, 카페시우스는 괴핑겐에 있는 그의 약국 앞에서 독일 형사들에게 체포됐다. 그는 아우슈비츠에서 함께 근무했던 20명 남짓한 SS 동료들과 함께 구치소에 수감됐다가 1963년 12월 20일에 재판을 받았다. 살인 및 생체 실험으로 기소된 카페시우스는 유명 변호사 두 명을 선임했다. 한스 라테른저(왼쪽)는 뉘른베르크 주요 재판에서 나치 최고 사령부를 변호했다. 그의 주니어 파트너 프리츠 슈타인아커(오른쪽) 또한 도피 중이던 SS 의사 요제프 멩겔레의 가족을 변호한 전 나치 당원이었다.

●●● 목격자들이 증언을 할 때 피고인을 식별하기 쉽도록 피고인들 앞에는 고유 번호가 적힌 푯말이 놓였다. 18번 피고인 카페시우스는 유일하게 종종 선글라스를 끼고 법정에 출두했다.

©헤센 방송국 제공

● 20개월 동안 진행된 재판에서 19개국 359명의 목격자가 증언을 했다. 그중에 루마니아 출신 의사 마우리티우스 베르너의 증언은 가장 심금을 울린 증언으로 기억된다. 전쟁이 발발하기 전에 베르너는 카페시우스에게서 바이엘 의약품을 구입하던 고객이었다. 1944년 5월, 베르너와 그의 가족들은 아우슈비츠로 추방당했다. 승강장에 서 있던 카페시우스를 알아보고 베르너가 가족들을 보호해 달라고 사정했지만 아무런 소용이 없었다.

●● 아우슈비츠로 끌려갔을 당시 베르너는 아내, 세 딸과 함께였다. 그중에 딸 둘은 쌍둥이였다. 당시 카페시우스는 베르너에게 이렇게 말했다. "자네 아내와 아이들은 원래 있던 자리로 돌아가야 하네. 울지 말게. 그저 목욕을 하러 가는 것뿐이니 한 시간 내로 다시 볼 수 있을 걸세." 그러나 베르너는 나중에야 아우슈비츠에 도착한 지 한 시간 만에 아내와 아이들이 모두 가스실에서 죽임을 당했다는 사실을 알게 됐다.

●●● 재판 중에 미소를 짓거나 웃음을 터뜨리는 카페시우스를 보고 당시 법정에 있던 많은 사람들은 충격을 받았다. 그런 피고인은 카페시우스가 유일했다. 심지어 그는 가장 불리한 증언에도 웃곤 했다. 카페시우스는 다른 피고인이나 방청석에 앉아 있는 가족과 친구들을 향해 끊임없이 환한 웃음을 지어 보였다. 이 같은 기행에 대해 카페시우스는 "무의식중에 나도 모르게 미소가 나온다"고 변명했다.

©쉰들러포토 오버우르셀(Schindlerfoto Oberursel)

©야드 바셈 박물관

● 1965년 8월 19일 카페시우스는 "살인 방조죄"로 징역 9년 형을 선고받았다. 그러나 2년 반 만에 석방됐다. 괴핑겐으로 돌아온 그를 마을에서는 영웅으로 추켜세웠다.

●● 카페시우스가 석방되던 해에 그를 기소했던 헤르만 랑바인(왼쪽에서 세 번째)은 홀로코스트를 추모하기 위해 설립된 이스라엘 국립박물관 야드 바셈으로부터 "의로운 이방인 상"을 수상했다. 이 상은 제2차 세계대전 당시 목숨을 걸고 유대인들을 살려 준 비유대인에게 수여되는 것이다.

감사의 말

인생의 절반 이상을 왜곡과 거짓말로 자신의 과거를 묻으려고 안간힘을 쓴 한 남자에 관한 글을 쓰는 것은 결코 쉽지 않은 일이었다. 이 책은 2년간의 조사 끝에 이뤄 낸 결과물이다. 그 시간 동안 빅토르 카페시우스라는 인물과 그가 제2차 세계대전이 발발하기 전에 몸담았던 이게파르벤이라는 기업에 관한 방대한 양의 기록물을 수집했다. 나름 뿌듯함을 느낄 만큼 철저하게 조사했으며 혹여나 정보에 오류가 있거나 판단에 착오가 있다면 그건 온전히 내 책임이다.

여러 사람과 다양한 단체의 도움이 없었다면 본 조사는 거의 불가능했을 것이다. 문서 수집 및 정리 과정에서 참고문헌 부서의 폴 브라운, 기록물관리전문가 래리 쇼클리, 워싱턴 D.C. 국가문서 및 기록기관 참고문헌담당자 릭 푸저, 뮌헨주 기록원 기록보관담당자 러클 로즈마리, 독일 비스바덴 헤센주 기록원 학위기록보관담당자 크리스티안 클리만, 독일 코블렌츠 연방기록원 기록물관리전문가 미하엘 코넨, 베리트 발터, 스벤 드반티어, 독일 루트비히스부르크 연방기록원 지부 페테르 골 박사, 루마니아 부쿠레슈티 국가기록원 간행물 및 학술 간행물 담당 라우라 두미트루, 독일 바덴뷔르템베르크 지방기록원 시그리드 브라츠케, 루마니아 클루즈나포카 국가기록원 미하이 퀴버스, 루마니아 부큐레슈티 내무부 기록원장 이오안 드라간 박사, 미국 홀로코스트 기념관 소속 빈센트 슬랫, 예루살렘 야드 바솀 박물관 에마뉘엘 모스코비츠에게 도움을 받았다.

수많은 질문에 빠르게 응답해 주시고 아주 유용한 정보를 제공해 주신 프랑크푸르트 DPA 픽처-얼라이언스 소속 페테르 스트로와 롤란트 클로스터만 그리고 스탠퍼드 후버연구소 소속 캐럴 리든햄에게도 감사 드린다. 특별히 도움을 주신 프랑크푸르트 프리츠바우어연구소 소속 베르너 렌츠 박사께도 감사를 드린다.

자기 일처럼 도움을 아끼지 않으신 튜더 파핏 교수께도 깊은 감사를 드린다. 또 티나 햄프슨은 영국 큐 소재 국가기록원에서 카페시우스가 전쟁이 끝난 후 영국 측에 구금되어 있을 당시의 행적을 찾느라 몇 날 며칠을 수고해 주셨다. 그토록 방대한 기록을 성실하고 꼼꼼하게 조사해 주신 그녀의 노력에 깊은 감사를 드린다.

내가 이 책을 쓸 수 있도록 초반에 응원과 격려를 아끼지 않으신, 시몬비젠탈센터 부학장을 역임하고 계신 에이브러햄 쿠퍼 랍비께도 감사를 드린다.

제2차 세계대전과 제3제국 전문 역사학자이자 친구인 데이비드

마웰에게도 이 자리를 빌어 특별히 고마움을 전한다. 마웰은 수많은 질문에도 일일이 친절하게 답해 주고 관련 기록을 찾으려면 누구에게 문의해야 할지 알려 주었을 뿐만 아니라 초고를 읽고 생산적인 비평을 아끼지 않았다. 게다가 데이비드가 일로나 모라도프를 소개해 준 덕분에 독일에 인터뷰를 요청할 때 많은 도움을 받을 수 있었다.

너그럽게도 저렴한 저작권료에 이 책에 실린 사진들을 제공해 주신 분들께도 감사를 드린다. 특히 북부독일방송NDR과 1964년 영화 〈우리 중에 살인자가 있다〉에서 방영된 사진들을 사용할 수 있도록 수고를 아끼지 않으신 스튜디오 함부르크 유통 및 마케팅 소속 크리스티네 셸러에게 가장 큰 감사를 드린다. 특별히 쉰들러포토 오버우르셀 소속 가비 쉰들러에게도 이 자리를 빌어 감사를 드린다.

프랑크푸르트에 본사를 둔 HR 미디어사 영업부장 마이클 호프만에게도 엄청난 신세를 졌다. 호프만 덕분에 카페시우스에 관한 이야기, 특히 전후 그의 행적을 입증하는 데 중요한 여러 사진을 무료로 사용할 수 있었다. 그보다 앞서 롤프 비켈Rolf Bickell과 디트리히 바그너가 선구적으로 제작한 다큐멘터리 〈아우슈비츠 재판Auschwitz vor Gericht〉이 없었다면 HR 미디어사가 보유한 영화 스틸 사진도 없었을 것이다.

독일어, 루마니아어, 헝가리어, 히브리어로 기록된 수많은 역사적 문서를 번역하는 데에도 여러 번역가들이 오랜 시간 수고해 주었다. 특히 수십 년 된 문서는 가독성이 떨어져 번역하는 데에 더 많은 시간과 노력이 들었다. 성실한 번역 작업이 없었다면 카페시우스의 이야기가 책으로 나오지 못했을 것이다. 특히 이스라엘에 사는 루스 윈터와 마이애미에 사는 알렉스 링글렙, 토머스 저스트, 오렌 니즈리에게 이 자리를 빌어 감사를 드린다. 원고를 검토해 준 친구들 크리스토퍼 피터슨과 앤 프뢸리히에게도 큰 신세를 졌다. 바쁜 와중에도 시간을 내어 원고를 검토해 주고 건설적인 조언을 아끼지 않은 두 사람 덕분에 더 나은 책이 나올 수 있었다. 원고를 성실하고 세심하게 다듬어 준 교열 담당자 엘런 더킨에게도 감사를 전한다.

특히 편집자 크리스토퍼 라셀레스에게도 감사를 전한다. 라셀레스는 빅토르 카페시우스의 전기를 출간하고 싶다는 내 제안을 기꺼이 승낙했다. 이 책이 출간되기까지 오늘날 출판 업계에서 보기 드문 열정과 편집 능력을 보여 주며 필요할 때마다 현명하게 관여해 준 라셀레스에게 크나큰 감사를 전한다.

마지막으로 남편 제럴드 포즈너에게도 고마움을 전한다. 이 책을 쓰기까지 제럴드는 언제나 내 곁에서 격려와 응원을 아끼지 않았다. 내 능력을 믿어 준 제럴드 덕분에 자신감을 가지고 이 책을 성공적으로 마무리할 수 있었다. 인생의 동반자로서 우리는 인생의 모든 순간에서 서로가 서로에게 떼려야 뗄 수 없는 존재이다. 빅토르 카페시우스의 이야기를 추적할 때도 마찬가지였다. 지칠 줄 모르는 연구자의 집념과 예리한 편집자의 눈을 가진 제럴드 덕분에 나는 언제나 서사에 집중할 수 있었다. 제럴드가 없었다면 이 책은 결코 세상에 나오지 못했을 것이다.

자료 출처

도서

- Arendt, Hannah. 『Eichmann in Jerusalem: A Report on the Banality of Evil』. New York: Viking, 1964.
- Bonhoeffer, Emmi. 『Auschwitz Trials; Letters from an Eyewitness』. Translated by Ursula Stechow. Richmond, VA: John Knox Press, 1967.
- Borkin, Joseph, 『The Crime and Punishment of I. G. Farben』. New York: The Free Press, 1978.
- Browning, Christopher. 『Ordinary Men: Reserve Police Battalion 101 and the Final Solution in Poland』. New York: HarperCollins, 1992.
- DuBois, Josiah E. Jr. 『The Devil's Chemist: 24 Conspirators of the International Farben Cartel Who Manufacture Wars』. Boston: The Beacon Press, 1952.
- Ferencz, Benjamin B. 『Less Than Slaves: Jewish Forced Labor and the Quest for Compensation』. Cambridge, MA: Harvard University Press, 1979.
- Goran Morris. 『The Story of Fritz Haber』. Norman, OK: University of Oklahoma Press, 1967.
- Gross, Rachel and Werner Renz, 『Der Frankfurter Auschwitz-Prozess (1963-1965)』, 2 Volumes. Frankfurt: Campus Verlag, 2013.
- Hayes, Peter. 『From Cooperation to Complicity: Degussa in the Third Reich』. Cambridge: Cambridge University Press, 2007.
- Higham, Charles. 『Trading with the Enemy: The Nazi-American Money Plot 1933-1949』. New York: Barnes and Noble Books, 1983.
- Hilberg, Raul. 『The Destruction of the European Jews』. Chicago: Quadrangle Books, 1961.
- Rudolf, Höss. 『Commandant of Auschwitz』. New York: World Publishing Co, 1960.

- Jeffreys, Diarmuid. 「Hell's Cartel: IG Farben and the Making of Hitler's War Machine」. New York: Henry Holt and Co., 2008. Kindle Edition.
- Kraus, Ota and Erich Kulka, 「Tovarna na smrt」 (Death Factory). Prague: Nase Vojsko, 1957.
- Langbein, Herman. 「Der Auschwitz-Prozess. Eine Dokumentation」. Frankfurt: Europäische Verlagsanstalt, 1965, 2 vols.
- 「People in Auschwitz」. Chapel Hill, NC: University of North Carolina Press, 2004.
- Laternser, Hans. 「Die andere Seite im Auschwitz-dk 1963/65」. Reden eines Verteidigers. Stuttgart: Seewald Verlag, 1966.
- Levi, Primo. 「Survival in Auschwitz」. Chicago, IL: BN Publishing, 2007.
- Lifton, Robert Jay. 「The Nazi Doctors: Medical Killing and the Psychology of Genocide」. New York: Basic Books, 1986.
- Naumann, Bernd(translated by Jean Steinberg). 「Auschwitz: A Report on the Proceedings Against Robert Karl Ludwig Mulka and Others Before the Court at Frankfurt」. New York: Frederick A. Praeger, 1966.
- Moeller, Robert. 「War Stories: The Search for a Usable Past in the Federal Republic of Germany」. Berkeley: University of California Press, 2001.
- Nyiszli, Miklós. 「I Was Doctor Mengele's Assistant」. Kraków, Poland: Frap-Books, 2000.
- Pendas, Devin O. 「The Frankfurt Auschwitz Trial, 1963-1965: Genocide, History, and the Limits of the Law」. Boston: Cambridge University Press, 2006).
- Posner, Gerald, and John Ware. 「Mengele: The Complete Story」. New York: McGraw-Hill, 1986.
- ———————— 「God's Bankers: A History of Money and Power at the Vatican」. New York: Simon and Schuster, 2015.
- Renz, Werner. 「Fritz Bauer und das Versagen der Justiz」. 「Nazi-Prozesse und ihre ›Tragödie‹」. Hamburg: Europäische Verlagsanstalt, 2015.
- Rückerl, Adalbert. 「The Investigation of Nazi Crimes, 1945-1978: A Documentation」, trans. Derek Rutter. Heidelberg: C. F. Müller, 1979.
- Schlesak, Dieter. 「The Druggist of Auschwitz: A Documentary Novel」. New York: Farrar, Straus and Giroux, 2011.
- Solonari, Vladimir. 「Purifying the Nation: Population Exchange and Ethnic

Cleansing in Nazi-Allied Romania」. Baltimore, MD: Johns Hopkins University Press, 2009.
- Steinke, Ronen. 「Fritz Bauer: oder Auschwitz vor Gericht」. Gebundene Ausgaben, 2013.
- Taylor, Telford. 「Sword and Swastika: Generals and the Nazis in the Third Reich」. Chicago, IL: Quadrangle Books, 1969.
- Wittmann, Rebecca. 「Beyond Justice: The Auschwitz Trial」. Cambridge, MA: Harvard University Press, 2012.

기사 및 정기 간행물

- "Auschwitz: 60 Year Anniversary-The Role of IG Farben-Bayer." Alliance for Human Research Protection, January 27, 2005.
- "Auschwitz Druggist Tagged As Jekyll-Hyde Character." 《Nevada State Journal》 (Reno, NV), June 21, 1964.
- Bauer, Fritz. "Zu den Naziverbrecher Prozessen." 《Stirnrne der Gemeinde zum Kirchlichen Leben, zur Politik, Wirtschaft and Kultur》, Vol 18, 1963.
- "Bribe Allegations At Auschwitz Trial." 《The Sydney Morning Herald》, Sydney, New South Wales, Australia, April 8, 1964.
- "Chemist 'Stored Gold Teeth.'" 《Sydney Morning Herald》 (Sydney, New South Wales, Australia), June 20, 1964a
- "Doctor Testifies Man He Aided Killed Family." 《The Fresno Bee Republican》, Fresno, CA, August 18, 1964.
- "Horror Loot of a Nazi Camp Told." 《Independent》 (Long Beach, CA), June 19, 1964.
- "'Jekyll-And-Hyde' Described." 《Tucson Daily Gazette》 (Tucson, AZ), June 19, 1964.
- "Mass Killer Also Accused of Theft." 《Tucson Daily Gazette》 (Tucson, AZ), August 27, 1964.
- "Past Notes: SS Orderly Kills 250 Patients." 《The Guardian》 (London), January 31, 1995.
- "Spectators At War Crimes Trial Call For Lynching Of 'Child-Killer.'" 《The

Lincoln Star》 (Lincoln, NE), April 7, 1964.
- 물카 등을 상대로 한 형사소송에 앞서, 프랑크푸트르암마인 지방법원에서 열리는 프리드리히 카를 카울의 진술과 답변, Dresden: Verlag Zeit im Bild, 1965.
- "Survivor Of Auschwitz Labels Capesius 'Devil.'" 《The Lincoln Star》, Lincoln, NE, August 25, 1964.
- Day, Matthew. "SS Documents Discovered Near Auschwitz." 《The Telegraph》, March 23, 1970.
- Gutman, Yisrael and Michael Berenbaum. 《Anatomy of the Auschwitz Death Camp》. Bloomington, IN: Indiana University Press, 1998.
- Kellerhoff, Sven Felix. "Dokumente zu KZ-Ärzten in Auschwitz entdeckt," 《Die Welt》, March 24, 2010.
- Martin, Tom. "Nazi Scientist Stripped Me of Motherhood and I Still Need an Apology." 《Sunday Express》 (UK), August 17, 2003
- Pendas, Devin O. "'I Didn't Know What Auschwitz Was': The Frankfurt Auschwitz Trial and the German Press, 1963-1965," 《Yale Journal of Law and Humanities》 12, 2000.
- "Displaying Justice: Nazis on Trial in Postwar Germany," Ph.D. dissertation. University of Chicago, 2000.
- Phil, Miller. "Scots Holocaust Victim In Fight for Compensation." 《Sunday Times》 (London), December 30, 2001.
- Solonari, Vladimir, "The Treatment Of The Jews Of Bukovina By The Soviet
- And Romanian Administrations In 1940-1944," 《Holocaust and Modernity》, No. 2 (8) 2010.
- Wittmann, Rebecca E. "Holocaust On Trial? The Frankfurt Auschwitz Trial In Historical Perspective," thesis submitted for Doctor of Philosophy, Graduate Department of History, University of Toronto, 2001.
- "Telling The Story: Survivor Testimony and The Narration Of The Frankfurt Auschwitz Trial." Fritz Stern Dissertation Prize Presentation, November 15, 2002 and reprinted in 《GHI Bulletin》, No. 32, Spring 2003.
- "Legitimating the Criminal State: Former Nazi Judges on the Stand at the Frankfurt Auschwitz Trial," 《Lessons and Legacies VI: New Currents in Holocaust Research》, ed. Jeffry Diefendorf. Chicago: Northwestern University Press, Spring 2004.

- "The Wheels of Justice Turn Slowly: The Pre-Trial Investigations of the Frankfurt Auschwitz Trial, 1963-1965." 《Central European History》 35, No. 3, 2002.
- Zuppi, Alberto L. "Slave Labor in Nuremberg's I.G. Farben Case: The Lonely Voice of Paul M. Hebert." Louisiana Law Review, Volume 66, Number 2, Winter 2006.

정부 간행물

- "Elimination of German Resources for War," Hearings before a Subcommittee of the Committee on Military Affairs, United States Senate, 79th Congress, 1st Session, Part X, 1945.
- "The Francolor Case in France," 《Trials of the War Criminals Before the Nuremberg Military Tribunals》, Under Council 10, Vol. VIII, Section D, U.S. National Archives.
- 《Trials of War Criminals before the Nuremberg Military Tribunals under Control Council Law》 No. 10. Washington D.C.: US Government Printing Office, 1949.
- World War II Crimes and Prosecutions: Nuremberg Industrialists, Vol 1-2, and the Farben Trial, Vol. 8, U.S. National Archives.

기록 보관소 자료

- Archive Nationale Istorice Centrale România, Bucharest, Romania; Archive România Cluj Judet, Cluj-Napoca, Romania; Bundesarchiv, Koblenz, Germany; Bundesarchiv Außenstelle Ludwigsburg, Ludwigsburg, Germany; Bundesarchiv Dienststelle, Berlin; DPA Picture Alliance, Frankfurt; Federal Commissioner for the Records of the State Security Service of the former German Democratic Republic (BStU), Berlin; Fritz Bauer Institute, Frankfurt; Hessian Hauptstaatsarchiv, Wiesbaden, Germany; Hoover Institution of War, Revolution and Peace, Stanford, California; Howard Gotlieb Archival
- Research Center, Boston; International Auschwitz Committee, Berlin; Lastenausgleichsarchiv (War Indemnity Archives), Bayreuth, Germany; Öffentlicher

Ankläger (Public Prosecutor) Office, Frankfurt; Staatsarchiv München, Munich; UK National Archives, Kew, England; U.S. Holocaust Memorial Museum, Washington D.C.; U.S. National Archives and Records Administration, College Park, Maryland; Yad Vashem, Jerusalem.

영화 및 텔레비전

- 〈183 Tage-Der Auschwitz-Prozess Deutschland〉, (183 days-The Auschwitz Trial Germany), written and directed by Janusch Kozminski, in association for "Jewish Media and Culture Munich," 2014.
- 〈Fritz Bauer: Gespräche, Interviews und Reden aus den Fernseharchiven 1961-1968〉 (Fritz Bauer: Conversations, Interviews and Speeches from the Television Archives) 2 DVDs. Berlin: Absolut Medien, 2014.
- 〈Auschwitz vor Gericht〉 (The Auschwitz Trial), Rolf Bickell and Dietrich Wagner, directors, HR Productions, 2013.
- 〈Der Auschwitz-Prozess: Tonbandmitschnitte, Protokolle, Dokumente〉 (The Auschwitz Trial: Tape Recordings, Records, Documents), edited and compiled by Fritz Bauer Institute. Berlin: Directmedia Publishing, 2004.
- Kingreen, Monica, 〈Der Auschwitz-Prozess 1963-1965: Geschichte, Bedeutung und Wirkung: Materialien für die pädagogische Arbeit mit CD: Auschwitz-Überlebende sagen aus〉 (The Auschwitz Trial 1963-1965: History, Meaning and Effect: Materials for Educational Study with CD: Auschwitz survivors Tell All). Frankfurt: Fritz Bauer Institut, 2004.
- 〈Verdict on Auschwitz: The Frankfurt Auschwitz Trial 1963-1965,〉 documentary film by Rolf Bickell and Dietrich Wagner, First Run Films, 1993.

Chapter 1. "약사 삼촌"

1. 로버트 물카 형사재판 모두진술에서 마우리티우스 베르너의 증언, 4 Ks 2/63 프랑크푸르트암마인 지방법원, 1964년 8월 17일자 증언 및 "Verdict on Auschwitz: The Frankfurt Auschwitz Trial 1963-1965," documentary film by Rolf Bickell and Dietrich Wagner, First Run Films, 1993.
   1965년까지 독일은 미국·영국과는 달리 재판 내용을 일일이 기록하지 않았다. 따라서 증언 가운데 일부는 당시 신문 기사나 목격자 녹취록에서 따왔다. 재판 전에 검사 측이 수집한 목격자 증언과 피고 진술은 나중에 재판 기록 보완차 제출하기도 했다.
   베르너 같은 목격자 증언에 관한 일반 논평은 다음을 참조. Rebecca E. Wittmann, "Telling The Story: Survivor Testimony And The Narration Of The Frankfurt Auschwitz Trial," Fritz Stern Dissertation Prize Presentation, November 15, 2002, Marquette University. 추가로 폴 호프만이 아우슈비츠위원회(베를린)에 보낸 편지 참조, November 22, 1950, Bielefeld. StA b. LG Osnabrück, 4 Ks 2/52, Hauptakten, Vol. II, p. 17R.
   목격자 증언 녹취록의 출처는 다음과 같다. 4Ks 2/63. "Strafsache gegen Mulka…" (Criminal Proceedings against Mulka and Others), Hessisches Staatsarchiv, Wiesbaden, Germany.
2. 베르너의 증언으로 출처는 다음과 같다. "Doctor Testifies Man He Aided Killed Family," 《The Fresno Bee Republican》 (Fresno, CA) August 18, 1964, 31. 추가로 로버트 물카 형사재판 모두진술에서 마우리티우스 베르너의 증언 참조. 4 Ks 2/63 프랑크푸르트암마인 지방법원, 1964년 8월 17일 자 증언.
3. 베르너의 증언으로 출처는 다음과 같다. "Doctor Testifies Man He Aided Killed Family," 《The Fresno Bee Republican》, 31. 추가로 로버트 물카 형사재판 모두진술에서 마우리티우스 베르너의 증언 참조, 4 Ks 2/63 프랑크푸르트암마인 지방법

원, 1964년 8월 17일 자 증언.

4. 마우리티우스 베르너의 증언, 4Ks 2/63, Hessisches Staatsarchiv 및 "Verdict on Auschwitz: The Frankfurt Auschwitz Trial 1963-1965." 베르너의 증언은 다음을 참조. "Doctor Testifies Man He Aided Killed Family," 《The Fresno Bee Republican》, 31.
5. Bernd Naumann (translated by Jean Steinberg), 『Auschwitz: A Report on the Proceedings Against Robert Karl Ludwig Mulka and Others Before the Court at Frankfurt』 (New York: Frederick A. Praeger, 1966), 305; 4Ks 2/63, Hessisches Staatsarchiv에서 언급된 기젤라 뵘 박사의 증언.
6. 엘라 살로몬(결혼 전 성은 뵘)의 증언, 4Ks 2/63, Hessisches Staatsarchiv; Naumann 『Auschwitz』, 304-305에서도 언급.
7. 로버트 물카 형사재판 모두진술에서 엘라 살로몬(결혼 전 성은 뵘)의 증언, 4 Ks 2/63 프랑크푸르트암마인 지방법원, 1964년 11월 19일 자 증언.

Chapter 2. 나치, 파르벤과 결탁하다

1. 아그파(Agfa)는 Aktiengesellschaft für Anilinfabrikation의 줄임말로 아닐린 생산 회사라는 뜻이다. 바스프(BASF)는 Badische Anilin und Soda Fabrik의 약자로 아닐린 및 합성염료 공장이라는 뜻이다.
2. Joseph Borkin, 『The Crime and Punishment of I. G. Farben』 (New York: The Free Press, 1978), 6-7 참조.
3. "Elimination of German Resources for War," Hearings before a Subcommittee of the Committee on Military Affairs, United States Senate, 79th Congress, 1st Session, Part X, 1945.
4. Borkin, 『The Crime and Punishment of I. G. Farben』, 54, 57-58.
5. Morris Goran, 『The Story of Fritz Haber』 (Norman, OK: University of Oklahoma Press, 1967), 39에서 인용.
6. Peter Hayes, 『Industry and Ideology: IG Farben in the Nazi Era』 (New York: Cambridge University Press, 1987) 참조.
7. Diarmuid Jeffreys, 『Hell's Cartel: IG Farben and the Making of Hitler's War Machine』 (New York: Henry Holt and Co.). Kindle Edition, p. 170, 172.
8. 하인리히 가티노Heinrich Gattineau의 편지, I.G. Farben, to Dr. Karl Haushofer,

June 6, 1931, World War II Crimes and Prosecutions, U.S. National Archives.

9. 하인리히 가티노의 진술서, World War II Crimes and Prosecutions: Nuremberg Industrialists, 4833, 1-2, U.S. National Archives.
10. Goran, 『The Story of Fritz Haber』, 38-39 참조.
11. Josiah E. DuBois, Jr., 『The Devil's Chemist: 24 Conspirators of the International Farben Cartel Who Manufacture Wars』 (Boston: The Beacon Press, 1952), 264-69 참조.
12. 이게파르벤 임직원 및 국가사회주의 소속 당원 조직도, World War II Crimes and Prosecutions: Nuremberg Industrialists, 12,042 및 이게파르벤 감사회 조직도, World War II Crimes and Prosecutions: Nuremberg Industrialists, 7957, U.S. National Archives.
13. Jeffreys, 『Hell's Cartel』, 229.
14. Charles Higham, 『Trading with the Enemy: The Nazi-American Money Plot 1933-1949』 (New York: Barnes and Noble Books, 1983), 133.
15. 스코다베르케 인수와 관련한 자세한 내용은 다음을 참조. DuBois Jr., 『The Devil's Chemist』, 219-21; 추가로 Raul Hilberg, 『The Destruction of the European Jews』 (Chicago: Quadrangle Books, 1961), 61 참고.
16. Borkin, 『The Crime and Punishment of I. G. Farben』, 98; 추가로 DuBois, Jr., 『The Devil's Chemist』, 113-15 참조.
17. "The Francolor Case in France," 『Trials of the War Criminals Before the Nuremberg Military Tribunals』, Under Council 10, Vol. VIII, Section D; 추가로 "Elimination of German Resources for War," Hearings before a Subcommittee of the Committee on Military Affairs, United States Senate, 79th Congress, 1st Session, Part X, p. 1387, 1945; 추가로 DuBois, Jr., 『The Devil's Chemist』, 287-98 참조.
18. Higham, 『Trading with the Enemy』, 133.
19. DuBois, Jr., 『The Devil's Chemist』, 143-47.
20. 폴란드인들은 이 마을을 오시비엥침이라고 불렀다. Jeffreys, 『Hell's Cartel』, Kindle Edition), 281. 앰브로스와 테어 메이르와 크라우흐의 회의 기록, 1941년 2월 6일, 뉘른베르크 군사 법정에서 열린 전범 재판, Under Council 10, Vol. VIII, p. 349-51 (Washington DC: U.S. Government Printing Office); 추가로 텔포드 테일러, 『Sword and Swastika: Generals and the Nazis in the Third Reich』 (Chicago, IL: Quadrangle Books, 1969)에서 발췌한, 1941년 아우슈비츠에 파르

벤 수용소를 건설하는 데 SS의 지원과 관련하여 오토 앰브로스 박사가 이게파르벤 이사 프리츠 테어 메이르에게 보낸 편지 참조.

Chapter 3. 이게 - 아우슈비츠

1. http://www.history.ucsb.edu/faculty/marcuse/projects/currency.htm#tables. 캘리포니아대학교 산타바버라 역사학부에서 제공하는 "달러-마르크화 변환표"를 기준으로 했다. 전시에 마지막으로 기록된 달러-라이히스마르크 환율은 1941년 기준으로 1달러당 2.5라이히스마르크였다.
2. DuBois, Jr., 『The Devil's Chemist』, 219; Jeffreys, Kindle Edition, 『Hell's Cartel』, 4591 of 9525 참조.
3. Benjamin B. Ferencz, 『Less Than Slaves: Jewish Forced Labor and the Quest for Compensation』 (Cambridge, MA: Harvard University Press, 1979), 9-10.
4. 앰브로스가 테어 메이르에게 보낸 쪽지, DuBois, Jr., 『The Devil's Chemist』, 172에서 인용.
5. Jeffreys, 『Hell's Cartel』, 4638 to 4654 of 9525, Kindle Edition 참조.
6. Ferencz, 『Less Than Slaves』, 15.
7. Jeffreys, 『Hell's Cartel』, 293에서 인용.
8. DuBois, Jr., 『The Devil's Chemist』, 179.
9. Jeffreys, 『Hell's Cartel』, Kindle Edition, 4898 of 9525.
10. Alberto L. Zuppi, "Slave Labor in Nuremberg's I.G. Farben Case: e Lonely Voice of Paul M. Hebert," 《Louisiana Law Review》, Volume 66, Number 2, Winter 2006, 509, n. 57; Yisrael Gutman and Michael Berenbaum, 『Anatomy of the Auschwitz Death Camp』 (Bloomington, IN: Indiana University Press, 1998), 17-18.
11. Jeffreys, 『Hell's Cartel』, Kindle Edition, 4928 of 9525.
12. Ferencz, 『Less Than Slaves』, 24-25.
13. DuBois, 『The Devil's Chemist』, 223.
14. 유대인들의 식단은 다른 수감자들의 식단보다 더 열악했다. DuBois, 『The Devil's Chemist』, 221 참조.
15. Ferencz, 『Less Than Slaves』, xvii.
16. Robert Jay Lifton. 『The Nazi Doctors: Medical Killing and the Psychology of

Genocide」. (New York: Basic Books, 1986), 187.

17. 크라우흐가 SS 장관에게 보낸 편지, July 27, 1943, Nuremberg Trial, Vol. VIII, p. 532.
18. Primo Levi, 「Survival in Auschwitz」 (Chicago, IL: BN Publishing, 2007), 72.
19. 초창기 사망 추정 인원은 20만 명 이상이었지만 이 숫자는 연합국 조사관들이 틀린 통계를 인용한 데서 비롯됐다. DuBois, 「The Devil's Chemist」, 220-21, 224 참조.

Chapter 4. 카페시우스, 아우슈비츠에 입성하다

1. Naumann, 「Auschwitz」, 22.
2. 재판 녹취록에 기록된 빅토르 카페시우스의 진술, 프랑크푸르트 지방법원, 치안판사 하인츠 뒥스 앞에서 카페시우스가 직접 진술, 총 8쪽, 4 Js 444/59, 1962년 1월 24일, 프리츠바우어연구소 소장, 5, 4; 독일 군 당국이 보유한 프라게보겐(설문지), 1946년 12월 27일, 총 6쪽, 바덴뷔르템베르크 국가기록보관소 소장.
3. Dieter Schlesak, "Fragwürdiger Holocaustworkshop in Siebenbürgen/ Hermannstadt," 《Zeit Online》, June 1, 2010.
4. Hans Nogly, "Die Mörder sind wie du und ich," 《Stern》, No. 10, 1965. 58.
5. 빅토르 카페시우스의 편지, 1947년 5일 2일, 바덴뷔르템베르크 국가기록보관소 소장, p. 1-4; 추가로 스프흐카머 74, Article/Case895/J/74/1213 및 1947년 5월 2일 자 클라게슈리프트(공식 기소장), 총 2쪽 참조.
6. 독일 군 당국이 보유한 프라게보겐(설문지), 1946년 12월 27일, 총 6쪽, 바덴뷔르템베르크 국가기록보관소 소장; 추가로 빅토르 카페시우스의 편지 참조, 1947년 5일 2일, 바덴뷔르템베르크 국가기록보관소 소장, p. 1; 추가로 스프흐카머 74, Article/Case895/J/74/1213 및 1947년 5월 2일 자 클라게슈리프트(공식 기소장), 총 2쪽 참조.
7. Nogly, "Die Mörder sind wie du und ich," 58.
8. 독일 군 당국이 보유한 프라게보겐(설문지), December 27. 1946, 6 pages, Landesarchiv Baden-Württemberg.
9. "Statistics of Income for 1934," Part 1, U.S. Treasury Department, Income Tax Unit, Government Printing Office, 1936, 23, 78.
10. Schlesak, 「The Druggist of Auschwitz」, Hardcover Edition, 232, 236.
11. "박사 학위를 취득하고 나서 1934년 2월 1일 부쿠레슈티 "로미그레파" SAR에서 바이엘 루마니아를 총괄하는 매니저로 임용되어 3개월간의 전문 직무 훈련을 수

료한 뒤에 레버쿠젠으로 발령받았다." 카페시우스의 신상에 관한 자료는 대부분 1947년 독일에서 진행된 탈나치화 공판 과정에서 그가 직접 작성한 편지나 제출한 자료에서 인용했다.

빅토르 카페시우스의 편지, 1947년 5월 12일, 바덴뷔르템베르크 국가기록보관소 소장, p. 1-4; 추가로 스푸흐카머 74, Article/Case895/J/74/1213 및 1947년 5월 2일 자 클라게슈리프트(공식 기소장), 총 2쪽 참조. 프랑크푸르트 재판에서 요아힘 퀴글러 검사의 모두진술 참조, "물카 외 형사재판", 4 Ks 2/63, 프랑크푸르트암마인 지방법원, 1965년 5월 13일; 추가로 Dieter Schlesak, 『The Druggist of Auschwitz: A Documentary Novel』 (New York: Farrar, Straus and Giroux, 2011) 참조.

12. Nogly, "Die Mörder sind wie du und ich," 60-61.
13. 프랑크푸르트 재판에서 요아힘 퀴글러 검사의 모두진술, "물카 외 형사재판", 4 Ks 2/63, 프랑크푸르트암마인 지방법원, 1965년 5월 13일; 추가로 카페시우스가 루트비히스부르크 검사에게 쓴 4쪽짜리 자필 편지 참조, 1947년 1월 3일, p. 1, Landesarchiv Baden-Württemberg.
14. Nogly, "Die Mörder sind wie du und ich,", 61.
15. Schlesak, 『The Druggist of Auschwitz』, Hardcover Edition, 271에 실린 카페시우스의 인터뷰.
16. Schlesak, 『The Druggist of Auschwitz』, Hardcover Edition, 206에 실린 롤란트 알베르트의 인터뷰.
17. Schlesak, 『The Druggist of Auschwitz』, Hardcover Edition, 271에 실린 카페시우스의 인터뷰.
18. Schlesak, 『The Druggist of Auschwitz』, Hardcover Edition, 235에 실린 롤란트 알베르트의 인터뷰.
19. Schlesak, 『The Druggist of Auschwitz』, Hardcover Edition, 236에 실린 롤란트 알베르트의 인터뷰.
20. Schlesak, 『The Druggist of Auschwitz』, Kindle Edition, 1580 of 5519에서 인용된 카페시우스.
21. 알렉산드로 바르디누Alexandro Bardeanu(예전 이름은 로트바르트) 박사와 모리츠 셰레르Mortiz Scheerer박사다. 빅토르 카페시우스의 편지, 바덴뷔르템베르크 국가기록보관소 소장, p. 1-4; 1947년 5월 12일, 추가로 스푸흐카머 74, Article/Case895/J/74/1213 및 1947년 5월 2일 자 클라게슈리프트(공식 기소장), 총 2쪽, 참조.
22. Hans Nogly, "Die Mörder sind wie du und ich," 《Stern》, No. 10, 1965. 61.
23. Naumann, 『Auschwitz』, 22-23.

24. Schlesak, 『The Druggist of Auschwitz』, 141-42에서 인용된 카를 하인츠 슐레리.
25. Nogly, "Die Mörder sind wie du und ich," 62.
26. 위의 책.
27. Helge Krempels, "Kreisgruppe Ludwigsburg: In Erinnerung an Melitta Capesius," 《Siebenbürgische Zeitung》, December 3, 2013.
28. Naumann, 『Auschwitz』, 23; 추가로 Hans Nogly, "Die Mörder sind wie du und ich," 《Stern》, No. 10, 1965. 60 참조.
29. Schlesak, 『The Druggist of Auschwitz』, Hardcover Edition, 174.
30. 초기 출간물에서는 카페시우스에게 SS 혈액형 문신이 있었는지를 놓고 혼선을 빚었다. 필자는 정보 공개 요청에 따라 예전 기밀문서를 입수해서 정확한 사실관계를 파악하는 데 성공했다. "War Crimes Central Suspect and Witness Enclosure," Headquarters, Civilian Internment Enclosure, APO 205, US Army, December 20, 1946, page 8, maintained in Dossier 76950, May 17, 1951, Subject, "Capesius, Victor Ernst," 2016년 4월 1일에 기밀 해제, NARA.
31. Schlesak, 『The Druggist of Auschwitz』, Hardcover Edition, 175.
32. Naumann, 『Auschwitz』, 22-23.
33. Schlesak, 『The Druggist of Auschwitz』, Hardcover Edition, 204에 실린 롤란트 알베르트의 인터뷰.
34. Paul Georgescu, "Volksdeutsche in der Waffen-SS," 《Südostdeutsche Vierteljahreshefe》, 53(2), 2004, 117-123.
35. Paul Meskil, 『Hitler's Heirs; Where are They Now?』 (New York: Pyramid Books, 1961), 36.
36. Meskil, 『Hitler's Heirs』, 36-37.
37. Yisrael Gutman and Michael Berenbaum, 『Anatomy of the Auschwitz Death Camp』, (Bloomington, IN: Indiana University Press, 1998), 6, 8-9.
38. 전쟁 초반에 러시아 전쟁 포로를 가장 많이 양산한 주요 전투는 뱌지마-브랸스크 전투(51만 2,000명), 키예프 전투(45만 2,000명), 스모렌스크 전투(30만 명), 비알리스토크/민스크 전투(29만 명), 우만 전투(10만 3,000명) 순이다.
39. 1942년 9월 5일, entry of Dr. Johann Paul Kremer, The Holocaust Education & Archive Research Team에서 틸로 언급.
40. Schlesak, 『The Druggist of Auschwitz』, Hardcover Edition, 174에서 카페시우스 언급.
41. Schlesak, 『The Druggist of Auschwitz』, Hardcover Edition, 175.

Chapter 5. 아우슈비츠에 오신 것을 환영합니다

1. Gerald Posner and John Ware, 『Mengele: The Complete Story』 (New York: McGraw-Hill, 1986), 11-13.
2. Schlesak, 『The Druggist of Auschwitz』, Hardcover Edition, 269-70에서 인용된 링겐스.
3. September 5, 1942 entry of Dr. Johann Paul Kremer, The Holocaust Education & Archive Research Team.
4. 선별 작업 전에 쾨니히가 술을 마시곤 했다는 기록은 다음을 참조. Herman Langbein, 『People in Auschwitz』 (Chapel Hill, NC: University of North Carolina Press, 2004), 353, 및 Naumann, 『Auschwitz』, 93. 철로에서 선별 작업 중이던 멩겔레에 관한 증언은 Posner and Ware, 『Mengele』, 26-27을 참조.
5. DuBois, Jr., 『The Devil's Chemist』, 213.
6. 국제 군사 법정에서 열린 주요 전범 재판에서 회스의 증언, Nuremberg 1947, Vol XI, 348.
7. John Cornwell, Hitler's Pope: 『The Secret History of Pius XII』 (New York: Viking, 1999), 281.
8. Jeffreys, 『Hell's Cartel』, Kindle Edition, 5161-5183 of 9525.
9. Posner, 『God's Bankers: A History of Money and Power at the Vatican』 (New York: Simon and Schuster, 2015), 91-92.
10. Schlesak, 『The Druggist of Auschwitz』, Kindle Edition, 1259 of 5519에서 카페시우스 언급.
11. Schlesak, 『The Druggist of Auschwitz』, Hardcover Edition, 84에서 카페시우스 언급.
12. Matthew Day, "SS Documents Discovered Near Auschwitz," 《The Telegraph》, March 23, 1970.
13. Schlesak, 『The Druggist of Auschwitz』, Kindle Edition, 2862 of 5519.

Chapter 6. 조제실

1. Gutman and Berenbaum, 『Anatomy of the Auschwitz Death Camp』, 382.
2. 위의 책, 첫 번째 사진, Auschwitz I 도표.

3. Staatsanwaltschaftliche Vernehmung(검찰 공개 신문), 괴핑겐 지방법원, 빅토르 카페시우스가 수석 판사 트루켄뮐러 앞에서 직접 진술, 총 14쪽, 4 Js 444/59, 1959년 12월 4일, 프리츠바우어연구소 소장, 6; 추가로 Dieter Schlesak, 『The Druggist of Auschwitz: A Documentary Novel』 (New York: Farrar, Straus and Giroux, 2011), Kindle Edition, 1220 of 5519에서 인용된 카페시우스 참조.
4. Naumann, 『Auschwitz』, 19.
5. Staatsanwaltschaftliche Vernehmung(검찰 공개 신문), 6.
6. 아우슈비츠 재판에서 얀 시코르스키의 선서 진술서 및 증언, 프랑크푸르트암마인 지방법원, 1964년 6월 19일.
7. Naumann, 『Auschwitz』, 191.
8. 아우슈비츠 재판에서 얀 시코르스키의 선서 진술서 및 증언, 프랑크푸르트암마인 지방법원, 1964년 6월 19일; Schlesak, 『The Druggist of Auschwitz: A Documentary Novel』, 1287-1293 of 5519에서 인용.
9. 카페시우스의 신장과 몸무게는 그가 직접 작성한 독일 군 당국이 보유한 프라게보겐(설문 조사)에 적힌 그대로이다. 1946년 12월 27일, 총 6쪽, 바덴뷔르템베르크 국가기록보관소 소장.
10. "Spectators At War Crimes Trial Call For Lynching Of 'Child-Killer,'" 《The Lincoln Star》 (Lincoln, NE), April 7, 1964, 2에서 루트비히 뵐 언급.
11. Dieter Schlesak, 『The Druggist of Auschwitz』, Kindle Edition, 1245 of 5119에서 카페시우스 언급.
12. Schlesak, 『The Druggist of Auschwitz: A Documentary Novel』, Kindle Edition, 1488 of 5519에서 시코르스키 언급.
13. Schlesak, 『The Druggist of Auschwitz』, Kindle Edition, 191 of 5519에서 인용된 아우슈비츠 재판에서 카페시우스가 준비한 변론 자료, 프랑크푸르트암마인 지방법원, 1964년 6월 19일.
14. 나치 독일 아래에서 보안 경찰은 독일어로 Sicherheitsdienst, 줄여서 SD라고한다.
15. 빌헬름 프로코프의 증언, 4Ks 2/63, Hessisches Staatsarchiv; Naumann, 『Auschwitz』 190에서도 인용.
16. Dieter Schlesak, 『The Druggist of Auschwitz』, Kindle Edition, 1245 of 5119에서 카페시우스 언급.
17. 시코르스키의 증언, 4Ks 2/63, Hessisches Staatsarchiv; Naumann, 『Auschwitz』, 191-92에서도 인용.
18. 전쟁이 끝난 후 이스라엘 최대의 홀로코스트 박물관 야드 바셈은 뵐을 '의로운

이방인'으로 선정했다. 《The Bridgeport Telegram》 (Bridgeport, CT), April 7, 1964, 11에서 루트비히 뷜 언급. 요제프 클레어가 언급된 참고 문헌은 다음과 같다. 《Pittsburg Post-Gazette》 (Pittsburg, PA), April 7, 1964; 《Kingsport News》 (Kingsport, TN), January 31, 1963, 23; "Past Notes: SS Orderly Kills 250 Patients," 《The Guardian》 (London), January 31, 1995, T3에서도 요제프 클레어 언급.

19. 아우슈비츠 재판에서 얀 시코르스키의 선서 진술서 및 증언, 프랑크푸르트암마인 지방법원, 1964년 6월 19일.
20. 아우슈비츠 재판에서 카페시우스를 언급한 얀 시코르스키의 선서 진술서 및 증언, 프랑크푸르트암마인 지방법원, 1964년 6월 19일; 추가로 Schlesak, 『The Druggist of Auschwitz』, Kindle Edition, 1928 of 5519에서 인용된 프로코프 참조.
21. 빅토르 카페시우스에 대한 검찰 조사, 프랑크푸르트암마인 지방법원, 1959년 12월 7일, Schlesak, 『The Druggist of Auschwitz』, Kindle Edition, 1314 of 5519에서 인용.
22. 전쟁이 끝나고 기억이 불분명했지만 카페시우스는 치클론 B를 어디에 보관했는지 "불가사의"하며 정확히 어디에 얼만큼이 보관되어 있었는지 "알 수가 없다"고 주장했다. 아우슈비츠 재판에 따른 사법 수사 과정에서 빅토르 카페시우스에 대한 신문, 1959년 12월 7일, Schlesak, 『The Druggist of Auschwitz』, Kindle Edition, 1311 of 5519에서 인용.
23. 아우슈비츠 재판에서 얀 시코르스키의 선서 진술서 및 증언, 프랑크푸르트암마인 지방법원, 1964년 6월 19일, 4Ks 2/63, Hessisches Staatsarchiv.
24. 브라디스와프 페이키엘의 증언, 4Ks 2/63, Hessisches Staatsarchiv 그리고 Naumann, 『Auschwitz』, 156 참조.
25. "Bribe Allegations At Auschwitz Trial," 《The Sydney Morning Herald》 (Sydney, New South Wales, Australia), April 8, 1964, 3에서 루트비히 뷜 언급.
26. Naumann, 『Auschwitz』, 225에서 인용된 타데우시 스지위작의 증언.
27. Peter Hayes, 『From Cooperation to Complicity: Degussa in the Third Reich』 (Cambridge: Cambridge University Press, 2007), 298.
28. Naumann, 『Auschwitz』, 253에서 인용된 즈지슬라프 미콜라이스키의 증언.
29. Schlesak, 『The Druggist of Auschwitz』, Kindle Edition, 1054 of 5519에 실린 클레어의 인터뷰.
30. 프랑크푸르트 아우슈비츠 재판에서 파이지코비츠의 증언. "물카 외 형사재판", 4 Ks 2/63, 프랑크푸르트암마인 지방법원, 1964년 8월 6일.

31. Schlesak, 『The Druggist of Auschwitz』, Kindle Edition, 861 of 5519에서 인용된 카페시우스.
32. Naumann, 『Auschwitz』, 189에서 인용된 빌헬름 프로코프의 증언 4Ks 2/63, Hessisches Staatsarchiv.
33. Schlesak, 『The Druggist of Auschwitz』, Kindle Edition, 1190 of 5519에서 인용된 카페시우스.
34. 위의 책, 1174 of 5519.
35. Miklós Nyiszli, 『I Was Doctor Mengele's Assistant』 (Kraków, Poland: Frap-Books, 2,000), 88.
36. 프랑크푸르트암마인 지방법원에서 열린 아우슈비츠 재판에서 헤르만 랑바인의 증언, 4Ks 2/63, Hessisches Staatsarchiv, Democrat and Chronicle (Rochester, NY), March 7, 1964, 1에서 인용. 추가로, Miklós Nyiszli, 『I Was Doctor Mengele's Assistant』 (Kraków, Poland: Frap-Books, 2,000), 90-92 참조.
37. Miklós Nyiszli, 『I Was Doctor Mengele's Assistant』 (Kraków, Poland: Frap-Books, 2,000), 92.
38. 위의 책.
39. DuBois, 『The Devil's Chemist』, 221.
40. Schlesak, 『The Druggist of Auschwitz』, Kindle Edition, 1916-1926 of 5519에서 인용된 프로코프.
41. Naumann, 『Auschwitz』, 190에서 인용된 빌헬름 프로코프의 증언 4Ks 2/63, Hessisches Staatsarchiv.

Chapter 7. "악마를 보았다"

1. Naumann, 『Auschwitz』, 68-69에서 인용된 카페시우스와 뢰데. 추가로 같은 책 155쪽에서 인용된 페이키엘 참조.
2. Naumann, 『Auschwitz』, 69에서 인용된 카페시우스.
3. Schlesak, 『The Druggist of Auschwitz』, Kindle Edition, 356 of 5519에서 인용된 카페시우스.
4. Schlesak, 『The Druggist of Auschwitz』, Kindle Edition, 1637 of 5519에 실린 롤란트 알베르트의 인터뷰.
5. Naumann, 『Auschwitz』, 193에서 인용된 얀 시코르스키의 증언, 4Ks 2/63,

Hessisches Staatsarchiv.

6. Schlesak, 『The Druggist of Auschwitz』, Kindle Edition, 2299 of 5519.
7. Naumann, 『Auschwitz』, 124.
8. Naumann, 『Auschwitz』, 125에서 인용된 에리히 쿨카의 증언, 4Ks 2/63, Hessisches Staatsarchiv.
9. 프랑크푸르트 아우슈비츠 재판에서 헤르만 랑바인의 증언 "물카 외 형사재판", 4 Ks 2/63, 프랑크푸르트암마인 지방법원, 1964년 6월 3일, 58, reference 4Ks 2/63, Hessisches Staatsarchiv; Schlesak, 『The Druggist of Auschwitz』, Kindle Edition, 821 of 5519에서 인용된 카페시우스.
10. 『Täter Helfer Trittbrettfahrer: NS-Belastete aus dem östlichen Württemberg』 Vol. 3, "Der Apotheker Dr. Victor Capesius und die Selektionen in Auschwitz-Birkenau" Dr. Werner Renz, (Reutlingen: Wolfgang Proske Verlag, 2014), 67.
11. Raphael Gross, Werner Renz, Sybille Steinbacher, Devin O Pendas and Johannes Schmidt, 『Der Frankfurter Auschwitz-Proses (1963-1965)』: 『kommentierte Quellenedition』 (Frankfurt: Campus Verlag, 2013).
12. Raphael Gross, et al, 『Der Frankfurter Auschwitz-Prozess』; Naumann, 『Auschwitz』, 301에서 인용된 파요르의 증언.
13. Schlesak, 『The Druggist of Auschwitz』, Kindle Edition, 600 of 5519에서 인용된 크라우츠.
14. Naumann, 『Auschwitz』, 263에서 인용된 사라 네벨의 증언.
15. "Verdict on Auschwitz: The Frankfurt Auschwitz Trial, 1963-1965," documentary film by Rolf Bickell and Dietrich Wagner, First Run Films, 1993에서 재연된 사라 네벨의 증언 참조; Naumann, 『Auschwitz』, 263에서 인용된 사라 네벨의 증언.
16. Naumann, 『Auschwitz』, 243에서 인용된 러요시 슐링거의 증언, 4Ks 2/63, Hessisches Staatsarchiv.
17. Naumann, 『Auschwitz』, 242-43에서 인용된 러요시 슐링거의 증언.
18. 위의 책, 243; 추가로 Peter Weiss, 『The Investigation: Oratorio in 11 Cantos』 (London: Marion Boyars, 1996), 18-19 참조.
19. Raphael Gross, Werner Renz, Sybille Steinbacher, Devin O Pendas and Johannes Schmidt, 『Der Frankfurter Auschwitz-Proses (1963-1965): Kommentierte Quellenedition』 (Frankfurt: Campus Verlag, 2013), 475.
20. 위의 책, 475-476.

21. 위의 책, 476.
22. "Auschwitz Druggist Tagged As Jekyll-Hyde Character," 《Nevada State Journal》 (Reno, NV), June 21, 1964, 13에서 인용된 얀 시코르스키; 추가로 "'Jekyll-And-Hyde' Described," 《Tucson Daily Gazette》 (Tucson, AZ), June 19, 1964, 12에서 인용된 시코르스키 참조.
23. 위의 글, 579, 610 of 5519.
24. 아우슈비츠 재판 당시 기혼이었던 엘라 뵘은 남편 성을 따라 엘라 살로몬이라는 이름으로 증언을 했다.
25. Schlesak, 『The Druggist of Auschwitz』, Kindle Edition, 717 of 5519에서 인용된 살로몬(결혼 전 성은 뵘).
26. Naumann, 『Auschwitz』, 217-218에서 인용된 요제프 글뤼크의 증언, 4Ks 2/63, Hessisches Staatsarchiv.
27. Naumann, 『Auschwitz』, 218에서 인용된 요제프 글뤼크의 증언; Ota Kraus and Erich Kulka, "Tovarna na smrt" (Death Factory), (Prague: Nase vojsko, 1957), 200.
28. Naumann, 『Auschwitz』, 217에서 인용된 요제프 글뤼크의 증언, 4Ks 2/63, Hessisches Staatsarchiv; 추가로 Schlesak, 『The Druggist of Auschwitz』, Kindle Edition, 2255-2266 of 5519에서 인용된 글뤼크가 랑바인에게 보낸 편지 참조.
29. Naumann, 『Auschwitz』 222에서 인용된 마그다 서보의 증언.
30. "Survivor Of Auschwitz Labels Capesius 'Devil,'" 《The Lincoln Star》 (Lincoln, NE), August 25, 1964, 19; "Death Camp Defendant Was 'Devil,'" 《The Troy Record》 (Troy, NY), August 25, 1964, 17; Naumann, 『Auschwitz』 223에서 인용된 마그다 서보의 증언.
31. "Nazi Called Self The Devil, Witness Says," 《Democrat and Chronicle》 (Rochester, NY), August 25, 1964, 9; Naumann, 『Auschwitz』, 223에서 인용된 마그다 서보의 증언.

Chapter 8. "바이엘표 독약"

1. "Auschwitz: 60 Year Anniversary-The Role of IG Farben-Bayer," Alliance for Human Research Protection, January 27, 2005에서 인용된 호벤.
2. 파르벤이 주도한 실험에 관한 자세한 사항은 DuBois, 『The Devil's Chemist』, 207

-227 참조.

3. Jeffreys, 『Hell's Cartel』, 327.
4. DuBois, Jr., 『The Devil's Chemist』, 125-26.
5. Jeffreys, 『Hell's Cartel』, 327.
6. Jeffreys, 『Hell's Cartel』, Kindle Edition, 5252 of 9525.
7. Schlesak, 『The Druggist of Auschwitz』, Hardcover Edition, 22에 실린 카페시우스의 인터뷰.
8. 프랑크푸르트 재판에서 요아힘 퀴글러 검사의 모두진술, "물카 외 형사재판", 4 Ks 2/63, 프랑크푸르트암마인 지방법원, 1965년 5월 13일.
9. Robert Lifton, 『The Nazi Doctors: Medical Killing and the Psychology of Genocide』, (New York: Basic Books, 1986).
10. 재판 녹취록에 기록된 빅토르 카페시우스의 증언, 프랑크푸르트 지방법원, 치안판사 하인츠 뒤스 앞에서 카페시우스가 직접 진술, 총 15쪽, 4 Js 444/59, 1962년 1월 10일, 프리츠바우어연구소 소장, 13-14.
11. Phil Miller, "Scots Holocaust Victim In Fight for Compensation," 《Sunday Times》 (London), December 30, 2001, Section Home News; Tom Martin, "Nazi Scientist Stripped Me of Motherhood and I Still Need an Apology," 《Sunday Express》 (UK), August 17, 2003, 49.

Chapter 9. "알 수 없는 냄새"

1. Rudolf Höss, 『Commandant of Auschwitz』 (New York: World Publishing Co, 1960), 175-176; Gerald L. Posner and John Ware, 『Mengele: The Complete Story』, (Kindle Edition), New York: Cooper Square Press, 6328.
2. Allan Hall, "My Beautiful Auschwitz Childhood," 《The Daily Mail》, June 16, 2015에서 인용된 회스.
3. Posner and Ware, 『Mengele』, Kindle Edition, 726-733.
4. 위의 책, 714.
5. Schlesak, 『The Druggist of Auschwitz』, Hardcover Edition, 236에 실린 롤란트 알베르트의 인터뷰.
6. 앞의 책, Posner and Ware, 『Mengele』, Kindle Edition, 822-823.
7. Schlesak, 『The Druggist of Auschwitz』, Hardcover Edition, 275에서 인용된 봄.

8. Posner and Ware, 『Mengele』, Kindle Edition, 1322.
9. Naumann, 『Auschwitz』, 334.
10. 파브리티우스는 베스키디산맥에 자리 잡은 새집이 마음에 들지 않았다. 고향인 루마니아에서 "강제 추방"당했다고 생각했기 때문이다. Overview of The Foreign Organization of the Nazi Party, "The Nazi Foreign Organization and the German Minorities ('Ethnic Groups')," Chapter IV, United Nations publication, 날짜 미상, 8485; 추가로 Schlesak, 『The Druggist of Auschwitz』, Kindle Edition, 2435, 2695 of 5519 참조.
11. 베르겐-벨젠 재판에서 프리츠 클라인 박사의 증언, 1945, 야드 바셈 박물관의 기록물
12. 증기자동차(Dampf-Kraft-Wagen)의 약자인 데카베(DKW)는 독일의 자동차 및 오토바이 제조사로 아우디의 전신이다. Naumann, 『Auschwitz』, 334에서 인용된 한스 스토펠의 증언.
13. Schlesak, 『The Druggist of Auschwitz』, Hardcover Edition, 65에 실린 알베르트의 인터뷰.
14. Schlesak, 『The Druggist of Auschwitz』, Kindle Edition, 1497-1498 of 5519에서 인용된 카페시우스.
15. Naumann, 『Auschwitz』, 252에서 인용된 즈지슬라브 미콜라이스키의 증언, 4Ks 2/63, Hessisches Staatsarchiv.
16. Naumann, 『Auschwitz』, 334에서 인용된 한스 스토펠의 증언, 4Ks 2/63, Hessisches Staatsarchiv; Schlesak, 『The Druggist of Auschwitz』, Kindle Edition, 2021-2043에 실린 카페시우스의 일기장 일부.
17. Schlesak, 『The Druggist of Auschwitz』, Kindle Edition, 2488 of 5519에서 인용된 한스 스토펠과 Naumann, 『Auschwitz』, 335에서 인용된 증언.
18. Naumann, 『Auschwitz』, 334에서 인용된 한스 스토펠의 증언, 4Ks 2/63, Hessisches Staatsarchiv.
19. Schlesak, 『The Druggist of Auschwitz』, Kindle Edition, 2043, 2463 of 5519.
20. Naumann, 『Auschwitz』, 334.
21. "Dorna-Watra", 『Geschichte der Juden in der Bukowina』, {History of the Jews in the Bukovina} Edited by: Dr. Hugo Gold, Written by: Prof. Dr. H. Sternberg, Tel-Aviv, Published in Tel Aviv, 1962의 번역본; Vladimir Solonari, The Treatment Of The Jews Of Bukovina By The Soviet And Romanian Administrations In 1940-1944, 『Holocaust and Modernity』, No. 2(8), 2010, 152-158; Vladimir So-

lonari, 『Purifying the Nation: Population Exchange and Ethnic Cleansing in Nazi-Allied Romania』 (Baltimore, MD: Johns Hopkins University Press, 2009) 참조.

22. Schlesak, 『The Druggist of Auschwitz』, Kindle Edition, 1696 of 5519에서 인용된 카페시우스.
23. Sternberg, 『Geschichte der Juden in der Bukowina』.
24. Schlesak, 『The Druggist of Auschwitz』, Kindle Edition, 2048에서 인용된 카페시우스가 남긴 글.

Chapter 10. 헝가리계 유대인들

1. The Auschwitz-Birkenau State Museum, Oswiecim "Diary of Paul Kremer."
2. 〈Auschwitz: Inside The Nazi State, Corruption: Episode 4〉, PBS, 2005에서 인용된 리부샤 브레더.
3. 〈Auschwitz: Inside The Nazi State, Corruption: Episode 4〉, PBS, 2005에서 인용된 그뢰닝.
4. 아우슈비츠 재판에서 콘라트 모르겐의 선서 진술서 및 증언, 프랑크푸르트암마인 지방법원, 1964년.
5. 프랑크푸르트 아우슈비츠 재판에서 게르하르트 비벡의 증언, "물카 외 형사재판", 4 Ks 2/63, 프랑크푸르트암마인 지방법원, 1964년.
6. Nyiszli, 『I Was Doctor Mengele's Assistant』.
7. Schlesak, 『The Druggist of Auschwitz』, Kindle Edition, 785 of 5519.
8. Schlesak, 『The Druggist of Auschwitz』, Hardcover Edition, 178에 실린 롤란트 알베르트의 인터뷰.
9. Schlesak, 『The Druggist of Auschwitz』, Kindle Edition, 591 of 5519.
10. Schlesak, 『The Druggist of Auschwitz』, Kindle Edition, 1543-1544 of 5519에서 인용된 프로코프의 증언.
11. Schlesak, 『The Druggist of Auschwitz』, Kindle Edition, 1466 of 5519에서 인용된 카페시우스.
12. 프랑크푸르트 아우슈비츠 재판에서 헤르만 랑바인의 증언, "물카 외 형사재판", 4 Ks 2/63, 프랑크푸르트암마인 지방법원, 1964년 6월 3일, 62, reference 4Ks 2/63, Hessisches Staatsarchiv.

13. 프랑크푸르트 아우슈비츠 재판에서 공개된 1962년 11월 21일 그로스가 랑바인에게 보낸 편지, "물카 외 형사재판", 4 Ks 2/63, 프랑크푸르트암마인 지방법원.
14. Schlesak, 『The Druggist of Auschwitz』, Hardcover Edition, 174에서 인용된 빌.
15. Naumann, 『Auschwitz』, 225에서 인용된 타데우시 스지위작의 증언; "Mass Killer Also Accused of Theft," 《Tucson Daily Gazette》 (Tucson, AZ), August 27, 1964, 36에서도 인용된 타데우시 스지위작; 스지위작의 증언을 인용한 Langbein, 『People in Auschwitz』, 348-49 참조.
16. Langbein, 『People in Auschwitz』, 350-51.
17. Schlesak, 『The Druggist of Auschwitz』, Kindle Edition, 1544-1550 of 5519에서 인용된 프로코프의 증언, 4Ks 2/63, Hessisches Staatsarchiv.
18. Naumann, 『Auschwitz』, 190에서 인용된 빌헬름 프로코프의 증언, 4Ks 2/63, Hessisches Staatsarchiv.

Chapter 11. 금니

1. Jeffreys, 『Hell's Cartel: IG Farben and the Making of Hitler's War Machine』, 339.
2. Richard H. Levy, 『The Bombing of Auschwitz Revisited: A Critical Analysis』 (New York, St. Martins Press, 2,000); William D. Rubinstein The Myth of Rescue (London: Routledge, 1997) 참조.
3. 전쟁이 끝난 후 카페시우스는 당시 휴가가 4주였다고 주장했으나 최대 3주였을 가능성이 높다. 카페시우스는 증언으로 나선 생존자들의 수를 줄이려는 의도로 수용소에서 떠나 있던 기간을 과장하여 진술했다. 재판 녹취록에 기록된 빅토르 카페시우스의 진술, 프랑크푸르트 지방법원, 치안판사 하인츠 뒤스 앞에서 카페시우스가 직접 진술, 총 8쪽, 4 Js 444/59, 1962년 1월 24일, 프리츠바우어연구소 소장, 5, 6.
4. Hans Nogly, "Die Mörder sind wie du und ich," 《Stern》, No. 10, 1965, 64; 빅토르 카페시우스의 편지, 1947년 5월 12일, 바덴뷔르템베르크 국가기록보관소 소장, 2; 추가로 스푸흐카머 74, Article/Case895/J/74/1213 및 1947년 5월 2일 자 클라게슈리프트(공식기소장), 총 2쪽 참조.
5. Schlesak, 『The Druggist of Auschwitz』, Kindle Edition, 4506 of 5519.
6. Schlesak, 『Druggist of Auschwitz』, Hardcover Edition, 31에서 인용된 카페시우

스; Robert Karl Ludwig Mulka and Others Before the Court at Frankfurt 참조.

7. Schlesak, 『The Druggist of Auschwitz』, Kindle Edition, 4491 of 5519에 실린 알베르트의 인터뷰.
8. Schlesak, 『The Druggist of Auschwitz』, Hardcover Edition, 136-38에서 인용된 카페시우스가 스토펠에게 보낸 편지.
9. Langbein, 『People in Auschwitz』, 409-11; Schlesak, 『Druggist of Auschwitz』, Hardcover Edition, 97.
10. 재판 녹취록에 기록된 빅토르 카페시우스의 진술, 프랑크푸르트 지방법원, 치안판사 하인츠 뒥스 앞에서 카페시우스가 직접 진술, 총 8쪽, 4 Js 444/59, January 24, 1962, 프리츠바우어연구소 소장, 5, 7-8.
11. Higham, 『Trading with the Enemy』, 211에서 인용된 루스벨트의 편지.
12. Nyiszli, 『I Was Doctor Mengele's Assistants』에 실린 미클로스 니슬리의 목격자 증언.
13. Posner, 『God's Bankers』, 131.
14. Schlesak, 『The Druggist of Auschwitz』, Kindle Edition, 1498 of 5519에서 인용된 야쿠프 가바이.
15. Tadeusz Iwaszko, Hefte von Auschwitz 16 (Auschwitz: Verlag Staatliches Auschwitz-Museum, 1978), 71.
16. Naumann, 『Auschwitz』, 252에서 인용된 즈지슬라프 미콜라이스키.
17. Schlesak, 『The Druggist of Auschwitz』, Kindle Edition, 1488 of 5519에서 인용된 카페시우스.
18. 재판 녹취록에 기록된 빅토르 카페시우스의 진술, 프랑크푸르트 지방법원, 치안판사 하인츠 뒥스 앞에서 카페시우스가 직접 진술, 총 15쪽, 4 Js 444/59, 1962년 6월 10일, 프리츠바우어연구소 소장, 9-10.
19. Schlesak, 『The Druggist of Auschwitz』, Kindle Edition, 1466 of 5519에서 인용된 카페시우스; Prokop, Schlesak, 『The Druggist of Auschwitz』, Kindle Edition, 1498 of 5519
20. "Chemist 'Stored Gold Teeth'" 《Sydney Morning Herald》 (Sydney, New South Wales, Australia), June 20, 1964, 3에서 인용된 빌헬름 프로코프; Schlesak, The Druggist of Auschwitz, Kindle Edition, 1550-1552 of 5519에서 인용된 프로코프의 증언.
21. 아우슈비츠 재판에서 얀 시코르스키의 선서 진술서 및 증언, 프랑크푸르트암마인 지방법원, 1964년 6월 19일; Schlesak, 『The Druggist of Auschwitz』, Kindle

Edition, 1498 of 5519에서도 인용.

22. 위의 자료.
23. Naumann, 『Auschwitz』, 190-91 및 Langbein, 『People in Auschwitz』, 349-51에서 인용된 빌헬름 프로코프의 증언; "Chemist 'Stored Gold Teeth'" 《Sydney Morning Herald》 (Sydney, New South Wales, Australia), June 20, 1964, 3; "Horror Loot of a Nazi Camp Told," Independent (Long Beach, CA), June 19, 1964, 15; Schlesak, 『The Druggist of Auschwitz』, Kindle Edition, 1515 of 5519에서 인용된 빌헬름 프로코프.
24. "Eichmann Accused Anew at Nazi Crimes Trials," 《The Cincinnati Enquirer》 (Cincinnati, OH), August 18, 1954, 17에서 인용된 다니엘 바드.

Chapter 12. 끝이 임박하다

1. 통제위원회법 제10호에 따른 뉘른베르크 전범 재판 (Washington D.C.: US Government Printing Office), 1949, Vol. 5, 445.
2. Posner and Ware, 『Mengele』, 58에서 인용된 푸지나.
3. "Auschwitz Druggist Tagged as Jekyll-Hyde Character," 《Nevada State Journal》 (Reno, Nevada), June 21, 1964, 13에서 인용된 시코르스키.
4. 『The Druggist of Auschwitz』, Kindle Edition, 1507 of 5519에서 인용된 시코르스키.
5. 카페시우스가 자신을 3인칭으로 지칭하며 감옥에서 스토펠 부부에게 보낸 편지. Schlesak, 『The Druggist of Auschwitz』, 139에서 인용.
6. Staatsanwaltschaftliche Vernehmung(검찰 공개 심리), 3.
7. 위의 글; 추가로 빅트로 카페시우스가 치안판사 하인츠 뒥스 앞에서 직접 진술한 내용이 기록된 재판 녹취록 참조, 프랑크푸르트 지방법원, 8 pages, 4 Js 444/59, 1962년 1월 24일, 프리츠바우어연구소 소장, 5, 6.
8. 빅토르 카페시우스의 서면 진술서, August 22, 1946, "War Crimes Central Suspect and Witness Enclosure," Headquarters, Civilian Internment Enclosure, APO 205, US Army, page 9, December 20, 1946에서 발췌, 문서 번호 76950, May 17, 1951, Subject, "Capesius, Victor Ernst," 2016년 4월 1일 필자의 요청으로 기밀 해제, NARA.
9. Schlesak, 『The Druggist of Auschwitz』, Kindle Edition, 4976 of 5519.

10. Jeffreys, 『Hell's Cartel』, Kindle Edition, 5455 of 9525.
11. 위의 책, 342.
12. 미 육군 제3군은 파르벤 본사에 작전 본부를 설치했다.
13. Jeffreys, 『Hell's Cartel』, 355.
14. 위의 책, 350-51.
15. 빅토르 카페시우스의 서면 진술서, August 22, 1946, "War Crimes Central Suspect and Witness Enclosure," Headquarters, Civilian Internment Enclosure, APO 205, US Army, page 9, December 20, 1946에서 발췌, 문서 번호 76950, May 17, 1951, Subject, "Capesius, Victor Ernst," 2016년 4월 1일 필자의 요청으로 기밀 해제, NARA.
16. Schlesak, 『The Druggist of Auschwitz, Hardcover Edition』 352에서 인용된 카페시우스.

Chapter 13. "자동 체포"

1. 카페시우스와 그가 영국군에게 구금됐을 당시에 관한 정보는 1946년과 1947년에 탈나치화 절차가 진행되는 동안 카페시우스가 미국과 독일 당국에 직접 작성하여 제출한 상세 설문지와 1964년 프랑크프루트에서 열린 아우슈비츠 재판 과정에서 취득한 정보와 전후 카페시우스의 인터뷰에서 발췌했다. 영국 정부와 군 당국이 보유하고 있을지도 모르는 카페시우스의 구금과 관련된 문서를 찾고자 필자는 영국 큐에 있는 국가기록원을 샅샅이 뒤졌다. 다음과 같은 일련의 전쟁 당시 기록은 찾았으나 카페시우스에 관한 언급은 어디에도 없었다. Home Office (HO) 215, Internment, UK and abroad, conditions etc. and release and in some cases repatriation; HO 214, Personal case files, specifically by B3 division, on enemy aliens who were interned in WW2; Foreign Office (FO) 1039/874, Control Commission (British element) WE, Schleswig-Holstein 1946; FO 1006/309, Conditions in Schleswig-Holstein; FO 1039/930, Monthly reports, Schleswig-Holstein, 1946-47; FO 1051/6755, Inspection reports, Schleswig-Holstein; FO 208/4661, MOD, Auschwitz POW section-interrogations by London District Cage of enemy POWs. June 1945-Oct 1946; FO 939/32, German POWs-administration 1946-47; FO 1024/75, Control Commission, prisoners' personal records 1946-1954; FO 938/78, Allegations of starvation in internment

camps; FO 939/444, Correspondence of Control Commission in Germany 1945-47; FO 939/23, War criminals-1945-47; CO 537/132 Repatriation of German POWs, and; FO 945/453 Repatriation of German POWs in British hands outside the UK 1946-47.

2. Simon Rees, "German POWs and the Art of Survival," 『Military History』 July 2007.
3. "A German POW Remember," Epping Forest District Museum, December 5, 2005, Article ID A7564548 참조.
4. Handbook for the Military Government in Germany: Prior to Defeat or Surrender, Supreme Headquarters, Allied Expeditionary Force, Office of the Chief of Staff, 385 pages, U.S. Army Military History Institute, p. 90.
5. Merritt, Richard L. Democracy Imposed: U.S. Occupation Policy and the German Public, 1945-1949 (Yale University Press, 1995) 참조.
6. Hans Nogly, "Die Mörder sind wie du und ich," 《Stern》, No. 10, 1965. 66.
7. 위의 글, 64.
8. 1964년 프랑크푸르트 재판에 기소되어 구금되어 있을 당시 카페시우스가 남긴 메모로 Schlesak, 『The Druggist of Auschwitz』, Kindle Edition, 2332 of 5519에서 인용.
9. 베르겐-벨젠 전범 재판 기록 중 크라프트에 관한 증거가 수록된 Vol II를 필자가 검토한 내용.
10. Schlesak, 『The Druggist of Auschwitz』, Kindle Edition, 2332 of 5519에서 인용된 카페시우스.
11. 프랑크푸르트 재판에서 요아힘 퀴글러 검사의 모두진술, "물카 외 형사재판", 4 Ks 2/63, 프랑크푸르트암마인 지방법원, 1965년 5월 13일; 추가로 Schlesak, 『The Druggist of Auschwitz』, Kindle Edition, 1377, 2557 of 5519 참조. 프랑크푸르트 검사 측은 영국군이 카페시우스를 석방한 날짜가 5월 20일이라고 했으나 여기서는 5월 23일로 기록되어 있다. 카페시우스는 Staatsanwaltschaftliche Vernehmung (검찰 공개 심리), 4에서 1946년 6월이라는 더 모호한 날짜를 제시했다. 1947년 탈나치화 재판 과정에서 카페시우스가 제출한 서류에 따르면 정확한 석방일은 5월 25일로 밝혀졌다.
12. 빅토르 카페시우스의 서면 진술서, August 22, 1946, "War Crimes Central Suspect and Witness Enclosure, Headquarters, Civilian Internment Enclosure, APO 205, US Army, page 9, December 20, 1946에서 발췌, 문서 번호 76950, May 17,

1951, Subject, "Capesius, Victor Ernst," 2016년 4월 1일 필자의 요청으로 기밀 해제, NARA.

13. 빅토르 카페시우스의 서면 진술서, August 22, 1946, "War Crimes Central Suspect and Witness Enclosure," Headquarters, Civilian Internment Enclosure, APO 205, US Army, page 9, December 20, 1946에서 발췌, 문서 번호 76950, May 17, 1951, Subject, "Capesius, Victor Ernst," 2016년 4월 1일 필자의 요청으로 기밀 해제, NARA.
14. 부쿠레슈티 내무부 국가기록원에서 112쪽짜리 클루지나포카 재판 기록을 필자가 최초로 취득했다. 클루지나포카 법정은 피고인들에게 불리한 목격자 진술을 채택했으며 피고인 대부분은 이 재판에 참석하지 않았다. 카페시우스 측 변호는 없었다.
15. 1964년 11월 16일 마리안네 아담Marianne Adam(결혼 전 성은 빌너)의 진술, 4Ks 2/63, Hessisches Staatsarchiv.
16. Hans Nogly, "Die Mörder sind wie du und ich," 《Stern》, No. 10, 1965. 66.
17. Schlesak, 『The Druggist of Auschwitz』, Hardcover Edition, 343에서 인용된 프리데리케 카페시우스.
18. Staatsanwaltschaftliche Vernehmung(검찰 공개 심리), 4. 프랑크푸르트 재판에서 요아힘 퀴글러 검사의 모두진술 참조, "물카 외 형사재판", 4 Ks 2/63, 프랑크푸르트암마인 지방법원, 1965년 5월 13일.
19. 멜데보겐, 슈투트가르트, 1946년 6월 4일, 총 2쪽, 바덴뷔르템베르크 국가기록보관소 소장.
20. 위의 글.
21. 빅토르 카페시우스가 탈나치화 재판에 제출한 추천서 모음은 다음을 참조, p. 30–39 of Spruchkammer, 37/40644, In Sachen, "Capesius, Viktor," 바덴뷔르템베르크 국가기록보관소.
22. 카페시우스는 감옥에서 스토펠 부부에게 보낸 편지에서 스스로를 3인칭으로 지칭했다. Schlesak, 『The Druggist of Auschwitz』, 139에서 인용.
23. 프랑크푸르트 아우슈비츠 재판에서 요아힘 퀴글러 검사의 모두진술, "물카 외 형사재판", 4 Ks 2/63, 프랑크푸르트암마인 지방법원, 1965년 5월 13일.
24. "War Crimes Central Suspect and Witness Enclosure," Headquarters, Civilian Internment Enclosure, APO 205, US Army, December 20, 1946, 문서 번호 76950, May 17, 1951, Subject, "Capesius, Victor Ernst," 2016년 4월 1일 필자의 요청으로 기밀 해제, NARA.

25. 아우슈비츠 재판. 프리츠바우어연구소 소장 DVD-ROM으로 저장된 녹취록 및 문서, Direct Media Publishing GmbH, 2nd revised edition, Berlin 2005, S. 3535.
26. "War Crimes Central Suspect and Witness Enclosure," Headquarters, Civilian Internment Enclosure, APO 205, US Army, December 20, 1946, 문서 번호 76950, May 17, 1951, Subject, "Capesius, Victor Ernst," 2016년 4월 1일 필자의 요청으로 기밀 해제, NARA.
27. CI Arrest Report, "War Crimes Central Suspect and Witness Enclosure," Headquarters, Civilian Internment Enclosure, APO 205, US Army, page 9, December 20, 1946, 문서 번호 76950, May 17, 1951, Subject, "Capesius, Victor Ernst," p. 8, 2016년 4월 1일 필자의 요청으로 기밀 해제, NARA.
28. 빅토르 카페시우스의 서면 진술서, August 22, 1946, "War Crimes Central Suspect and Witness Enclosure," Headquarters, Civilian Internment Enclosure, APO 205, US Army, page 9, December 20, 1946에서 발췌, 문서 번호 76950, May 17, 1951, Subject, "Capesius, Victor Ernst," 2016년 4월 1일 필자의 요청으로 기밀 해제, NARA.

Chapter 14. "제가 무슨 죄를 저질렀죠?"

1. Schlesak, 『The Druggist of Auschwitz』, Hardcover Edition, 353에서 인용된 비르츠의 편지.
2. Schlesak, 『The Druggist of Auschwitz』, Hardcover Edition, 260에 실린 카페시우스의 인터뷰.
3. Schlesak, 『The Druggist of Auschwitz』, Hardcover Edition, 238-39에 실린 롤란트 알베르트의 인터뷰.
4. Jeffreys, 『Hell's Cartel』, 350.
5. Posner, 『God's Bankers』, Simon & Schuster. Kindle Edition, 592-593.
6. Schlesak, 『The Druggist of Auschwitz』, 139에서 인용된 카페시우스가 스토펠 부부에게 보낸 편지.
7. 사건 번호 31G-6632-452. "War Crimes Central Suspect and Witness Enclosure," Headquarters, Civilian Internment Enclosure, APO 205, US Army, December 20, 1946, 문서 번호 76950에서 발췌, May 17, 1951, Subject, "Capesius, Victor Ernst," 2016년 4월 1일 필자의 요청으로 기밀 해제, NARA.

8. 3-3 Work Sheet" in "War Crimes Central Suspect and Witness Enclosure," Headquarters, Civilian Internment Enclosure, APO 205, US Army, page 9, December 20, 1946, 문서 번호 76950에서 발췌, May 17, 1951, Subject, "Capesius, Victor Ernst," p. 17, 2016년 4월 1일 필자의 요청으로 기밀 해제, NARA.
9. Arrest Report, "War Crimes Central Suspect and Witness Enclosure," Headquarters, Civilian Internment Enclosure, APO 205, US Army, page 9, December 20, 1946, 문서 번호 76950에서 발췌, May 17, 1951, Subject, "Capesius, Victor Ernst," p. 10, 2016년 4월 1일 필자의 요청으로 기밀 해제, NARA.
10. Military Government of Germany, Fragebogen, "War Crimes Central Suspect and Witness Enclosure," Headquarters, Civilian Internment Enclosure, APO 205, US Army, page 9, December 20, 1946, 문서 번호 76950에서 발췌, May 17, 1951, Subject, "Capesius, Victor Ernst," p. 2-3, 2016년 4월 1일 필자의 요청으로 기밀 해제, NARA.
11. 위의 글.
12. 위의 글, p. 5-6.
13. Schlesak, 『The Druggist of Auschwitz』, 139에서 인용된 카페시우스가 스토펠 부부에게 보낸 편지.
14. 멜데보겐, 슈투트가르트, 1946년 12월 24일, 총 2쪽, 바덴뷔르템베르크 국가기록보관소 소장.
15. 빅토르 카페시우스가 작성한 프라게보겐(설문지), December 27, 1946, Part D, Question 29, 바덴뷔르템베르크 국가기록보관소.
16. 카페시우스가 쓴 모든 편지는 그가 루트비히스부르크 검사에게 제출한 4쪽짜리 친필 편지를 참조했다. 1947년 1월 3일, 바덴뷔르템베르크 국가기록보관소.
17. 빅토르 카페시우스가 탈나치화 재판에 제출한 추천서 모음은 다음을 참조, p. 30-39 of Spruchkammer, 37/40644, In Sachen, "Capesius, Viktor," 바덴뷔르템베르크 국가기록보관소.
18. 카를 하인츠 슐레리의 편지, 1946년 12월 17일, 총 1쪽 및 멘첼Mentzel과 브라운Braun의 편지, 1947년 2월 11일, 총 1쪽, 바덴뷔르템베르크 국가기록보관소 소장.
19. 클라게슈리프트(공식 기소장), 스푸흐카머 74, 1947년 5월 2일, Ludwigsberg-Ossweil, 총 2쪽, 바덴뷔르템베르크 국가기록보관소 소장.
20. 위의 글.
21. 이 같은 주장은 루마니아에 거주하는 인종상 독일인들을 루마니아 시민으로 인정하기로 한 루마니아와 독일 정부 사이의 협약에 근거하는 것으로 보인다. 이 사실

만으로 SS에서 카페시우스가 더 높은 엘리트 계층으로 올라가는 데 방해가 될 수 있었다. flyer re Volks-Deutsche, November 17, 1943, 바덴뷔르템베르크 국가기록보관소 소장 참조.

22. 빅토르 카페시우스의 편지, 1947년 5월 12일, 바덴뷔르템베르크 국가기록보관소 소장, p. 1-4; 추가로 스푸흐카머 74, Article/Case895/J/74/1213 및 1947년 5월 2일 자 클라게슈리프트(공식기소장), 총 2쪽 참조.
23. 위의 글.
24. 코흐는 파르벤에서 카페시우스와 좋은 관계를 유지한 유대인 상사로 알렉산드로 바르데아누 박사를 언급했다. H. 코흐 박사의 Eidesstattliche Erklarung(법정 진술서), 1947년 5월 12일, 총 1쪽, 바덴뷔르템베르크 국가기록보관소 소장.
25. Protokoll, Lager 74, 895/J/74/1213, Viktor Ernst Capesius, May 22, 1947, Judges Dr. Hoffman, Klein, Krieg, Bächtle, and Müller, 총 3쪽, 바덴뷔르템베르크 국가기록보관소 소장.
26. Spruch, Lager 74, 895/J/74/1213, May 22, 1947, Judges Dr. Hoffman, Klein, Krieg, Bächtle, and Müller, 총 2쪽, 바덴뷔르템베르크 국가기록보관소 소장.
27. Spruch acknowledgement, challenged and tested, June 30, 1947, John D. Austin, Captain, 총 1쪽, 바덴뷔르템베르크 국가기록보관소 소장.
28. Entlassungsschein(석방 증명서), Ministry for Political Liberation in Württemberg-Baden, Lagr. 74, 총 1쪽, 바덴뷔르템베르크 국가기록보관소 소장. 추가로 이전 문헌 Staatsanwaltschaftliche Vernehmung(검찰 공개 심리), 4 참조.
29. Ray Salvatore Jennings, "The Road Ahead: Lessons in Nation Building from Japan, Germany and Afghanistan for Postwar Iraq," United States Institute of Peace, Washington D.C., April 2003, 14.
30. Andornung, Ministerim für politsche Befreiung Württemberg-Baden, Int. Lag. 74, Ludwigsburg-Ossweil, In dem Verharen gegen Viktor Ernst Capesius, August 1, 1947, 바덴뷔르템베르크 국가기록보관소 소장, 1.

Chapter 15. 모두가 모르쇠

1. 다음 웹사이트에서 영문으로 된 뉘른베르크 군사재판 기록 Vol VII 전문을 확인할 수 있다. https://web.archive.org/web/20130601070552/, http://www.mazal.org/archive/nmt/07/NMT07-C001.htm

2. Kevin Jon Heller, The Nuremberg Military Tribunals and the Origins of International Criminal Law (Oxford, UK: Oxford University Press, 2011), 35.
3. 의회 기록, November 28, 1947, 10938에서 인용된 랭킨; Heller, The Nuremberg Military Tribunals and the Origins of International Criminal Law, 35.
4. Jeffreys, 『Hell's Cartel』, 194에서 인용된 테일러.
5. Borkin, 『The Crime and Punishment of I. G. Farben』, 137. 재판 첫날 법정에 출석한 피고는 스물세 명뿐이었다. 파르벤의 수석 변호사였던 막스 브뤼게만이 건강상의 이유로 불참했기 때문이다. 이게파르벤 재판 참조.
6. 미합중국 대 카를 크라우흐 외, 『US Military Tribunal Nuremberg, Judgment of 30 July 1948』, http://werle.rewi.hu-berlin.de/IGFarbenCase.pdf.
담당 판사는 전 인디애나주 대법원 판사였던 그로버 쉐이크Grover Shake, 노스다코타주 대법원 판사로 재직 중이던 제임스 모리스James Morris, 루이지애나 주립대학 로스쿨 학장으로 재직 중이던 폴 에베르Paul Hebert였다. 셋 중에 한 명이 어떤 이유로든 재판에 참석하지 못할 경우 인디애나주에서 유명한 변호사였던 클라렌스 머렐Clarence Merrell이 그 빈자리를 메우기로 되어 있었다.
7. Scott Christianson, 『Fatal Airs: The Deadly History and Apocalyptic Future of Lethal Gases』 (New York: Praeger Press, 2010), 70에서 인용된 테일러.
8. Borkin, 『The Crime and Punishment of I. G. Farben』, 141에서 인용된 민스코프.
9. DuBois, 『The Devil's Chemist』, 82에서 인용된 모리스.
10. 앰브로스에 대한 한스 브라우스 박사의 증언, DuBois, 『The Devil's Chemist』 169.
11. DuBois, 『The Devil's Chemist』, 156에서 인용된 프리츠 테어 메이르.
12. 위의 책, 157.
13. DuBois, 『The Devil's Chemist』, 162에서 인용된 크리스티안 슈나이더.
14. DuBois, 『The Devil's Chemist』, 163.
15. DuBois, 『The Devil's Chemist』, 164-66에서 인용된 뷔테피슈의 증언.
16. Borkin, 『The Crime and Punishment of I. G. Farben』 145-46.
17. 위의 책, 148.
18. DuBois, 『The Devil's Chemist』, 219.
19. Strafprozeß-Vollmacht(위임장), Capesius to Rudolf Pander, Seidenstrasse 36, Stuttgart, September 8, 1947, 바덴뷔르템베르크 국가기록보관소 소장.
20. 루돌프 판더, 신문 보고서, 1945년 12월 7일, Military Intelligence Center USFET, CI-IIR/35, RG 165, Entry (P) 179C, Box 738 (Location: 390: 35/15/01), p. 5-6, NARA.

21. 루돌프 판더 박사의 빅토르 카페시우스 법정 변론, Aktenzeichen 37/40644, 총 3쪽, 1947년 10월 7일, 바덴뷔르템베르크 국가기록보관소 소장.
22. Protokoll, Aktenzeichen 37/40644, Viktor Ernst Capesius, October 9, 1947, Judges Palmer, Reuss, Schlipf, Zaiss, Entenmann, 총 3쪽, 바덴뷔르템베르크 국가기록보관소 소장.
23. Spruch, Aktenzeichen 37/40644, Viktor Ernst Capesius, October 9, 1947, Judges Palmer, Reuss, Schlipf, Zaiss, Entenmann, 총 3쪽, 바덴뷔르템베르크 국가기록보관소 소장.
24. Staatsanwaltschaftliche Vernehmung(검찰 공개 심리), 4.
25. 위의 글, 5.
26. 판결문을 작성한 지 5개월 후에 P. M. 에베르 판사는 노예 노동과 대량 학살에 관한 다수결 평결문에 이의를 제기했다. 에베르 판사는 피고 대부분이 기소된 혐의에 대해 유죄라는 입장을 고수했다. 이게파르벤 재판 기록은 다음을 참조. 미합중국 대 카를 크라우흐 외, 『US Military Tribunal Nuremberg, Judgment of 30 July 1948』, 168, http://werle.rewi.hu-berlin.de/IGFarbenCase.pdf. 또한, Borkin, 『The Crime and Punishment of I. G. Farben』, 155 참조.
27. 뉘른베르크 군사 법정에서 열린 전범 재판, Under Council 10, Vol. VIII, 1134-36, 1153-1167, 1186-87.
28. Kevin Jon Heller and Gerry Simpson, 『The Hidden Histories of War Crimes Trials』 (Oxford: Oxford University Press, 2013), 186에서 인용된 뒤부아.

Chapter 16. 새로운 시작

1. 독일 군 당국이 보유한 프라게보겐(설문지) Section H 소득과 자산 항목에 카페시우스가 기재한 순자산 내역, December 27. 1946, 총 6쪽, 바덴뷔르템베르크 국가기록원.
2. Schlesak, 『The Druggist of Auschwitz』, Kindle Edition, 1961 of 5519에서 인용된 카페시우스.
3. 1948년에 라이히스마르크가 독일 마르크로 대체되었다.
4. Staatsanwaltschaftliche Vernehmung(검찰 공개 심리), 5.
5. Ladislas Farago, 『Aftermath: Martin Bormann and the Fourth Reich』 (New York: Simon & Schuster, 1974), 20-21.

6. Farago, 『Aftermath』, 20에서 인용된 프리츠 테어 메이르.
7. 전반적으로 Jeffreys, 『Hell's Cartel』, 407-408 참조.
8. Borkin, 『The Crime and Punishment of I. G. Farben』, 157-61.
9. 아그파, 칼레, 카셀라, 휴엘스를 포함해 아홉 개의 자회사로 분할되었다.
10. 전반적으로 Jeffreys, 『Hell's Cartel』, 407-408 참조.
11. DuBois, 『The Devil's Chemist』, 359.
12. Peter Schneider, "Der Anwalt Des Bösen; Fritz Steinacker Hat Sein Leben Lang Die Schlimmsten Nazi-Verbrecher Verteidigt. Ist Er Stolz Auf Seine Erfolge?" 《Die Zeit》 October 29, 2009, 26-33; Wolfgang Messner, "Man hat nichts getan, man hat nichts gewusst; Zwei Reporter erinnern sich an den Auschwitz-Prozess, vierzig Jahre nach der Urteilsverkündung," 《Stuttgarter Zeitun》, August 15, 2005, 3.
13. Hans Nogly, "Die Mörder sind wie du und ich," 《Stern》, No. 10, 1965. 66.
14. Helge Krempels, "Kreisgruppe Ludwigsburg: In Erinnerung an Melitta Capesius," 《Siebenbürgische Zeitung》 December 3, 2013.
15. Hans Nogly, "Die Mörder sind wie du und ich," 《Stern》, No. 10, 1965. 66. 카페시우스는 체포 직후 직원이 12명뿐이라고 주장했다. Staatsanwaltschaftliche Vernehmung(검찰 공개 심리), 5를 참조.
16. Devin O. Pendas, 『The Frankfurt Auschwitz Trial, 1963-1965: Genocide, History, and the Limits of the Law』 (Cambridge: Cambridge University Press, 2006), 11-12.
17. Ingo Müller, 『Furchtbare Juristen』 (Munich: 1987), 242.
18. Karl Heinz Seifert and Dieter Hömig, eds., 『Grundgesetz für die Bundesrepublik Deutschland: Tachenkommentar』, 4th Edition (Baden-Baden: Nomos Verlag, 1991), 200-02, 464-68.
19. 오버렌더는 1960년 동독에서 제2차 세계대전 당시 저지른 전범죄로 기소되어 사형 선고를 받은 후에 사임했다.
20. Pendas, 『The Frankfurt Auschwitz Trial』, 15.
21. "1950년부터 1962년까지 서독은 전 나치 당원 3만 명을 조사했으며 그중에 12,846명을 기소했고 5,426명이 재판을 받았으며 4,027명이 무죄를 선고받았다. … 실형을 선고받은 이들 가운데 오직 155명만 살인 혐의가 인정됐다." Rebecca Wittmann, 『Beyond Justice: The Auschwitz Trial』 (Cambridge, MA: Harvard University Press, 2005), Kindle Edition, 178 of 3837.

22. Pendas, 「The Frankfurt Auschwitz Trial」 52, n. 121.
23. Farago, 「Aftermath」, 317에서 인용된 릴리에.
24. Farago, 「Aftermath」, 318; 「Ofer Aderet. Secret Life of the German Judge Who Brought the Mossad to Eichmann」, Hareetz, October 18, 2014.
25. 위의 책, Farago, 319.
26. Wittmann, 「Beyond Justice」, Kindle Edition, 354 of 3837.

Chapter 17. "신 앞에 맹세코 결백합니다"

1. 위의 책, 639 of 3837; Pendas, 「The Frankfurt Auschwitz Trial」, 26-27.
2. Wittmann, 「Beyond Justice」, Kindle Edition, 482 of 3837.
3. "Verdict on Auschwitz: 「The Frankfurt Auschwitz Trial」, 1963-1965," documentary film by Rolf Bickell and Dietrich Wagner, First Run Films, 1993에서 인용된 보거.
4. Posner and Ware, 「Mengele」, Kindle Edition, 2601 of 7525.
5. "Holocaust: Der Judenmord bewegt die Deutschen," 《Der Spiegel》, May 1979.
6. Wittmann, 「Beyond Justice」, Kindle Edition, 791-93 of 3837.
7. 물카 외 형사재판에 대한 사전 조사, 4 Ks 2/63. DVD ROM "Der Auschwitz Prozess: Tonbandmitschnitte Protokolle, Dokumente"; 프랑크푸르트 프리츠바우어연구소 및 아우슈비츠-비르케나우 주립박물관 출간, The First Frankfurt Auschwitz Trial, 995.
8. 재판 녹취록, 괴핑겐 지방법원, 빅토르 카페시우스가 수석 판사 트루켄뮐러 앞에서 직접 진술, 5 pages, Register Gs. 385/59, December 4, 1959, 프리츠바우어연구소 소장.
9. Schlesak, 「The Druggist of Auschwitz」, Kindle Edition, 2557 of 5519.
10. Schlesak, 「The Druggist of Auschwitz」, Hardcover Edition, 95에 실린 카페시우스의 인터뷰.
11. 1962년 11월 21일 그로스가 랑바인에게 보낸 편지, 프랑크푸르트 아우슈비츠 재판에서 제출, "물카 외 형사재판", 4 Ks 2/63, 프랑크푸르트암마인 지방법원.
12. 위의 글.
13. Schlesak, 「The Druggist of Auschwitz」, Kindle Edition, 1413 of 5519에서 복제된 1962년 11월 21일 페르디난트 그로스가 헤르만 랑바인에게 보낸 편지.

14. Schlesak, 『The Druggist of Auschwitz』, Hardcover Edition, 167-68에서 인용된 스토펠의 증언.
15. 물카 외 형사재판에 대한 사전 조사, 4 Ks 2/63. DVD ROM "Der Auschwitz Prozess: Tonbandmitschnitte Protokolle, Dokumente"; 프랑크푸르트 프리츠바우어연구소 및 아우슈비츠-비르케나우 주립박물관 출간, The First Frankfurt Auschwitz Trial, 51.
16. Staatsanwaltschaftliche Vernehmung(검찰 공개 심리), 1-2.
17. 위의 글, 3, 5.
18. 위의 글, 7.
19. 위의 글, 8.
20. 위의 글, 7.
21. 위의 글, 8에서 Dr. Gisella Perl, 『I Was A Doctor in Auschwitz』, (New York: International Universities Press, 1948), 13-17 인용.
22. Perl, 『I Was a Doctor in Auschwitz』, 16-17.
23. Schlesak, 『Druggist of Auschwitz』, Hardcover Edition, 371에 실린 카페시우스의 인터뷰.
24. Nadine Brozan, "Out of Death, A Zest for Life," 《New York Times》 November 15, 1982.
25. 앞의 글, Staatsanwaltschaftliche Vernehmung(검찰 공개 심리), 9.
26. 위의 글.
27. 위의 글, 10.
28. 위의 글, 8.
29. 위의 글, 12.
30. 위의 글, 11.
31. 위의 글, 14.
32. 1965년 이전까지 독일에서는 재판 전 신문 내용 전체를 기록하는 대신에 판사들이 요약하고 증인들이 서명한 내용을 기록으로 남겼다. Rebecca Elizabeth Wittmann, "Holocaust On Trial? 『The Frankfurt Auschwitz Trial』, In Historical Perspective," thesis submitted for Doctor of Philosophy, Graduate Department of History, University of Toronto, 2001, p. 49.
33. Schlesak, 『The Druggist of Auschwitz』, Hardcover Edition, 157-58에서 인용된 카페시우스의 개인적 편지.
34. 재판 녹취록, 괴핑겐 지방법원, 빅토르 카페시우스가 수석 판사 트루켄뮐러 앞에

서 직접 진술, 5 pages, 1959년 12월 7일자 녹취록 추가, 법원 서기 레온하르트, Register Gs. 385/59, 1959년 12월 4일, 3, 프리츠바우어연구소 소장.

35. 위의 글, 1-2.
36. 위의 글, Bd. 48, BI. 8.61 O sowie Bd. 60, BI. 11.115 und DVD-ROM, S. 3.566.
37. 앞의 글, 재판 녹취록, 괴핑겐 지방법원, 빅토르 카페시우스가 수석 판사 트루켄뮐러 앞에서 직접 진술, 5 pages, Register Gs. 385/59, 1959년 12월 4일, 3, 프리츠바우어연구소 소장.
38. 앞의 글, 3.
39. 앞의 글, 4.
40. Schlesak, 『The Druggist of Auschwitz』, Hardcover Edition, 170에서 인용된 카페시우스.
41. Schlesak, 『The Druggist of Auschwitz』, Kindle Edition, 2008 of 5519에서 인용된 카페시우스가 아이슬러에게 보낸 편지.

Chapter 18. "악의 평범성"

1. 『Täter Helfer Trittbrettfahrer: NS-Belastete aus dem östlichen Württemberg』, Vol. 3, "Der Apotheker Dr. Victor Capesius und die Selektionen in Auschwitz-Birkenau" Dr. Werner Renz, (Reutlingen: Wolfgang Proske Verlag, 2014), 65-66.
2. Posner and Ware, 『Mengele』, Hardcover Edition, 140.
3. Posner and Ware, 『Mengele』, Kindle Edition, 2750 of 7525에 실린 1985년 8월 제럴드 포즈너와 존 웨어가 이세르 하렐을 인터뷰한 내용.
4. Posner and Ware, 『Mengele』, Kindle Edition, 2757-2761, 2761-2769, 2791-2794 of 7525. Ofer Aderet. 『Secret Life of the German Judge Who Brought the Mossad to Eichmann』, Hareetz, October 18, 2014.
5. "The Judiciary and Nazi Crimes in Postwar Germany," by Henry Friedlander, Museum of Tolerance Wiesenthal Learning Center, Annual 1, Chapter 2.
6. 『Völkermord als Strafsache』 Werner Renz, http://www.fritz-bauerinstitut.de/texte/essay/0800_renz.htm.
7. 프랑크푸르트 아우슈비츠 재판에서 검사 측이 로버트 물카에 대한 모두진술 당시 제출한 1960년 6월 빅토르 카페시우스가 게르하르트 게르버에게 쓴 편지, 4 Ks

2/63 프랑크푸르트암마인 지방법원.

8. Ernst Klee, Auschwitz. Täter, Gehilfen und Opfer und was aus ihnen wurde. Ein Personenlexikon (S. Fischer Verlag, Frankfurt, 2013) 참조.
9. Pendas, 『The Frankfurt Auschwitz Trial』, 265.
10. Vermerk, Kügler (December 21, 1960), FFSTA HA 4 KS 2/63, Bd. 4,Bl. 659-63, Pendas, 『The Frankfurt Auschwitz Trial』, 48, n. 105에서 인용.
11. Wittmann, "Holocaust On Trial?", p. 111.
12. Hannah Arendt. 『Eichmann in Jerusalem: A Report on the Banality of Evil』. New York: Viking, 1964.
13. 재판 녹취록, 프랑크푸르트 지방법원, 빅토르 카페시우스가 수석 판사 오퍼 앞에서 직접 진술, 총 3쪽, Register 931 Gs. 2240/61, 1961년 4월 13일, 2, 프리츠바우어 연구소 소장.
14. 위의 글, 1-2.
15. 위의 글, 2-3.
16. 앞의 글, Staatsanwaltschaftliche Vernehmung(검찰 공개 심리), 12.
17. 바우어 측은 1961년 7월 12일 예심을 요청했다. 1961년 7월 12일에 법원이 공식적으로 예심을 시작하면서 아우슈비츠 수사는 두 번째 국면으로 접어들었다. Wittmann, 『Beyond Justice』, Kindle Edition, 503 of 3837.
18. Christa Piotroski, "Die Unfähigkeit zur Sühne: Vor 25 Jahren Urteilsverkündung im 'Auschwitz'Prozeß' in Frankfurt," 《Weltspiegel》, August 19, 1990; Wittmann, 『Beyond Justice』, Kindle Edition, 492 of 3837.
19. Guy Walters, 『Hunting Evil: The Nazi War Criminals Who Escaped and the Quest to Bring Them to Justice』, (New York: Broadway Books, 2010), 313에서 인용된 퇵스.
20. Walters, 『Hunting Evil』, 313-14.
21. Posner and Ware, 『Mengele: The Complete Story』, (Kindle Edition), 3086-3090).

Chapter 19. "제게는 명령을 거부할 권한이 없었습니다"

1. 관련 문서에는 약식재판이 진행 중이던 1962년 1월 11일에 카페시우스와 글뤼크가 맞닥뜨렸다고 기록되어 있지만 서기의 서명 일자에 따르면 정확한 날짜는 1월

10일이다. Vermerk UR IV, Dux, 4 Js 444/59, 11129, Note, 총 2쪽, 프리츠바우어연구소 소장.

2. Vermerk UR IV, Dux, 4 Js 444/59, 11129, Note, 총 2쪽, 프리츠바우어연구소 소장.
3. 재판 녹취록에 기록된 빅토르 카페시우스의 진술, 프랑크푸르트 지방법원, 치안판사 하인츠 뒥스 앞에서 카페시우스가 직접 진술, 총 15쪽, 4 Js 444/59, 1962년 1월 10일, 프리츠바우어연구소 소장, 1, 4.
4. 위의 글, 8-10.
5. 위의 글, 4.
6. 위의 글, 3.
7. Schlesak, 『The Druggist of Auschwitz』, Hardcover Edition, 154에서 인용된 카페시우스.
8. 앞의 글, Staatsanwaltschaftliche Vernehmung(검찰 공개 심리), 10.
9. 앞의 글, 재판 녹취록에 기록된 빅토르 카페시우스의 진술, 프랑크푸르트 지방법원, 치안판사 하인츠 뒥스 앞에서 카페시우스가 직접 진술, 총 15쪽, 4 Js 444/59, 1962년 1월 10일, 5.
10. Schlesak, The Druggist of Auschwitz, Hardcover Edition, 155에 실린 카페시우스의 인터뷰.
11. 앞의 글, 재판 녹취록에 기록된 빅토르 카페시우스의 진술, 프랑크푸르트 지방법원, 치안판사 하인츠 뒥스 앞에서 카페시우스가 직접 진술, 총 15쪽, 4 Js 444/59, 1962년 1월 10일, 5.
12. 위의 글, 11.
13. 위의 글, 14.
14. 재판 녹취록에 기록된 빅토르 카페시우스의 진술, 프랑크푸르트 지방법원, 치안판사 하인츠 뒥스 앞에서 카페시우스가 직접 진술, 총 8쪽, 4 Js 444/59, January 24, 1962, 프리츠바우어연구소 소장, 5, 1.
15. 위의 글, 5. Schlesak, 『The Druggist of Auschwitz』, Kindle Edition, 1576 of 5519에서 인용된 카페시우스.
16. 재판 녹취록에 기록된 빅토르 카페시우스의 진술, 프랑크푸르트 지방법원, 치안판사 하인츠 뒥스 앞에서 카페시우스가 직접 진술, 총 8쪽, 4 Js 444/59, January 24, 1962, 프리츠바우어연구소 소장. 5, 4.
17. 물카 외 형사재판에 대한 사전 조사, 4 Ks 2/63. DVD ROM "Der Auschwitz Prozess: Tonbandmitschnitte Protokolle, Dokumente; 프랑크푸르트 프리츠바우어연구소 및 아우슈비츠-비르케나우 주립박물관 출간, The First Frankfurt

Auschwitz Trial, 1001.

18. Schlesak, 『The Druggist of Auschwitz』, Hardcover Edition, 158에서 인용된 카페시우스의 편지.
19. 앞의 글, 재판 녹취록, 프랑크푸르트 지방법원, 치안판사 하인츠 뒥스 앞에서 카페시우스가 직접 진술, 총 8쪽, 4 Js 444/59, 1962년 1월 10일, 5, 7.
20. Vermerk, Kügler (June 27, 1962), FFStA HA 4Ks 2/63 Bd. 8, Bl. 1547.
21. Schlesak, 『The Druggist of Auschwitz』, Hardcover Edition, 133에서 인용된 카페시우스가 아이슬러에게 보낸 편지.
22. Schlesak, 『The Druggist of Auschwitz』, Hardcover Edition, 136에서 인용된 카페시우스가 스토펠에게 보낸 편지.
23. 스토펠의 진술 참조, January 7, 1965, 물카 외 형사재판 기록 중 일부, 4 Ks 2/63, 프랑크푸르트암마인 지방법원.

Chapter 20. "살인 가해자"

1. Wittmann, 『Beyond Justice』, Kindle Edition, 569-621 of 3837.
2. Acklageschrift, FFStA 4 Ks 2/63, 273-74, Bundesarchiv.
3. Pendas, 『The Frankfurt Auschwitz Trial』, 117에서 인용된 헤르베르트 에르네스트 뮐러.
4. Acklageschrift, FFStA 4 Ks 2/63, 35, Bundesarchiv.
5. Pendas, 『The Frankfurt Auschwitz Trial』, 49.
6. Pendas, 『The Frankfurt Auschwitz Trial』, 119에서 인용된 Militärstrafgesetzbuch (군사 형법) 제47조.
7. 브라이트비저, 프랑크, 한틀, 회커, 루카스, 물카, 샤츠, 셰르프, 쇼베르트, 슈타르크는 감형을 받았다.
8. Acklageschrift, FFStA 4 Ks 2/63, 46-48, Bundesarchiv.
9. Wittmann, 『Beyond Justice』, Kindle Edition, 763 of 3837에서 인용된 바우어.
10. 기소된 스물두 명 가운데 스무 명이 재판에 출석했다. 6월에 사망한 베어 말고도 나이어츠비키가 건강상의 이유로 출석하지 못했다.

Chapter 21. 무감각한 관료들

1. Pendas, 「The Frankfurt Auschwitz Trial」, 229-30, 270.
2. "Prozeß gegen SS-Henker von Auschwitz," 《Neues Deutschland》, December 21, 1963, 1, 10.
3. Pendas, Devin O. (2000) "I didn't know what Auschwitz was": 「The Frankfurt Auschwitz Trial」 and the German Press, 1963-1965, 「Yale Journal of Law & the Humanities」: Vol. 12: I. 2, Article 4, 425.
4. Pendas, 「The Frankfurt Auschwitz Trial」, 86.
5. 위의 책, 123-30.
6. "21 on Trial for Murder of Millions," 《The Bridgeport Post》 (Bridgeport, CT), December 20, 1963, p. 60.
7. Arthur Miller, "Facing Up to Murder of Millions," 《St. Louis Post-Dispatch》 (St. Louis, Missouri), March 22, 1964, p. 80.
8. Rebecca Wittmann, "Legitimizing the Criminal State: Former Nazi Judges and the Distortion of Justice at the Frankfurt Auschwitz Trial, 1963-1965," Diefendorf, ed., 「Lessons and Legacies」 VI, 352-72; 추가로 Pendas, 「The Frankfurt Auschwitz Trial」, 123-30 참조.

Chapter 22. "이건 웃을 일이 아닙니다"

1. 검찰은 전문가 증인으로 역사학자 열 명을 채택했다. 이중에는 저명한 역사학자인 헬무트 크라우스니크Helmut Krausnick, 한스-아돌프 야콥센Hans-Adolf Jacobsen, 한스 부크하임Hans Buchheim, 마르틴 브로샤트Martin Broszat도 포함되어 있었다. 이후 이 네 사람이 증언한 정보는 기록에 근거한 최초의 SS에 관한 철저한 역사 연구 서적인 「Anatomy of the SS State(SS 제국해부학)」(1968년 출간)의 토대가 됐다. 물카 외 형사재판에 대한 사전 조사, 4 Ks 2/63. DVD ROM "Der Auschwitz Prozess: Tonbandmitschnitte Protokolle, Dokumente; 프리츠바우어연구소 출간 참조.
2. 법정에서 일어난 랑바인과 관련된 자세한 이야기는 "Nazis Rage in Dramatic Confrontation," 《Democrat and Chronicle》 (Rochester, NY), March 7, 1964, 1에 언급되어 있음; 추가로 "Points Out His Auschwitz Captors," 《The Kansas City

Times》, March 7, 1964. 1 참조.

3. Wittmann, 『Beyond Justice』, Kindle Edition, 2167 of 3837.
4. Pendas, 『The Frankfurt Auschwitz Trial』, 216.
5. 증인으로 나선 에르빈 올스조브카Erwin Olsżowka를 가리켜 공산주의자에다가 랑바인과 입을 맞췄다고 비난한 라테른저의 주장은 Pendas, 『The Frankfurt Auschwitz Trial』, 164, 188-90을 참조.
6. 물카 외 형사재판에 대한 사전 조사, 4Ks 2/63. DVD ROM "Der Auschwitz Prozess: Tonbandmitschnitte Protokolle, Dokumente"; 프리츠바우어연구소 출간.
7. Schlesak, 『The Druggist of Auschwitz』, Hardcover Edition, 8에서 인용된 엘라 살로몬(결혼 전 성은 빔).
8. Schlesak, 『The Druggist of Auschwitz,』 Hardcover Edition, 8에서 인용된 엘라 살로몬(결혼 전 성은 빔), 4Ks 2/63, Hessisches Staatsarchiv.
9. "Defendant at Auschwitz Trial Displays Indifference to Murder Charges," 《Jewish Telegraphic Agency》 May 12, 1964.
10. Henry Ormond, "Plädoyer im Auschwitz-Prozeß," 《Sonderreihe aus Gestern und Heute 7》, (1965), 41.
11. Naumann, 『Auschwitz』, 72; 물카 외, 4 Ks 2/63. DVD ROM "Der Auschwitz Prozess: Tonbandmitschnitte Protokolle, Dokumente"; 프랑크푸르트 프리츠바우어연구소 및 아우슈비츠-비르케나우 주립박물관 출간, The First Frankfurt Auschwitz Trial, 963에서 인용된 카페시우스의 증언 참조.
12. 물카 외, 4 Ks 2/63. DVD ROM "Der Auschwitz Prozess: Tonbandmitschnitte Protokolle, Dokumente"; 프랑크푸르트 프리츠바우어연구소 및 아우슈비츠-비르케나우 주립박물관 출간, The First Frankfurt Auschwitz Trial, Vol VII and Vol VIII, 1095.
13. 아우슈비츠 재판 162일째 날(1965년 5월 24일) 요아힘 퀴글러 검사의 진술, 4Ks 2/63, Hessisches Staatsarchiv.
14. Naumann, 『Auschwitz』, 125에서 인용된 쿨카의 증언 4Ks 2/63, Hessisches Staatsarchiv.
15. Naumann, 『Auschwitz』, 190에서 인용된 프로코프의 증언 및 호프마이어의 훈계 4Ks 2/63, Hessisches Staatsarchiv.
16. "Naumann, 『Auschwitz』, 201-02에서 인용된 카두크의 증언 4Ks 2/63, Hessisches Staatsarchiv.
17. Wittmann, "Holocaust On Trial?", p. 11.

18. "Bribe Allegations At Auschwitz Trial," 《The Sydney Morning Herald》 (Sydney, New South Wales, Australia), April 8, 1964, 3에서 인용된 루트비히 뵐.
19. "Auschwitz Druggist Tagged as Jekyll-Hyde Character," Associated Press, 《Nevada State Journal》, (Reno), June 21, 1964, 13.
20. "Chemist 'Stored Gold Teeth'" 《Sydney Morning Herald》 (Sydney, New South Wales, Australia), June 20, 1964, 3; "Horror Loot of a Nazi Camp Told," 《Independent》 (Long Beach, CA), June 19, 1964, 15.
21. "Auschwitz Story Written in Blood," 《Detroit Free Press》, August 27, 1964, 14.
22. "Doctor Testifies Nazi He Aided Killed Family," UPI wire service, 《The Fresno Bee》 (Fresno, CA), August 18, 1964, 31.
23. "Nazi Called Self The Devil, Witness Says," 《Democrat and Chronicle》 (Rochester, NY), August 25, 1964, 9; Naumann, Auschwitz, 223에서 인용된 마그다 서보의 증언.
24. "Nazi Called Self The Devil, Witness Says," Associated Press, 《Democrat and Chronicle》 (Rochester, NY), August 25, 1964, 9.
25. Naumann, 『Auschwitz』, 224에서 인용된 호프마이어 4Ks 2/63, Hessisches Staatsarchiv.
26. 물카 외, 4 Ks 2/63. DVD ROM "Der Auschwitz Prozess: Tonbandmitschnitte Protokolle, Dokumente"; 프리츠바우어연구소 출간, 1145-54.
27. Naumann, 『Auschwitz』, 300-01에서 인용된 카페시우스와 파요르와 호프마이어.
28. Naumann, 『Auschwitz』, 73에서 인용된 오르몬트.
29. 엘라 링겐스 박사, 물카 외, 4 Ks 2/63. DVD ROM "Der Auschwitz Prozess: Tonbandmitschnitte Protokolle, Dokumente"; 프리츠바우어연구소 출간, 2743.
30. Naumann, 『Auschwitz』, 344-46에서 인용된 빅토리아 레이의 증언 4Ks 2/63, Hessisches Staatsarchiv.
31. Naumann, 『Auschwitz』, 73에서 인용된 카페시우스의 증언.
32. Pendas, 『The Frankfurt Auschwitz Trial』, 2162; "'Auschwitz Trial' Enters Sixth Week; Says Archbishop Said to Obey Orders," 《The Wisconsin Jewish Chronicle》 (Milwaukee, WI), January 31, 1964, 1.
33. 물카 외 형사재판 사전 조사에서 모두진술, Ks 2/63. DVD ROM "Der Auschwitz Prozess: Tonbandmitschnitte Protokolle, Dokumente"; 프리츠바우어연구소 출간, 1243; 4Ks 2/63, Hessisches Staatsarchiv.
34. 카페시우스가 재판 중에 웃다가 정색한 일화는 다음을 참조. "Horror Loot of a

Nazi Camp Told," 《Independent》 (Long Beach, CA), June 19, 1964, 15; 물카 외 재판에서의 증언, 4 Ks 2/63. DVD ROM "Der Auschwitz Prozess: Tonband-mitschnitte Protokolle, Dokumente"; 프리츠바우어연구소 출간, 1321.

35. Schlesak, 『The Druggist of Auschwitz』, Hardcover Edition, 187에서 인용된 카페시우스가 쓴 글, 1964년 5월 20일.
36. Schlesak, 『The Druggist of Auschwitz』, Hardcover Edition, 251에서 인용된 카페시우스가 쓴 글, 날짜 미상.

Chapter 23. 최종 판결

1. Wittmann, 『Beyond Justice』, Kindle Edition, 754-759 of 3837.
2. Naumann, 『Auschwitz』, 388.
3. Pendas, 『The Frankfurt Auschwitz Trial』, 216.
4. 물카 외, 4 Ks 2/63. DVD ROM "Der Auschwitz Prozess: Tonbandmitschnitte Protokolle, Dokumente"; 프리츠바우어연구소 출간, 1601.
5. Naumann, 『Auschwitz』, 409-10에서 인용된 카페시우스의 진술.
6. Pendas, 『The Frankfurt Auschwitz Trial』, 216에서 인용된 1964년 DIVO-Institute에서 실시한 설문 조사.
7. 이 판결 요약문의 첫 80쪽에 간략하게 설명된 아우슈비츠의 역사는 검사 측이 제출한 공식 기소장에서 195쪽에 걸쳐 서술한 내용을 요약한 것이었다. 최종 판결문, 물카 외 4 Ks 2/63. DVD ROM "Der Auschwitz Prozess: Tonbandmitschnitte Protokolle, Dokumente"; 프리츠바우어연구소 출간.
   정식 참고 문헌은 4 Ks 2/63, "Das Urteil im Frankfurter Auschwitz-Prozess" (Auschwitz Trial Judgment), 프랑크푸르트암마인 지방법원, 1965년 8월.
8. 4 Ks 2/63, "Das Urteil im Frankfurter Auschwitz-Prozess," August 1965; 1965년 8월 19일, 182번째 공판, 최종 판결문, 물카 외, 4 Ks 2/63. DVD ROM "Der Auschwitz Prozess: Tonbandmitschnitte Protokolle, Dokumente, T10-11; 프리츠바우어연구소 출간; Naumann, 『Auschwitz』, 414-15에서 인용된 호프마이어의 판결문.
9. 최종 판결문, 물카 외, 4 Ks 2/63. DVD ROM "Der Auschwitz Prozess: Tonband-mitschnitte Protokolle, Dokumente"; 프리츠바우어연구소 출간, 또한 4 Ks 2/63, "Das Urteil im Frankfurter Auschwitz-Prozess," August 1965 참조.

10. Rückerl, 『Investigation of Nazi Crimes』, 64-66.
11. 물카 외, 4 Ks 2/63. DVD ROM "Der Auschwitz Prozess: Tonbandmitschnitte Protokolle, Dokumente"; 프리츠바우어연구소 출간; 추가로 Naumann, 『Auschwitz』 424 참조.
12. 전반적으로 Schlesak, 『Druggist of Auschwitz』, XXXX 참조.
13. "Former Guards at Auschwitz Get Life Terms," 《St. Louis Post-Dispatch》 (St. Louis, MO), August 19, 1965, 24.
14. "호프마이어의 판결 요약문, 4 Ks 2/63, "Das Urteil im Frankfurter Auschwitz-Prozess," August 1965 또한 Naumann, 『Auschwitz』 425에서 인용.
15. Fritz Bauer, "Im Namen des Volkes: Die strafrechtliche Bewaltigung der Vergangenheit," In Helmut Hammerschmidt, ed. 『Zwanzig Jahre danach: Eine Deutsche Bilanz, 1945-1965』 (Munich: Desch Verlag, 1965), 301-302, 307.
16. 위의 책, 307-08.
17. "Prosecutors Ask for New Trial of 8 in Nazi Death Camp Trial," 《The Bridgeport Post》 (Bridgeport, CT), August 25, 1965.
18. Bulletin des Comité International des Camps, No. 10 (September 15, 1965), 4.
19. Wittmann, 『Beyond Justice』, Kindle Edition, 3020-3036 of 3837.
20. Dr. K. "Das Urteil von Frankfurt," 《Neues Deutschland》, August 20, 1965.
21. Schlesak, 『The Druggist of Auschwitz』, Kindle Edition, 2832 of 5519에서 인용된 카페시우스.
22. Sybille Bedford, "Auschwitz - Did A Nation Learn From the Millions of Deaths," 《The Courier-Journal》 (Lexington, KY), March 14, 1965, Section 1, 8.

Chapter 24. "그냥 악몽을 꾼 거야"

1. Letter, "Attention: Nazi Criminal Victor Capesius Auschwitz," from E. Brand, File 0.33, page 8; Letter, Dr. Y. Martin to Mr. Braner, Yad Vashem, re Victor Capesius, July 11, 1965; Letter, Mr. Brand to A. L. Kobobi, re Victor Capesius, August 11, 1965, written on 21.11.65; Letter, Emmanuel Brand re Langbein and Ambassador to Austria, November 19, 1965; 빅토르 카페시우스 관련 문서 모음, 야드 바셈 박물관 소장.
2. "Nazi Convicted of Auschwitz Murders, Released After Three Years of Prison,"

《Jewish Telegraph Agency》, January 25, 1968; "Nazi Free on Appeal," 《The Kansas City Times》 (Kansas City, MO), January 24, 1968, 70.

3. Karen Schnebeck, "Neue Ausstellung zum 25-Jahr-Jubiläum; Jüdisches Museum in Göppingen," 《Stuttgarter Zeitung》 April 28, 2016, 22.
4. Schlesak, 『The Druggist of Auschwitz』, Hardcover Edition, 23에 실린 카페시우스의 인터뷰.
5. 위의 책, 123.
6. Schlesak, 『The Druggist of Auschwitz』, Kindle Edition, 2832 of 5519에 실린 프리데리케 카페시우스의 인터뷰.
7. 위의 책, 143.
8. Schlesak, 『The Druggist of Auschwitz』, Hardcover Edition, 227-28에서 인용된 헨리 오르몬트.

에필로그

1. Pendas and Wittmann, 『The Frankfurt Auschwitz Trial』.
2. Melissa Eddy, "Chasing Death Camp Guards With New Tools," 《The New York Times》 May 5, 2014.
3. Kharunya Paramaguru, "70 Years Later, German Prosecutors to Hold Nazi Death-Camp Guards to Account," 《TIME》, April 16, 2013.
4. Melissa Eddy, "Germany Sends 30 Death Camp Cases to Local Prosecutors," 《The New York Times》, September 3, 2013.
5. 위의 글.
6. Eliza Gray, "The Last Nazi Trials," 《TIME》.
7. 위의 글.
8. Philip Oltermann, "Ex-Auschwitz Guard Talks of Shame During Trial Over Mass Killings," 《The Guardian》 April 26, 2016.
9. Melanie Hall, "Former Auschwitz Guard Convicted in one of Germany's Last Holocaust Trials," 《The Telegraph》, June 17, 2016.

찾아보기

ㅅ

ㅇ

ㅈ

ㅍ

ㅎ

A~Z

북트리거 일반 도서

북트리거 청소년 도서

나는 아우슈비츠의 약사입니다

악은 어떻게 조직화되고
보편화되는가

1판 1쇄 발행일 2020년 11월 16일
1판 2쇄 발행일 2022년 7월 30일

지은이 퍼트리샤 포즈너 | **옮긴이** 김지연
펴낸이 권준구 | **펴낸곳** (주)지학사
본부장 황홍규 | **편집장** 윤소현 | **팀장** 김지영 | **편집** 양선화 박보영 김승주
기획·책임편집 전해인 | **표지 디자인** 정은경디자인 | **본문 디자인** 이혜리
마케팅 송성만 손정빈 윤술옥 이혜인 | **제작** 김현정 이진형 강석준
등록 2017년 2월 9일(제2017-000034호) | **주소** 서울시 마포구 신촌로6길 5
전화 02.330.5265 | **팩스** 02.3141.4488 | **이메일** booktrigger@jihak.co.kr
홈페이지 www.jihak.co.kr | **포스트** http://post.naver.com/booktrigger
페이스북 www.facebook.com/booktrigger | **인스타그램** @booktrigger

ISBN 979-11-89799-33-5 03920

북트리거

트리거(trigger)는 '방아쇠, 계기, 유인, 자극'을 뜻합니다.
북트리거는 나와 사물, 이웃과 세상을 바라보는 시선에 신선한 자극을 주는 책을 펴냅니다.